할 수 있다!

인터넷

활용 (Microsoft Edge)

JN425217

시대인

이 책의 구성

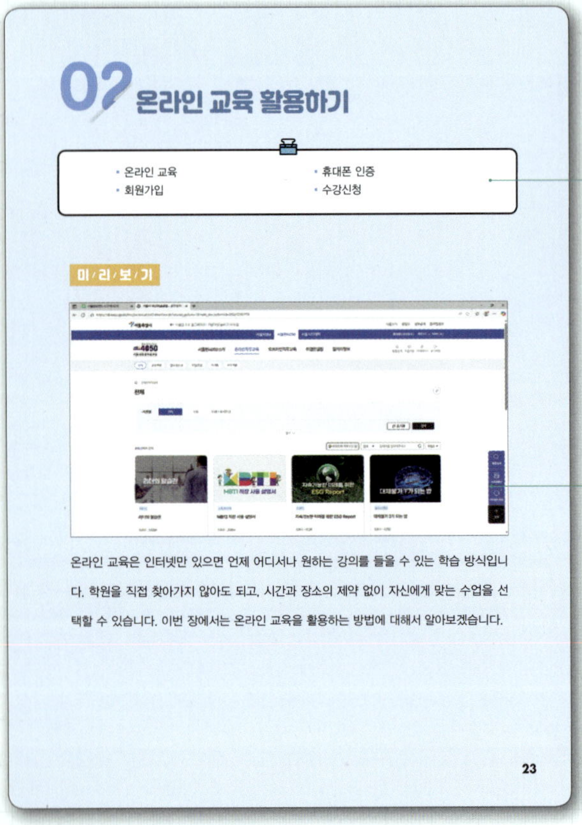
02 온라인 교육 활용하기

- 온라인 교육
- 휴대폰 인증
- 회원가입
- 수강신청

미/리/보/기

온라인 교육은 인터넷만 있으면 언제 어디서나 원하는 강의를 들을 수 있는 학습 방식입니다. 학원을 직접 찾아가지 않아도 되고, 시간과 장소의 제약 없이 자신에게 맞는 수업을 선택할 수 있습니다. 이번 장에서는 온라인 교육을 활용하는 방법에 대해서 알아보겠습니다.

23

학습 포인트

이번 장에서 학습할 핵심 내용을 소개합니다.

미리보기

학습 결과물을 미리 살펴봅니다.

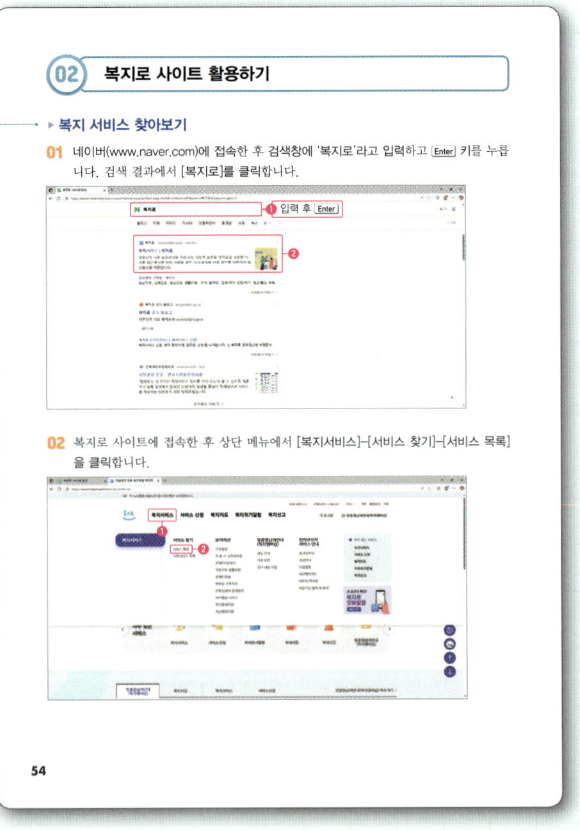
02 복지로 사이트 활용하기

▸ 복지 서비스 찾아보기

01 네이버(www.naver.com)에 접속한 후 검색창에 '복지로'라고 입력하고 Enter 키를 누릅니다. 검색 결과에서 [복지로]를 클릭합니다.

02 복지로 사이트에 접속한 후 상단 메뉴에서 [복지서비스]-[서비스 찾기]-[서비스 목록]을 클릭합니다.

54

예제 따라 하기

실생활에서 필요한 예제를 순서대로 따라 할 수 있도록 구성하여 누구나 쉽게 이해할 수 있습니다.

참고

웹 사이트나 윈도우 업데이트에 따라 화면 구성이나 메뉴명이 교재와 다를 수 있습니다.

05 일자리의 지원주기, 신청방법, 제공유형 등 주요 사항을 자세히 볼 수 있습니다.

복지지도

상단 메뉴에서 [복지지도]를 클릭한 후 [현위치] 버튼을 클릭합니다. 팝업 메시지가 나타나면 [허용] 버튼을 클릭합니다. [복지시설] 버튼을 클릭하면 위치정보를 통해 가까운 거리에 있는 다양한 복지시설을 찾아볼 수 있습니다.

64

잠깐

본문에서 다루지 못한 내용이나 알아두면 유용한 내용을 설명합니다.

응용력 키우기

01 네이버TV의 왼쪽 메뉴 중 [탐색]-[스포츠]에서 지금 인기 1위인 동영상을 구독해 봅니다.

02 네이버TV에서 '인터넷 활용'으로 검색한 동영상 중 보고 싶은 동영상을 구독하고 '좋아요' 해 봅니다.

힌트 네이버TV에서 동영상을 볼 때 오른쪽 하단의 ♡를 클릭하면 '좋아요 한 영상'에 등록됩니다. 왼쪽 메뉴의 [좋아요 한 영상]을 클릭하면 '좋아요' 한 동영상 목록이 나타납니다.

133

응용력 키우기

응용문제를 통해 본문에서 학습한 내용을 정리하고 복습합니다.

힌트

응용문제를 푸는데 필요한 정보 또는 방법을 안내합니다.

이 책의 목차

시작 전에 살펴보기

마이크로소프트 엣지의 화면 구성

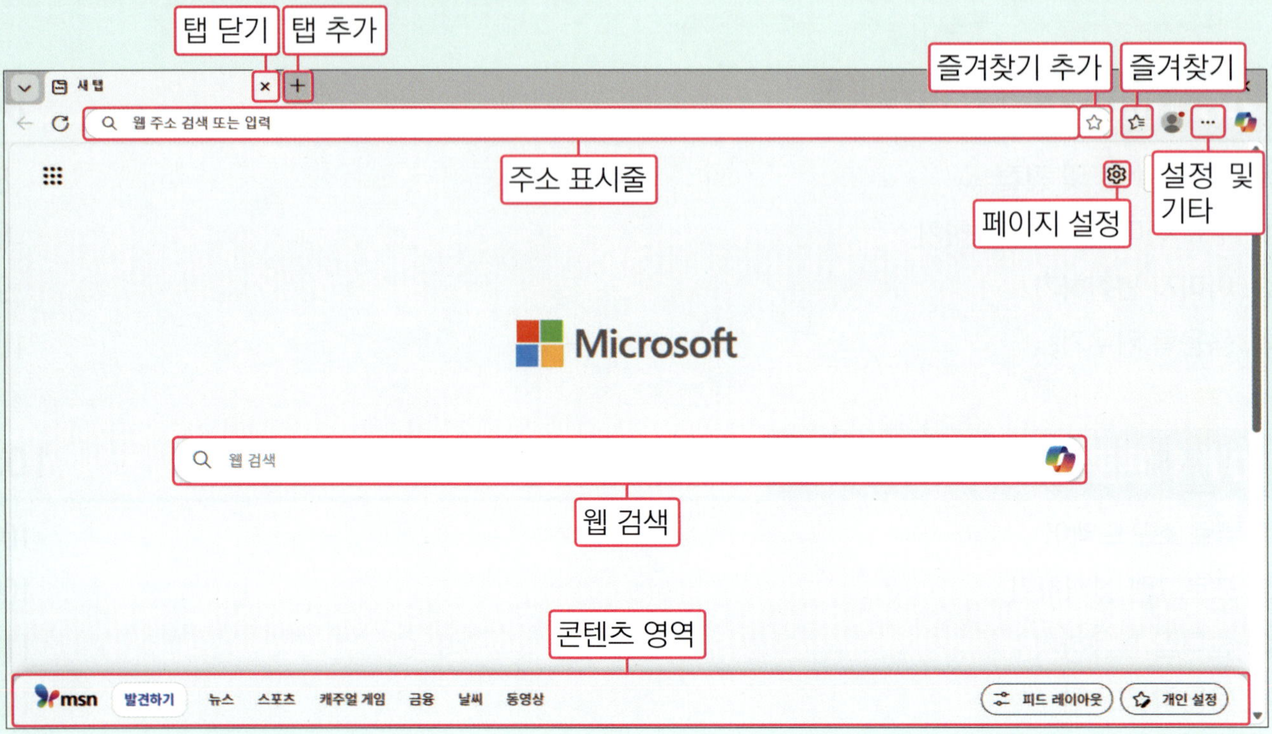

도메인 주소의 구성

대표적인 포털 사이트

- 네이버 : www.naver.com
- 구글 : www.google.com
- 다음 : www.daum.net
- 네이트 : www.nate.com

01 생활 정보 검색하기

- 통합 검색 서비스
- 연관 검색 서비스
- 나이 계산
- 이자 계산
- 환율 정보
- 휴일 약국 정보

미/리/보/기

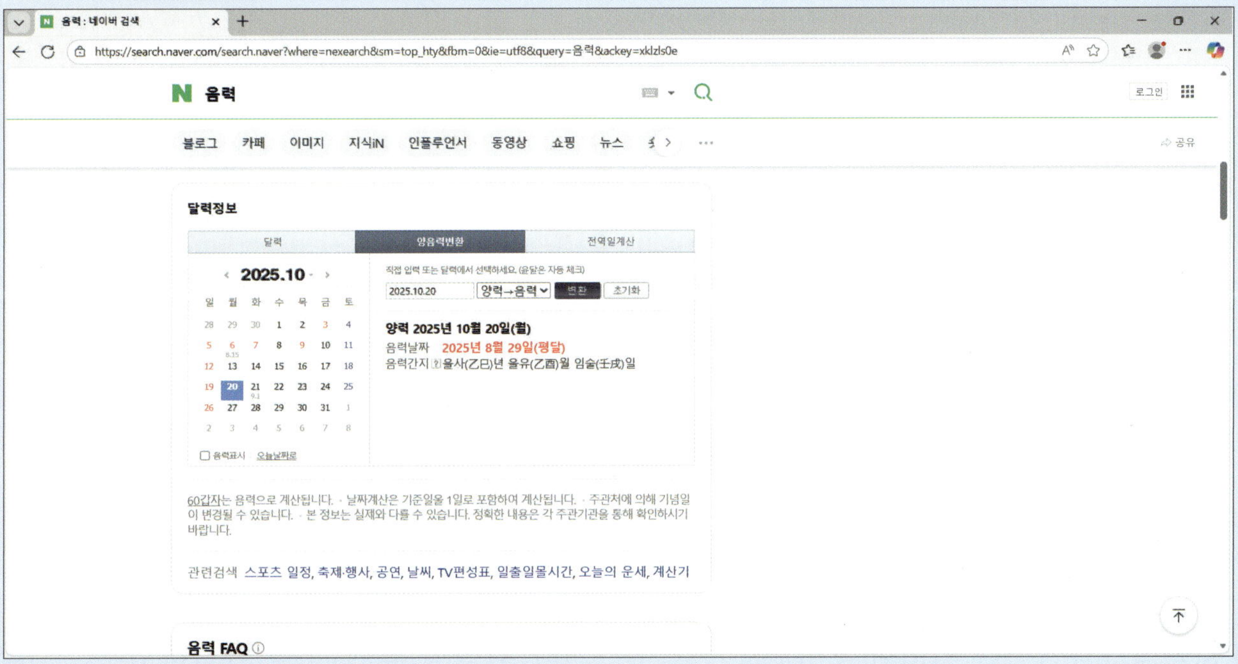

인터넷을 효과적으로 활용하려면 필요한 정보를 빠르고 정확하게 검색하는 방법을 익혀야 합니다. 포털 사이트에서 제공하는 통합 검색 서비스를 이용하면 한 번의 검색으로 다양한 자료를 확인할 수 있습니다. 이번 장에서는 통합 검색 서비스를 통해 원하는 정보를 검색하는 방법을 알아보겠습니다.

01 인터넷 검색 서비스

▶ 통합 검색 서비스

'네이버'의 통합 검색 서비스는 검색어와 관련된 웹 문서뿐만 아니라 블로그, 카페, 이미지, 동영상 등 다양한 영역의 결과를 한 번에 확인할 수 있습니다. '다음'이나 '구글' 같은 다른 포털 사이트에서도 통합 검색 서비스를 이용할 수 있습니다.

통합 검색 서비스는 사용자가 원하는 정보를 빠르고 폭넓게 찾을 수 있도록 도와줍니다. 예를 들어 여행지를 검색하면 지도, 식당, 뉴스, 여행 블로그까지 한 화면에서 비교하며 탐색할 수 있고, 검색 옵션을 적용하면 더 정확하고 필요한 정보만 추려낼 수 있습니다. 이처럼 통합 검색은 정보를 찾는 과정을 단순화하고 다양한 출처를 한눈에 제공함으로써 신뢰도 높은 정보 검색을 가능하게 합니다.

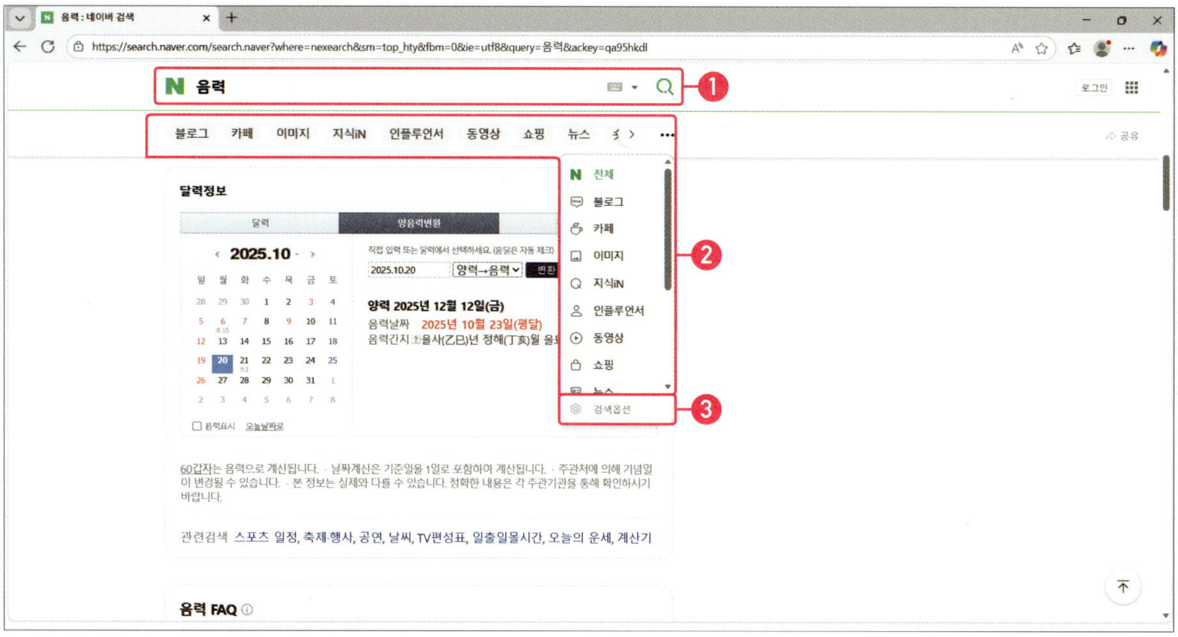

❶ 검색창 : 검색어를 입력한 후 Enter 키를 누르거나 검색창 옆에 [Q]을 클릭하면 모든 영역의 검색 결과를 확인할 수 있습니다.

❷ 검색 탭 : 검색어와 관련된 통합 검색 외에 블로그, 카페, 이미지 등 원하는 영역의 결과를 보려면 해당 영역 검색 탭을 클릭합니다.

❸ 검색 옵션 : 정렬, 기간, 옵션 초기화를 설정하여 검색할 수 있습니다.

▶ 연관 검색 서비스

검색 시 함께 표시되는 연관 검색어는 사용자의 검색 의도에 맞는 추가 검색어를 제안해 줍니다. 사용자의 검색 추이, 이용 형태, 연관도 등을 자동으로 분석해 제공하는 기능으로, 연관 검색어는 수시로 변경될 수 있습니다.

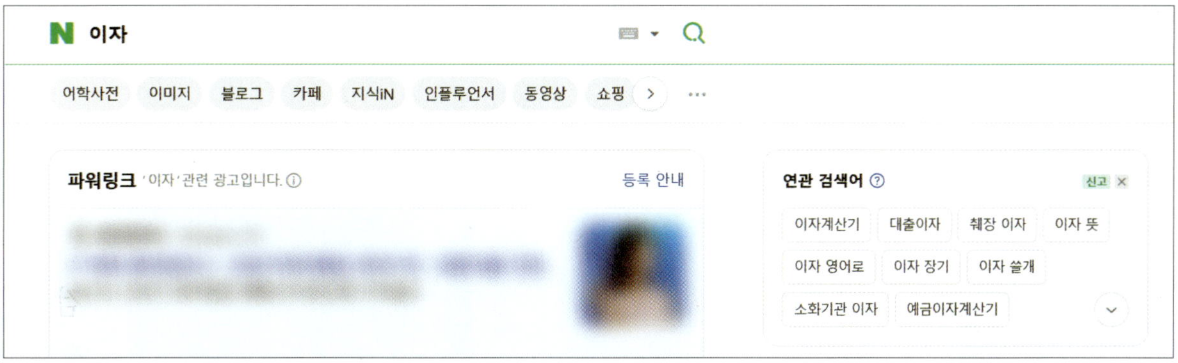

잠깐

다음과 구글에서의 연관 검색 서비스

• 다음에서는 '관련'이라는 항목으로 표시하고 상단에 배치되어 있습니다.

• 구글에서는 '관련 검색어'라는 항목으로 표시하고 하단에 배치되어 있습니다.

02 인터넷 정보 검색하기

▸ 음력 날짜 보기

01 [시작()] 버튼을 클릭하고 [Edge()]를 클릭합니다.

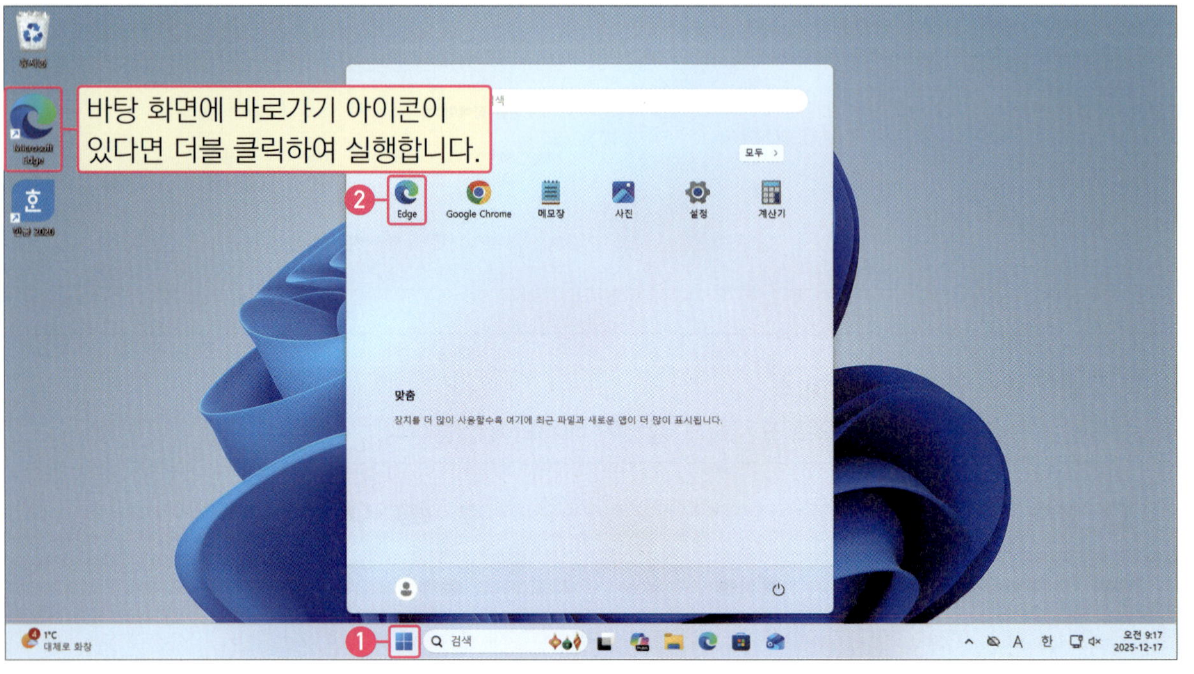

02 네이버(www.naver.com)에 접속한 후 검색창에 '음력'이라고 입력하고 Enter 키를 누릅니다.

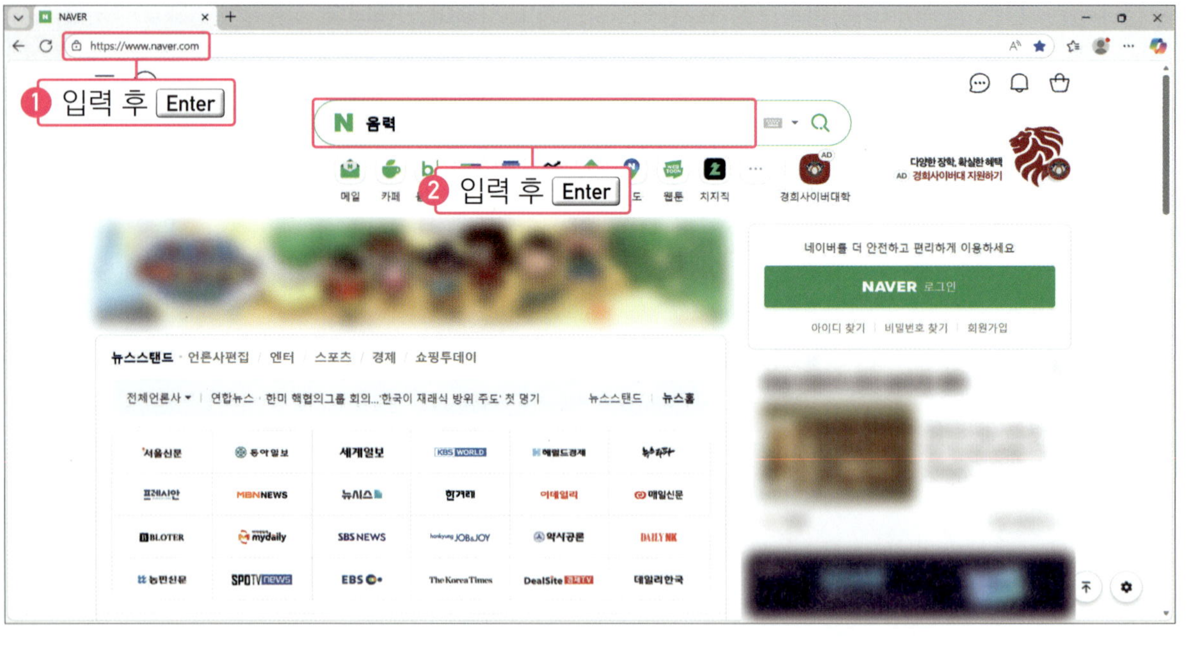

> **잠깐**
>
> **자동완성 서비스**
>
> • 검색창에 검색어 일부만 입력해도 관련된 다양한 자동완성을 추천해 주는 서비스입니다.
>
> • 추천된 자동완성 중 원하는 항목이 있다면 마우스로 클릭하거나 키보드의 방향키로 선택한 후 Enter 키를 눌러 검색합니다.

03 검색 결과로 나온 달력을 살펴보면 오늘 날짜가 양력 기준일 때, 음력 날짜는 빨간색으로 표시되어 있습니다.

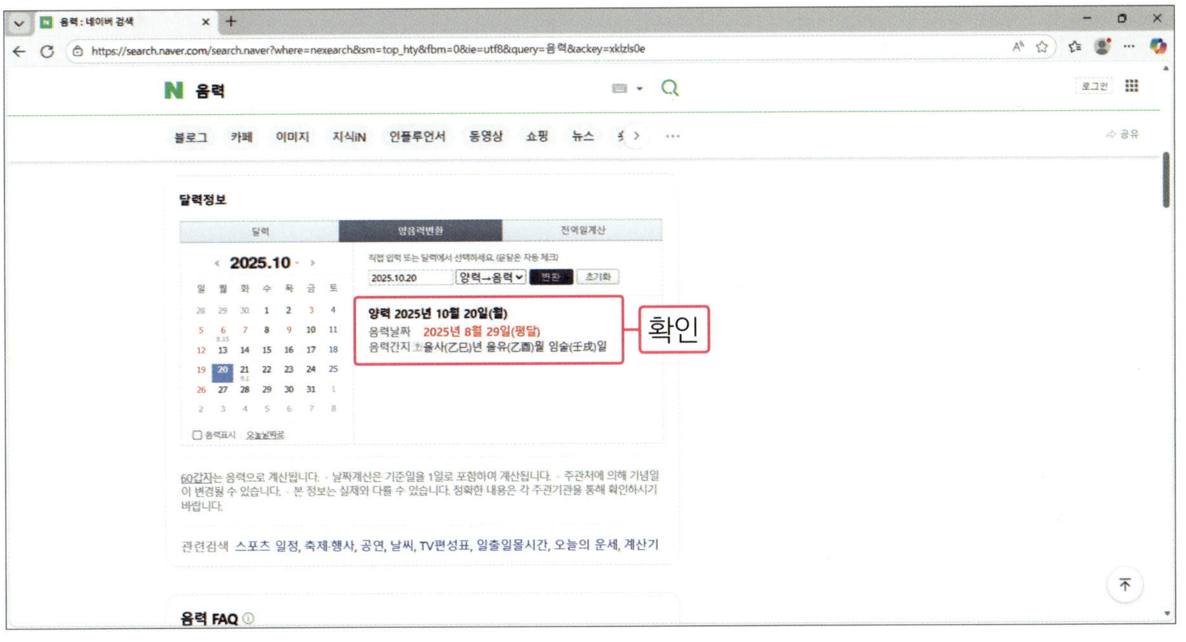

04 해마다 음력 생일과 양력 생일이 헷갈릴 수 있습니다. 이럴 때는 **사용자의 음력 생일을 입력하고 [음력→양력]으로 설정한 후 [변환] 버튼을 클릭합니다.**

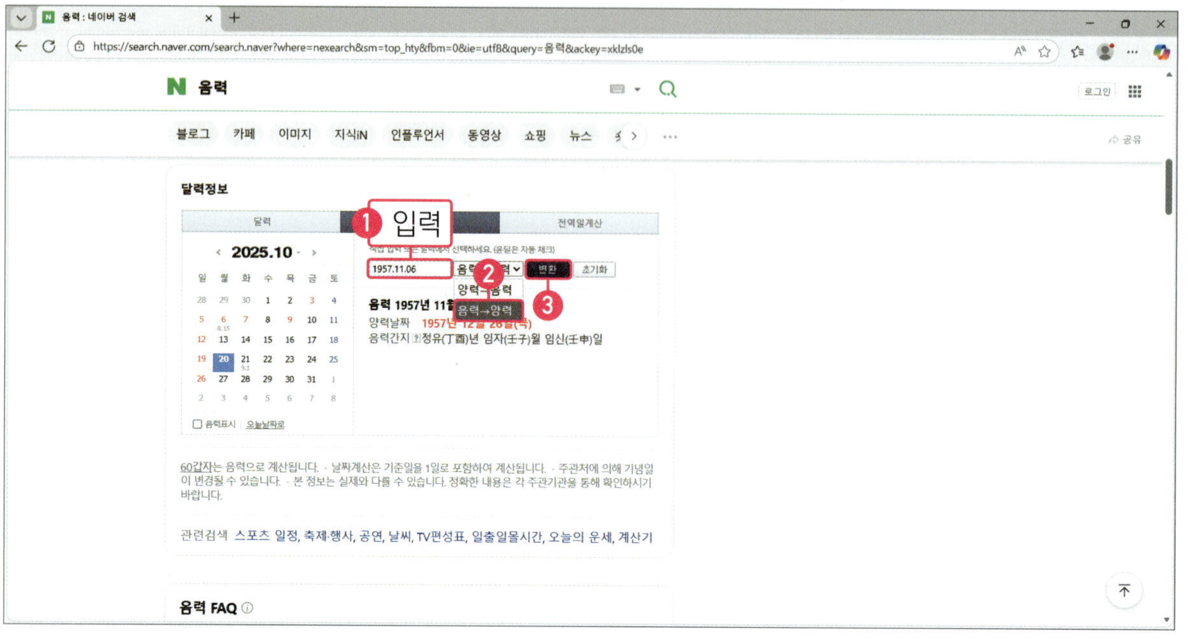

05 입력한 음력 날짜 아래에 빨간색으로 변환된 양력 날짜가 나타납니다.

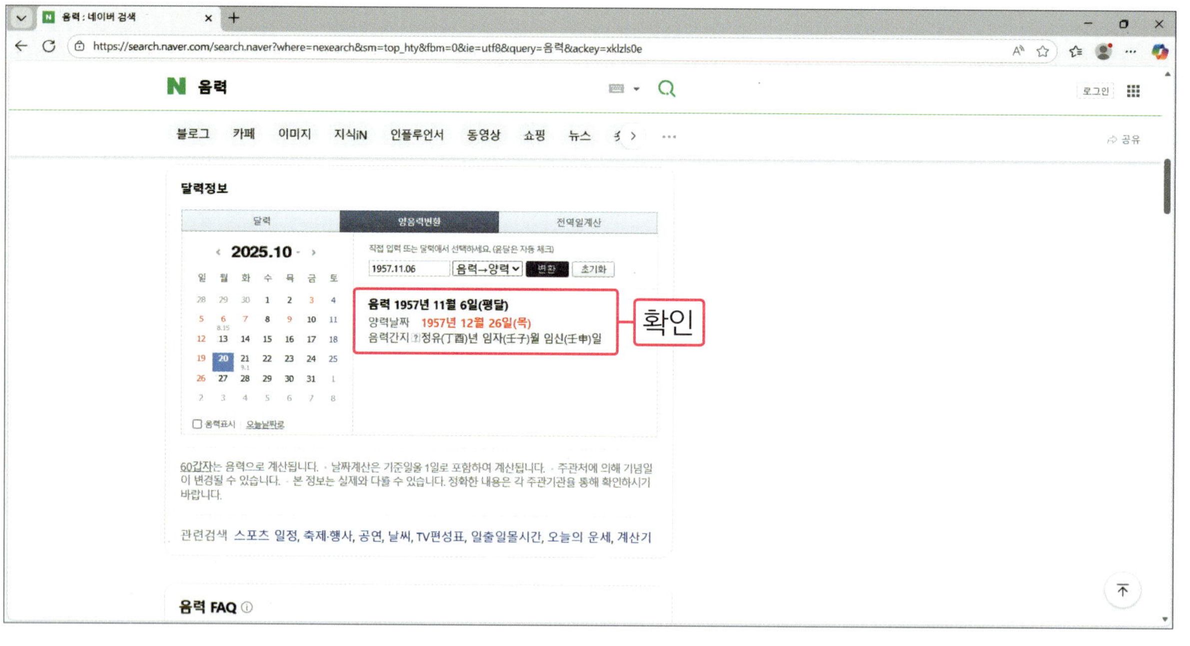

▶ 만 나이 계산하기

01 검색창에 '만 나이'라고 입력하고 [Enter] 키를 누릅니다.

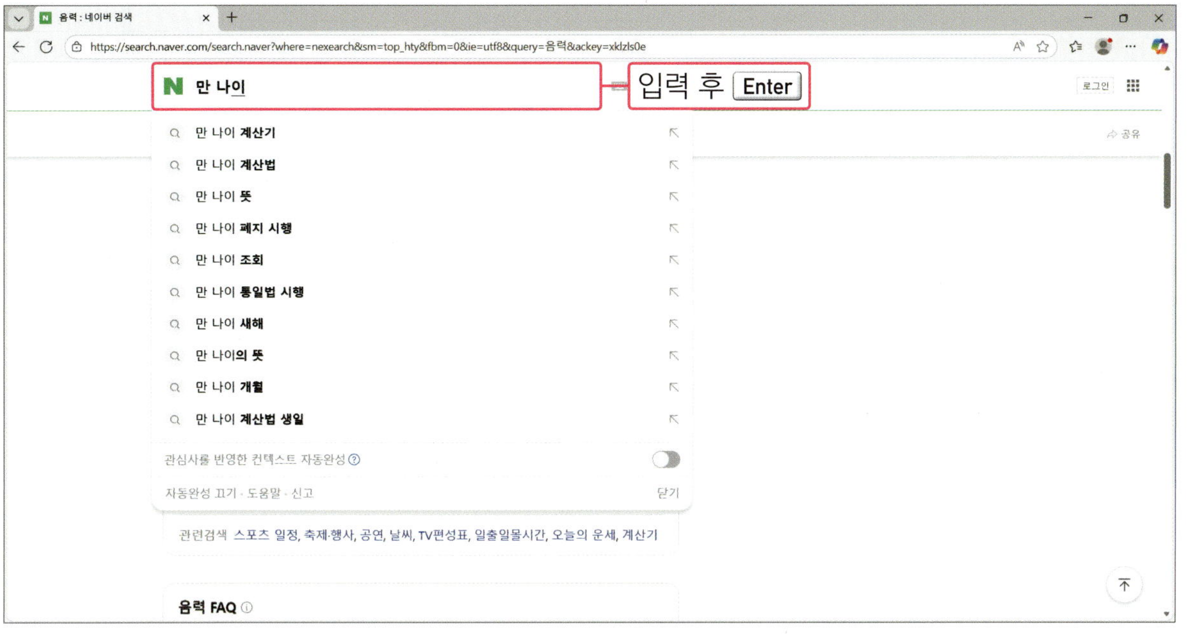

02 [기준일]에는 오늘 날짜가 표시되어 있습니다. [출생일]에 사용자의 양력 생일을 입력한 후 [계산하기] 버튼을 클릭합니다.

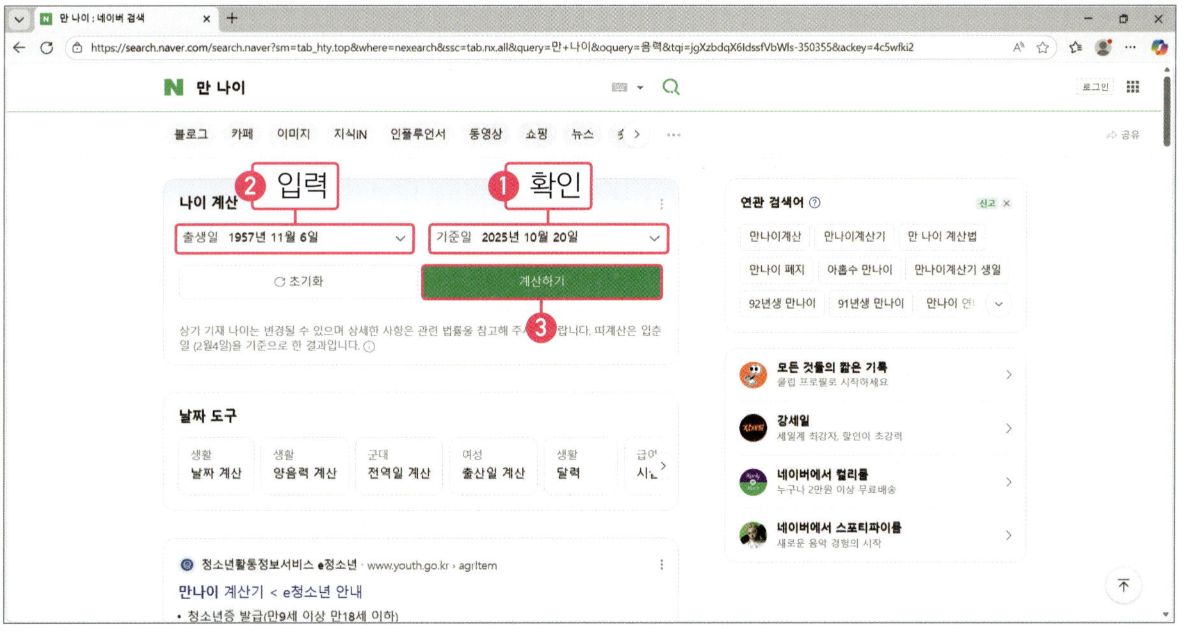

> **잠깐**
> 음력 생일을 기준으로 만 나이를 계산하면 정확하지 않을 수 있습니다. 음력 생일만 알고 있다면 먼저 양력 생일을 확인한 후에 만 나이를 계산합니다.

03 [기준일]에 해당하는 날짜로 계산한 만 나이와 띠가 표시됩니다.

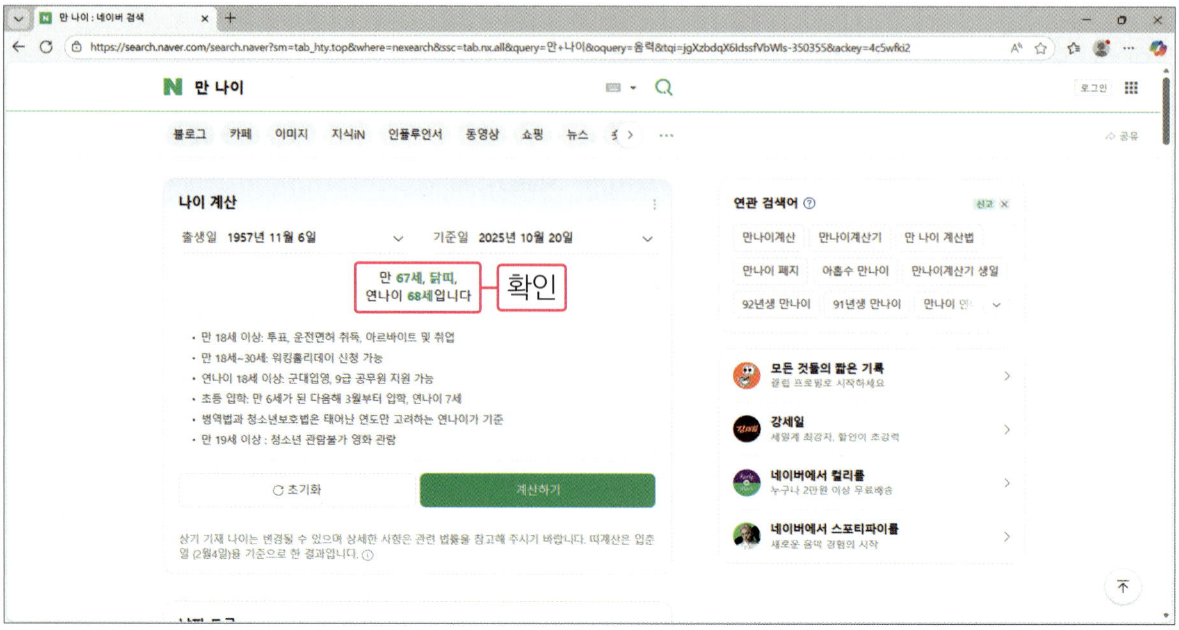

잠깐 [기준일]을 특정 날짜로 변경하여 만 나이를 계산할 수 있습니다. 다시 계산하려면 [초기화] 버튼을 클릭합니다.

▶ 이자 계산하기

01 검색창에 '이자'라고 입력하고 Enter 키를 누릅니다. '이자'에 관한 검색 결과가 나타납니다. 연관 검색어 중에서 [이자계산기]를 클릭합니다.

02 금융 계산기의 [예금] 탭에서 [예치금액]은 '3,000,000원'으로 입력합니다. [예금기간]은 '년'과 '1년', [연이자율]은 '단리'와 '2%'로 입력합니다. [이자과세]는 '일반과세'를 클릭한 후 [계산하기] 버튼을 클릭합니다.

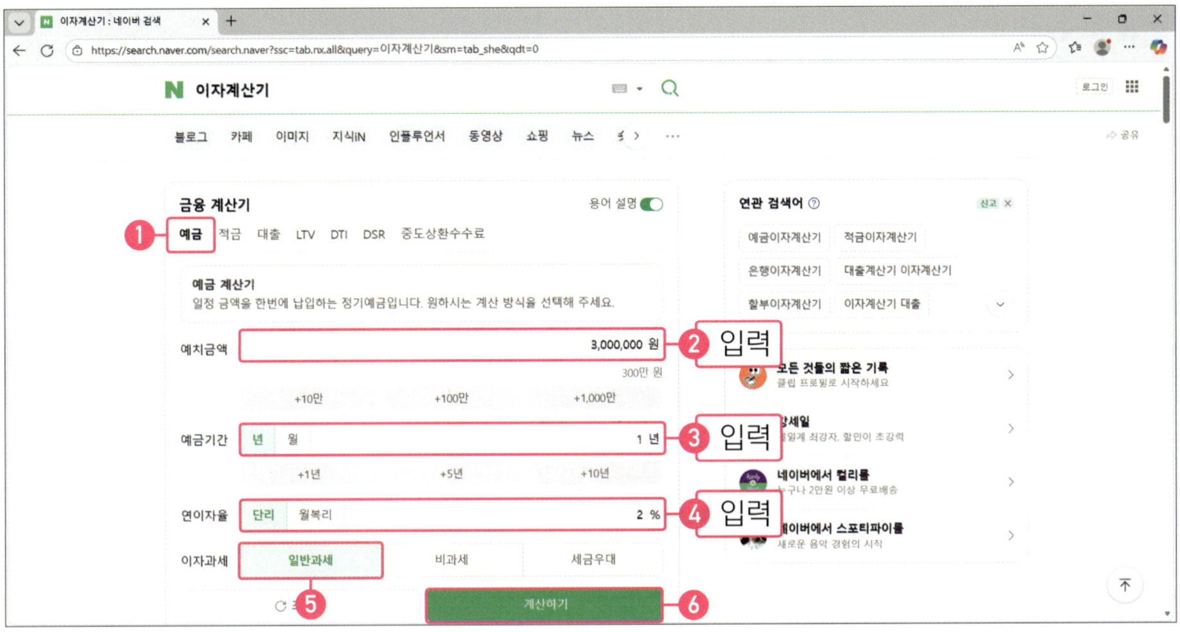

03 ⌄을 클릭하여 계산된 '원금합계', '세전이자', '이자과세' 및 '세후 수령액'을 확인합니다.

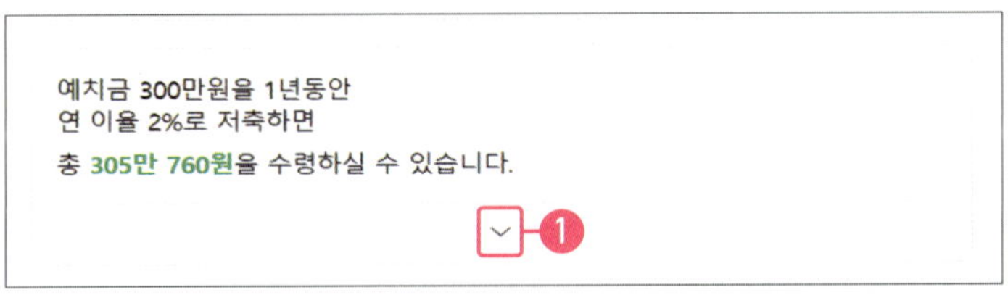

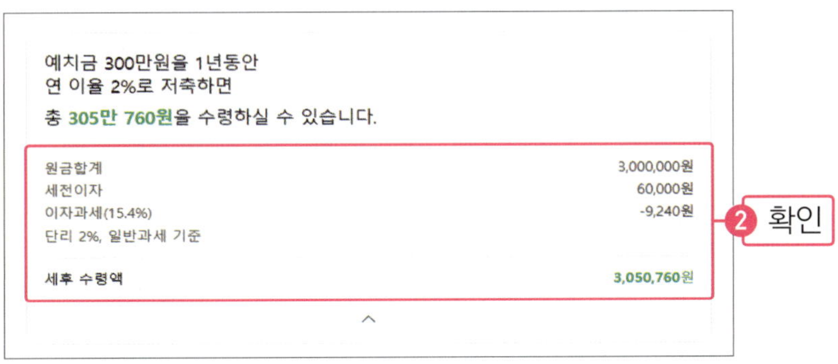

04 [이자과세]에서 '세금우대'를 클릭한 후 [우대세율]을 '1.4%'로 입력하고 [계산하기] 버튼을 클릭합니다.

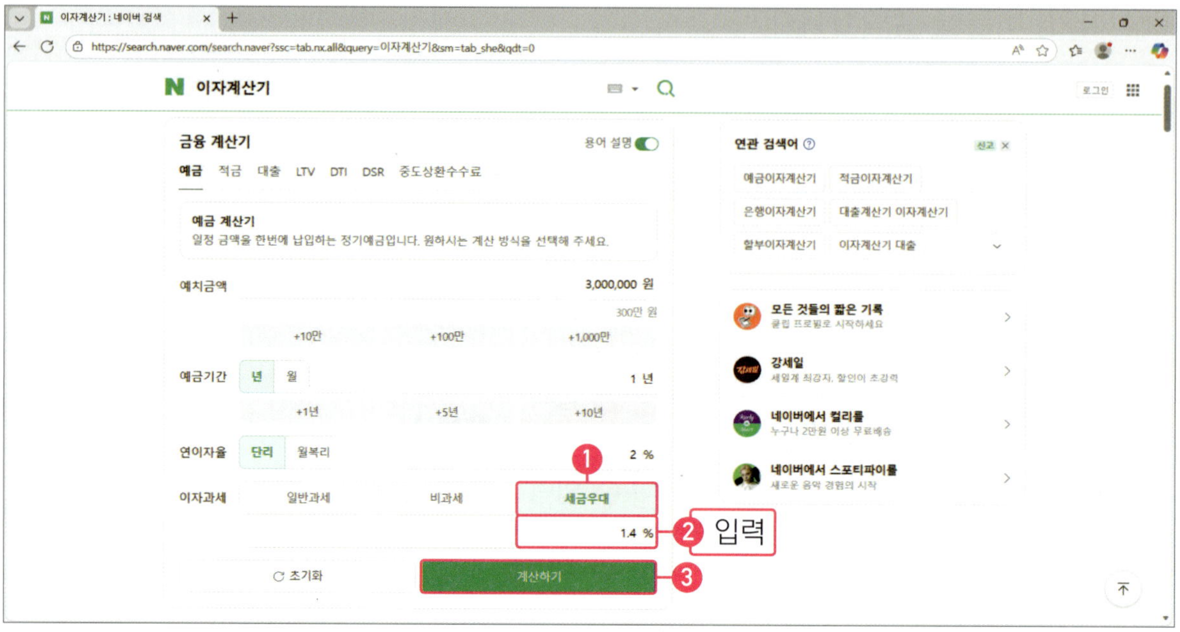

05 다시 계산된 '이자과세' 및 '세후 수령액'을 확인한 후 '세금우대'를 적용하기 전과 비교해 봅니다.

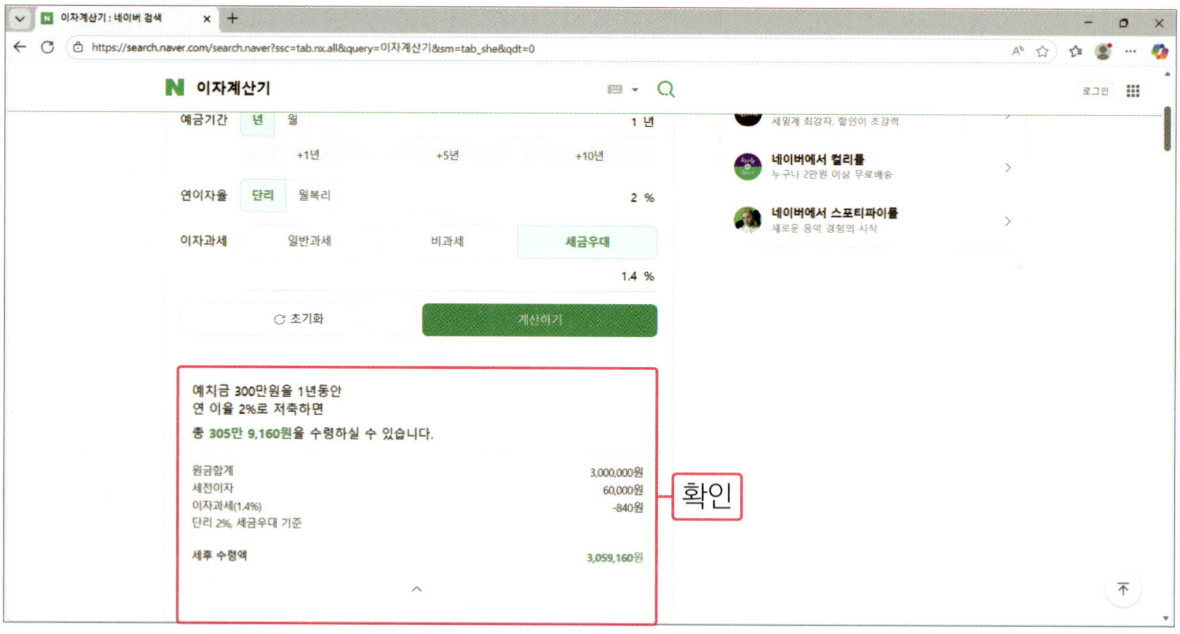

▶ 환율 정보 보기

01 검색창에 '환율'이라고 입력하고 Enter 키를 누릅니다. 미국 USD 1달러가 대한민국 KRW 원화로 얼마인지 확인할 수 있습니다.

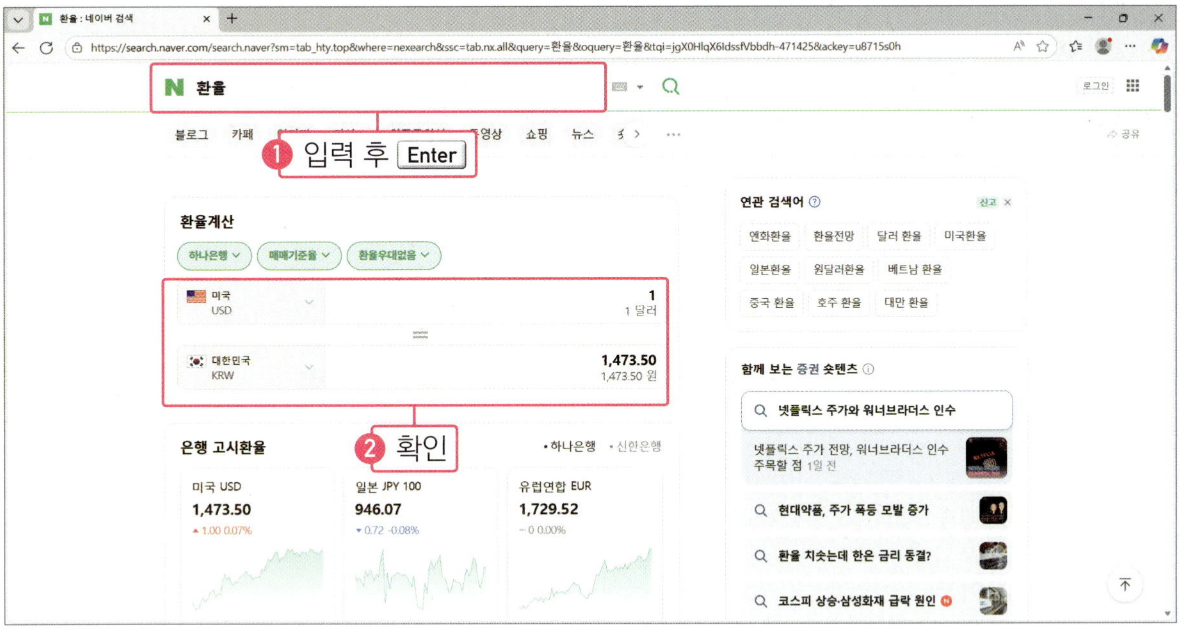

02 [미국 USD]를 클릭하여 여러 국가 중 [유럽연합]을 선택합니다.

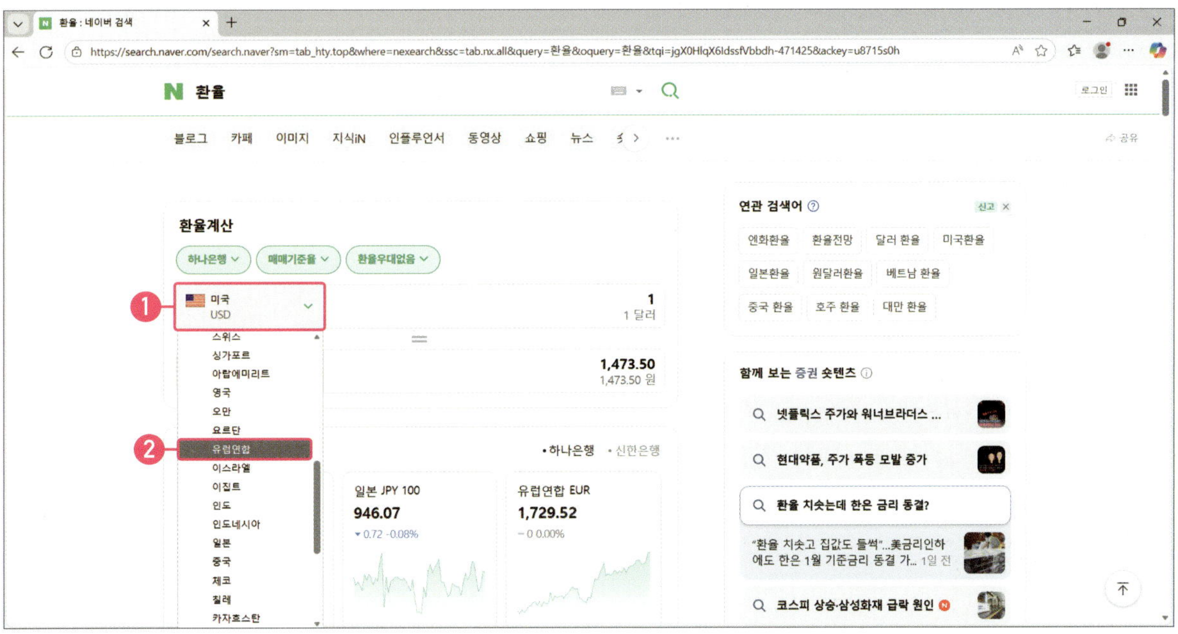

03 [유럽연합 EUR]을 '150유로'로 입력하면 [대한민국 KRW]에 환산된 원화가 표시됩니다.

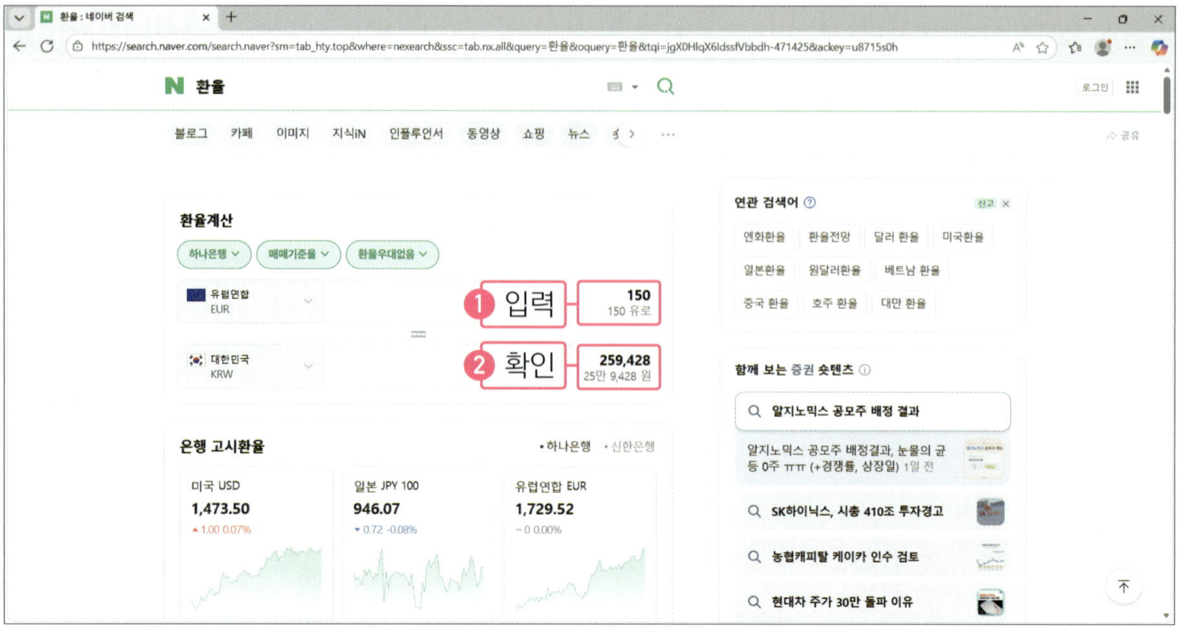

04 다른 국가를 설정하여 환율을 알아볼 수 있습니다.

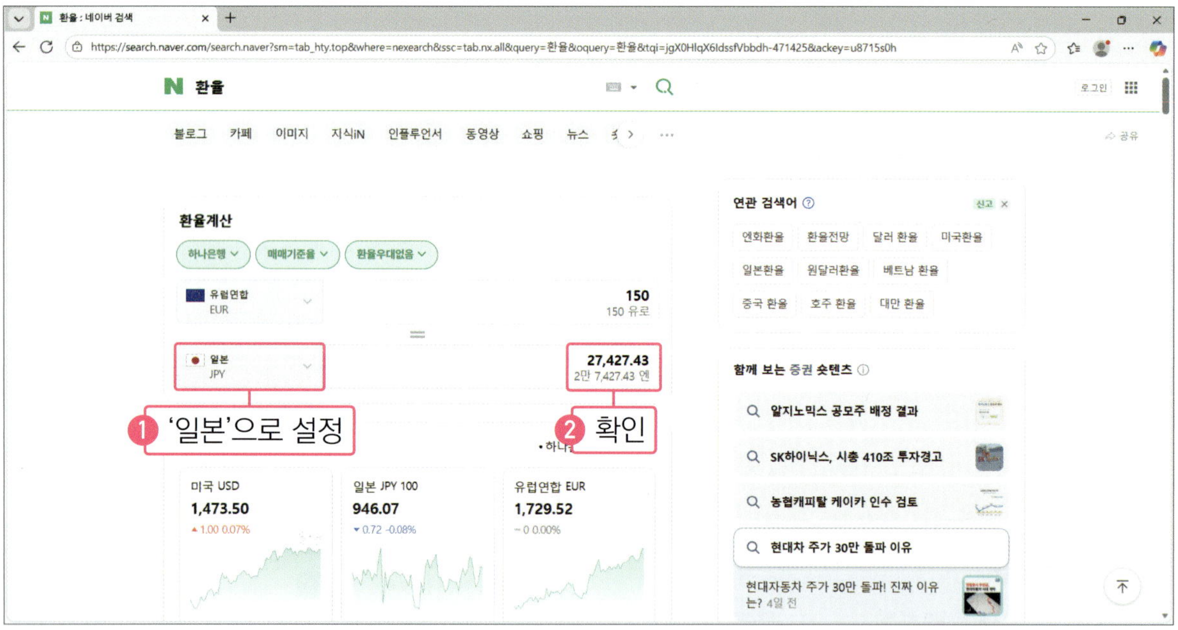

▸ 휴일 약국 찾기

01 검색창에 '휴일약국'이라고 입력하고 Enter 키를 누릅니다. 검색 결과에서 [휴일지킴이약국]을 클릭합니다.

02 휴일지킴이약국 사이트에 접속하여 주소창 오른쪽에 [아이콘]을 클릭하고 팝업 창이 나타나면 '엑세스 항상 허용'을 선택한 후 [완료] 버튼을 클릭합니다.

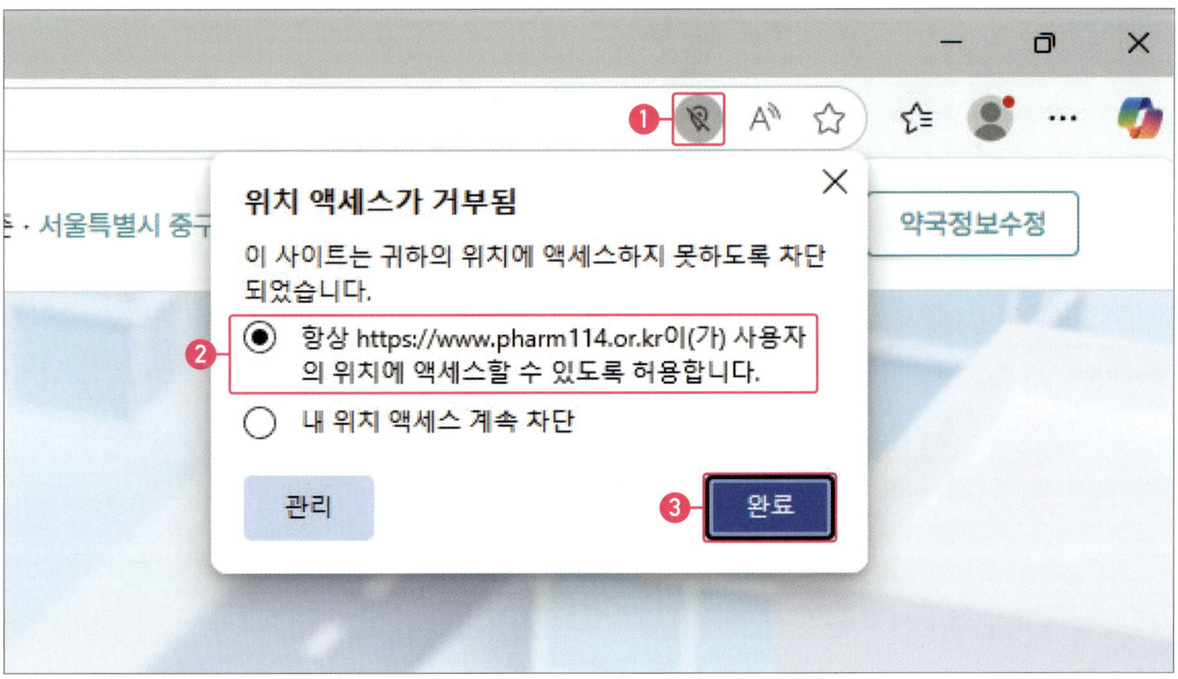

03 시/도, 구/군을 설정합니다. 본문에서는 '서울특별시, 마포구'로 설정합니다. [검색 아이콘]을 클릭합니다.

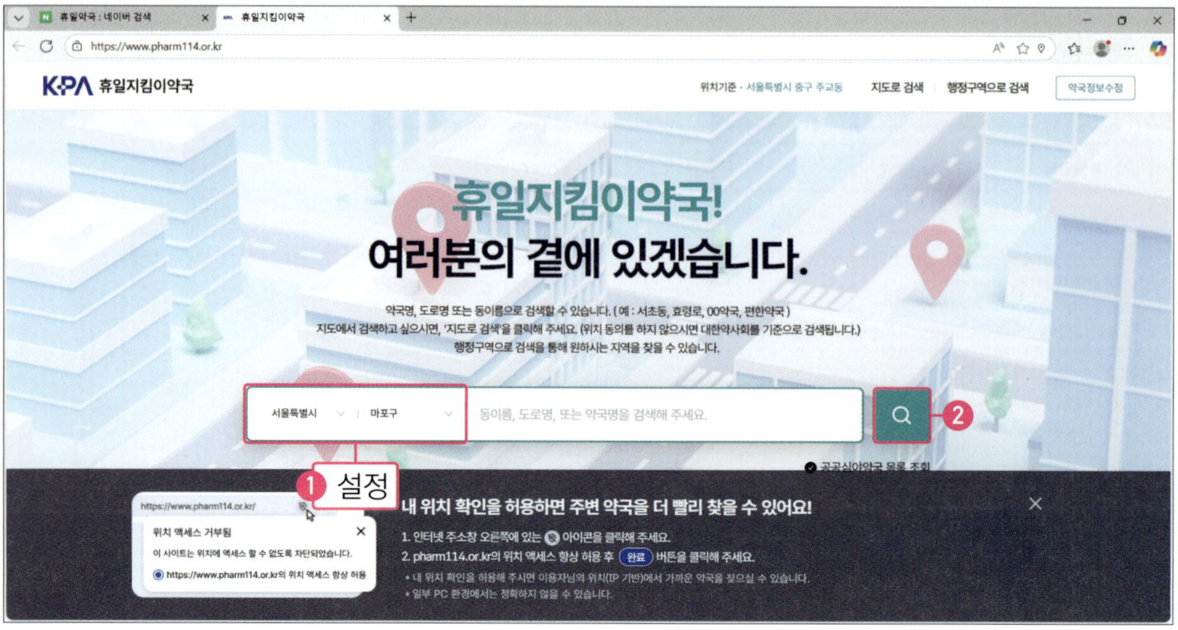

04 설정한 지역의 휴일 약국이 지도와 함께 검색됩니다.

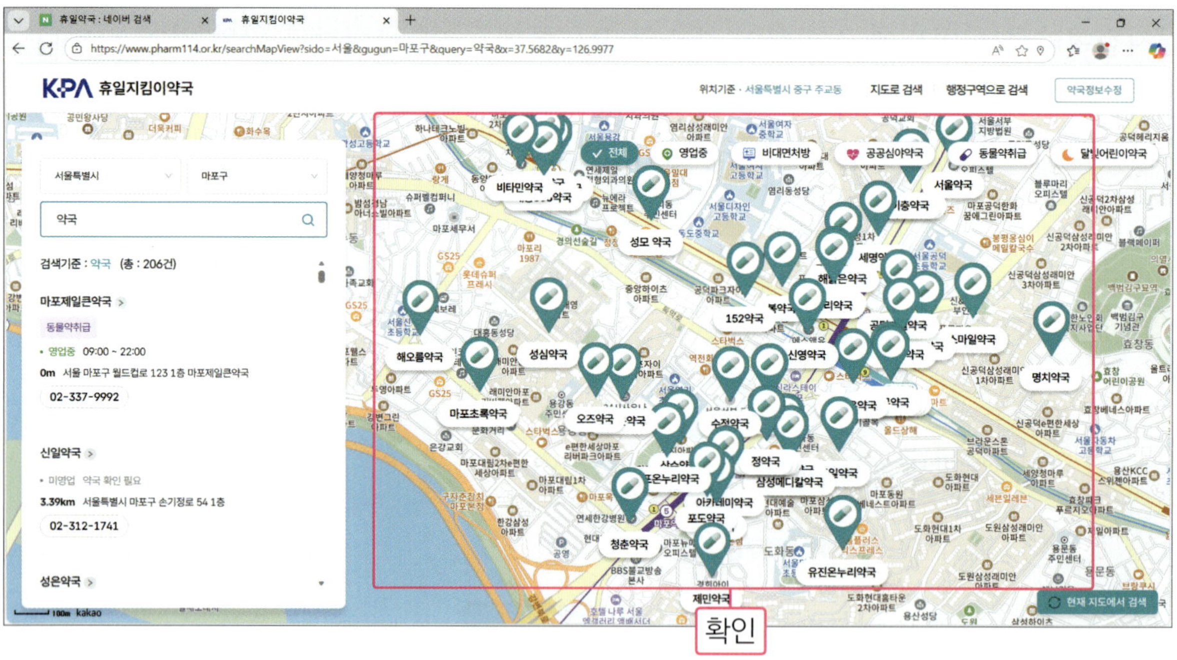

응용력 키우기

01 오늘 날짜에 해당하는 나의 만 나이를 계산해 봅니다.

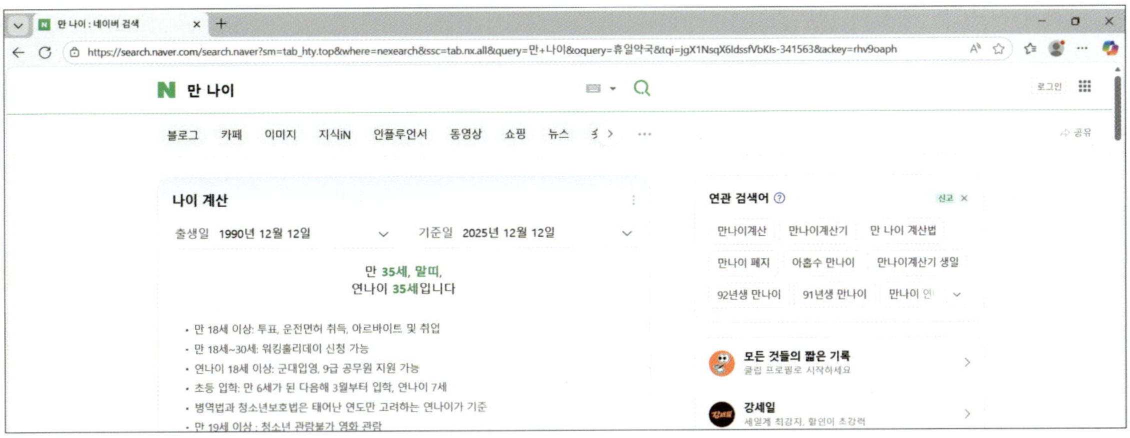

02 다음 정보로 정기 적금을 가입할 때 세후 수령액은 얼마인지 구해 봅니다.

- 월납입액 : 30만 원
- 적립기간 : 5년
- 연이자율 : 3.5% (연 단리)
- 이자과세 : 일반과세

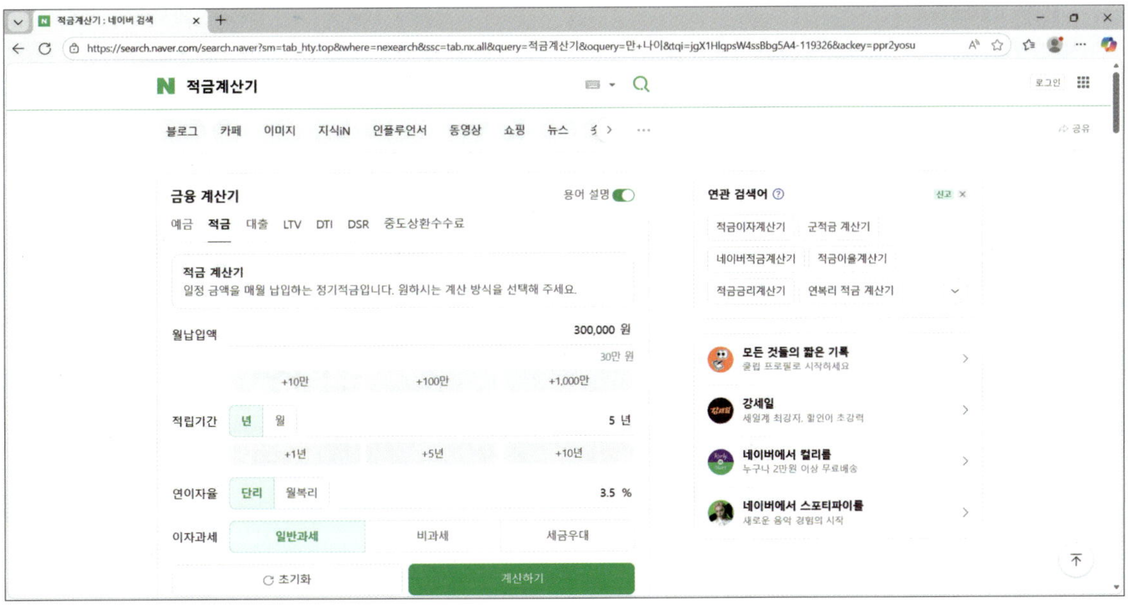

03 미국 USD 100달러에 해당하는 중국 CNY 위안화가 얼마인지 현재 환율을 알아봅니다.

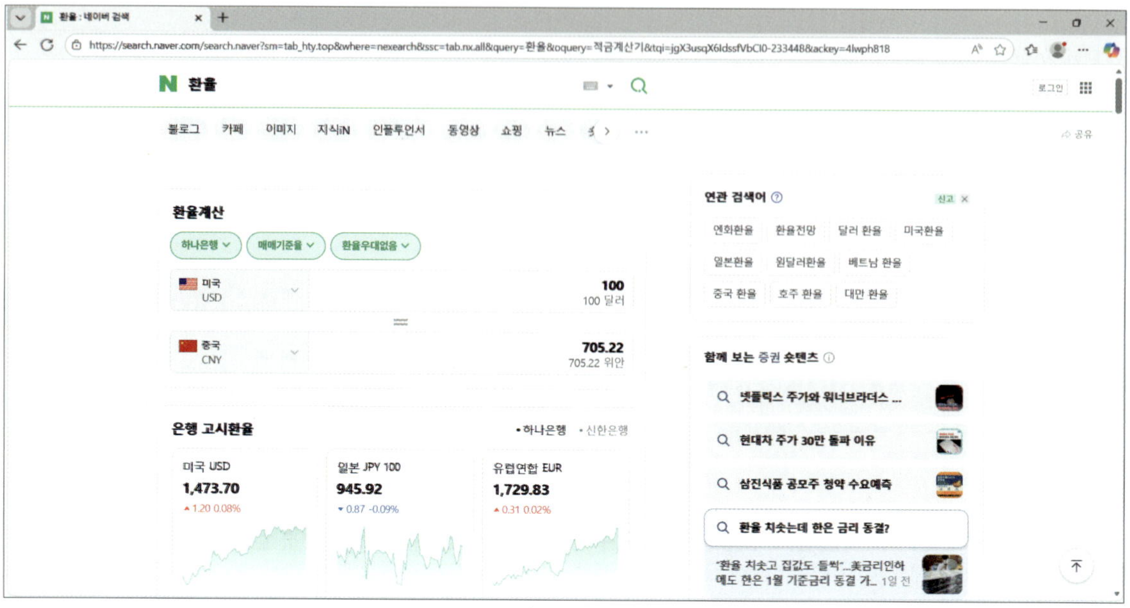

04 휴일지킴이약국 사이트에서 거주하는 지역의 '동물약취급' 약국을 찾아봅니다.

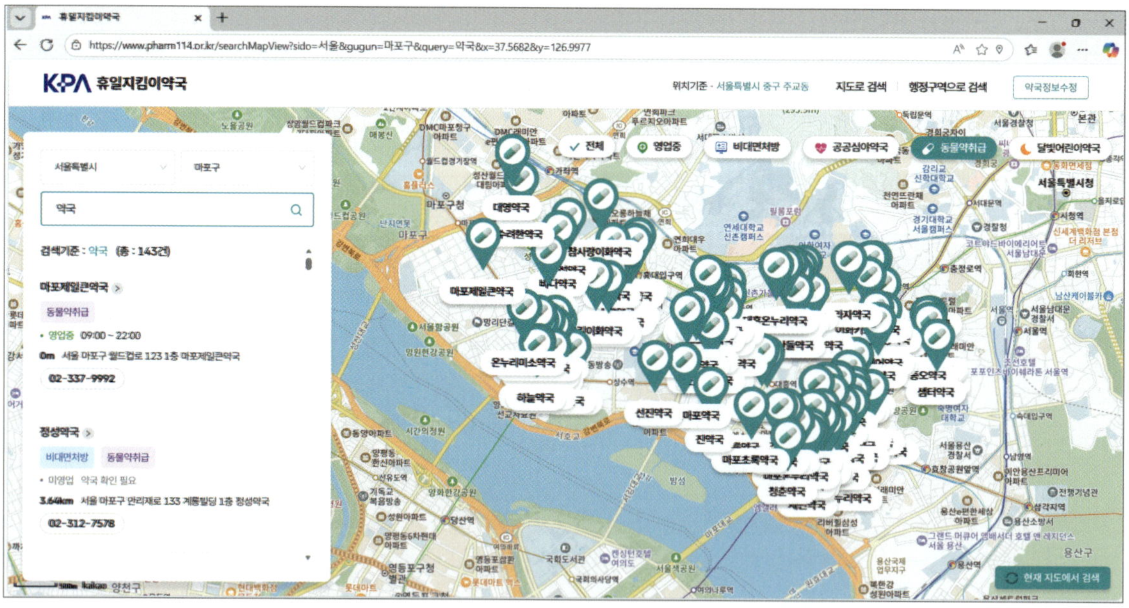

02 온라인 교육 활용하기

- 온라인 교육
- 회원가입
- 휴대폰 인증
- 수강신청

미/리/보/기

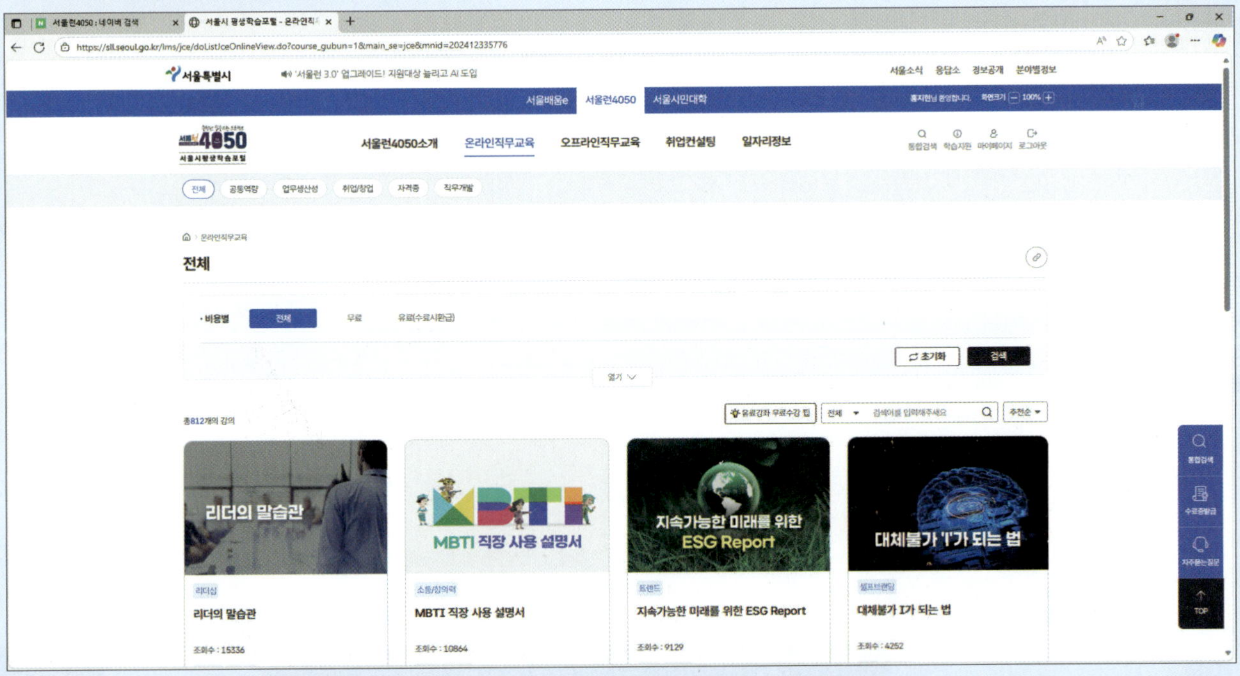

온라인 교육은 인터넷만 있으면 언제 어디서나 원하는 강의를 들을 수 있는 학습 방식입니다. 학원을 직접 찾아가지 않아도 되고, 시간과 장소의 제약 없이 자신에게 맞는 수업을 선택할 수 있습니다. 이번 장에서는 온라인 교육을 활용하는 방법에 대해서 알아보겠습니다.

01 온라인 교육

온라인 교육은 인터넷을 통한 원격 학습을 의미합니다. 한국교육방송공사(EBS)는 사교육비 절감 대책의 일환으로 중·고등학생을 위한 내신 관리 및 수능 대비 강좌를 개설했습니다. 이후 온라인 교육이 점차 확대되면서 무료 교육 사이트뿐 아니라 유료로 운영되는 전문 강의 플랫폼도 다양하게 생겨났습니다. 현재는 일반 교양부터 정보화 교육까지 폭넓은 온라인 학습 기회가 제공되어 누구나 손쉽게 배움에 접근할 수 있습니다.

▶ 서울런4050(sll.seoul.go.kr)

'서울런4050'은 서울시의 평생 학습 포털 사이트로, 자격증 취득, 외국어 학습 등 실생활에 도움이 되는 다양한 강의를 무료로 제공하고 있습니다. 서울 시민이 아니더라도 누구나 온라인에서 수강할 수 있습니다.

▶ 온국민평생배움터(all.go.kr)

'온국민평생배움터'는 국가평생교육진흥원에서 운영하는 온라인 학습 사이트로, 공공기관 및 유관기관에서 개발한 평생 학습 콘텐츠를 무료로 제공합니다.

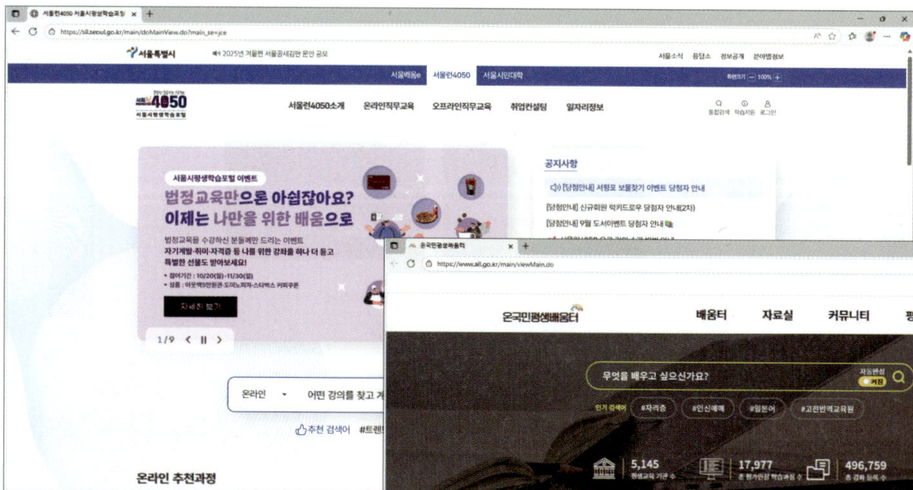

▲ 서울런4050

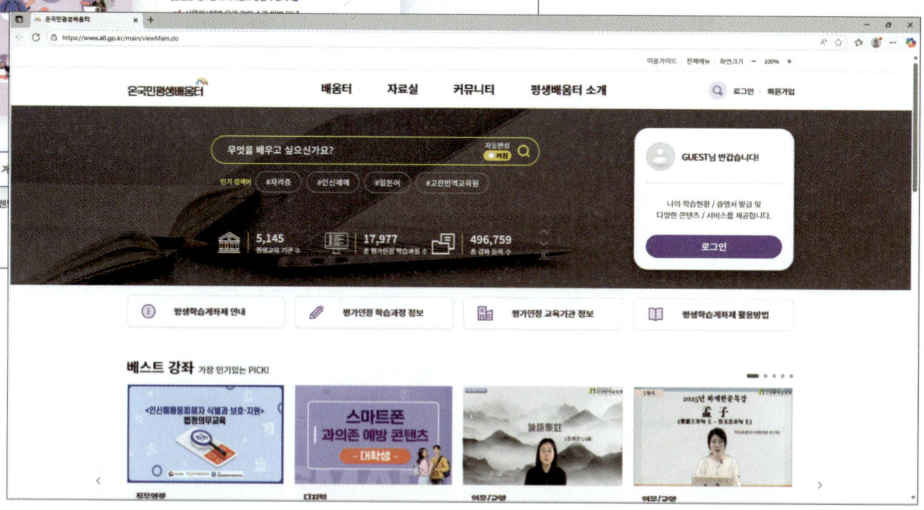

▲ 온국민평생배움터

02 무료 강의 듣기

▶ 회원가입하기

01 네이버(www.naver.com)에 접속한 후 검색창에 '서울런4050'이라고 입력하고 Enter 키를 누릅니다. 검색 결과에서 [서울런4050]을 클릭합니다.

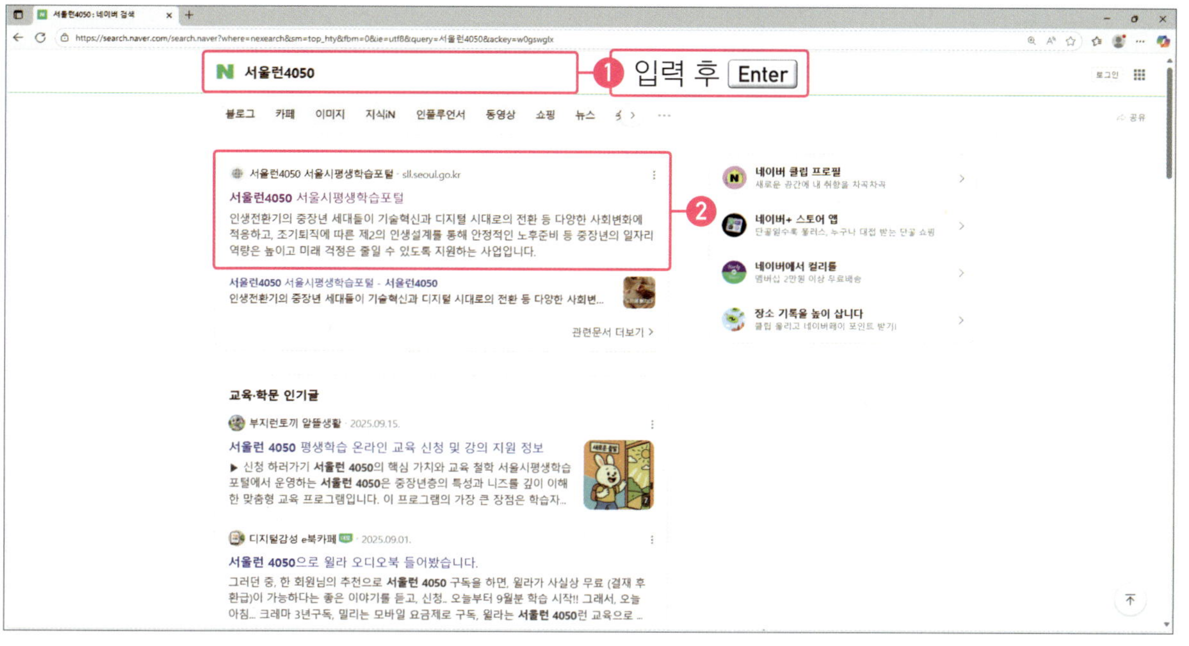

02 '서울시평생학습포털'에 접속하면 [서울런4050]을 클릭합니다.

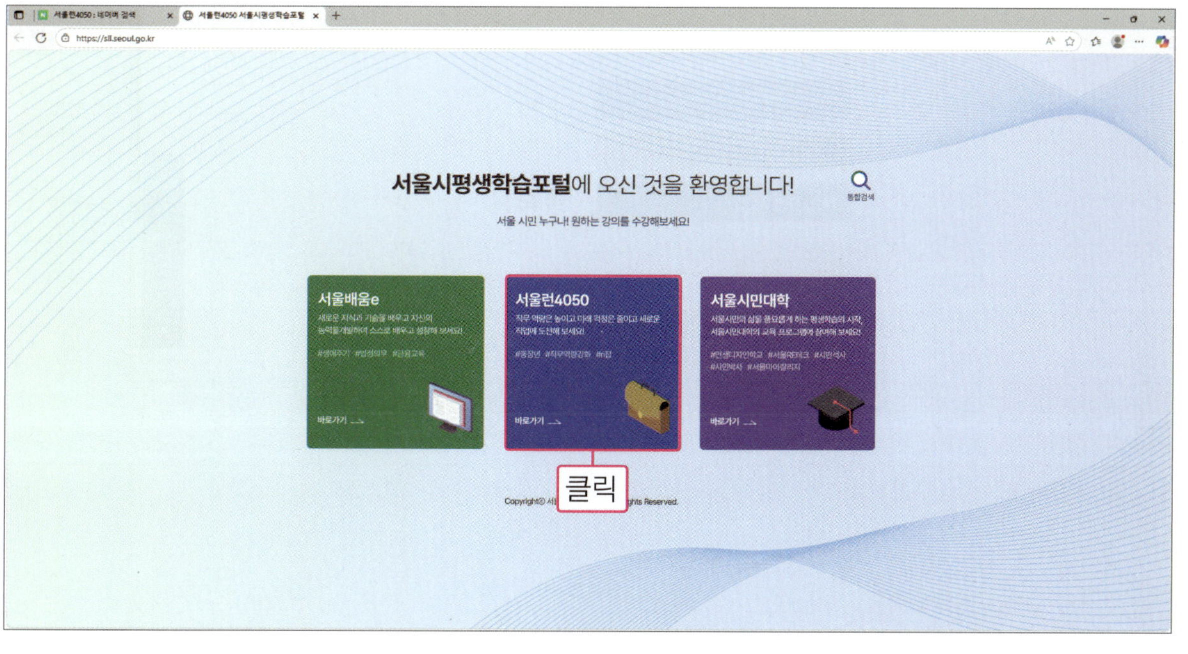

03 서울런4050 사이트에 접속한 후 오른쪽 상단의 [로그인]을 클릭합니다.

04 계정이 있는 SNS를 선택하여 가입해 보겠습니다. 본문에서는 [네이버 계정으로 시작하기] 버튼을 클릭합니다.

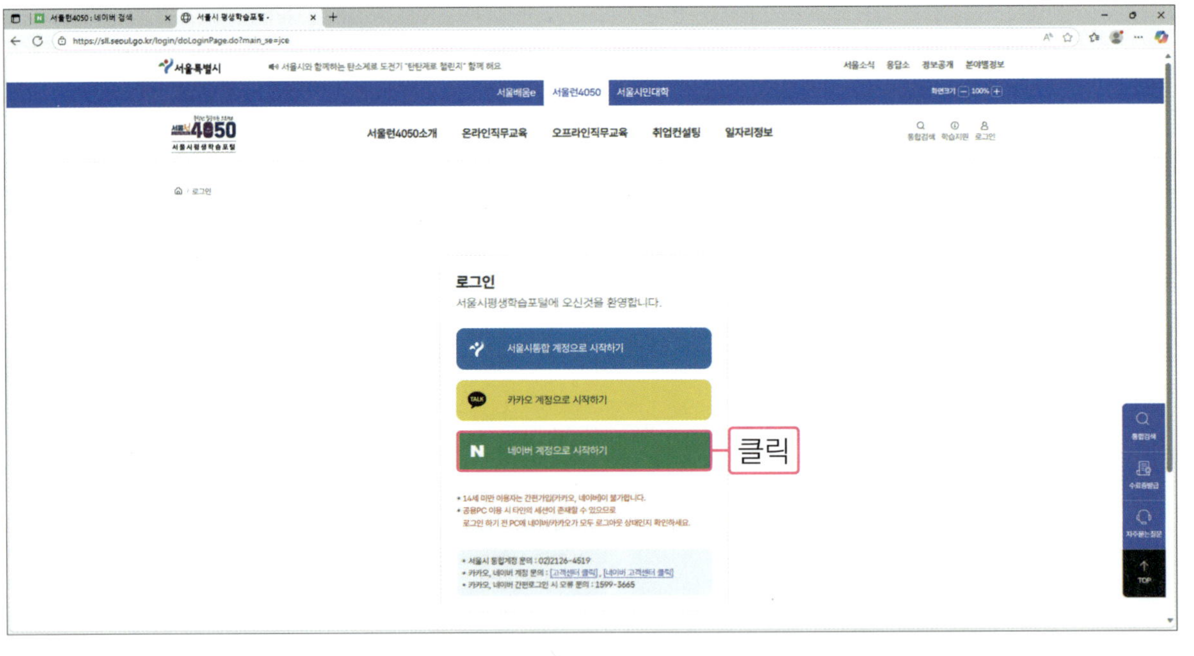

05 네이버 로그인 창에서 아이디와 비밀번호를 입력한 후 [로그인] 버튼을 클릭합니다. '서울시 평생학습포털' 창에서 '전체 동의하기'에 체크한 후 [동의하기] 버튼을 클릭합니다. 회원가입을 진행하겠냐고 묻는 메시지 창이 표시되면 [확인] 버튼을 클릭합니다.

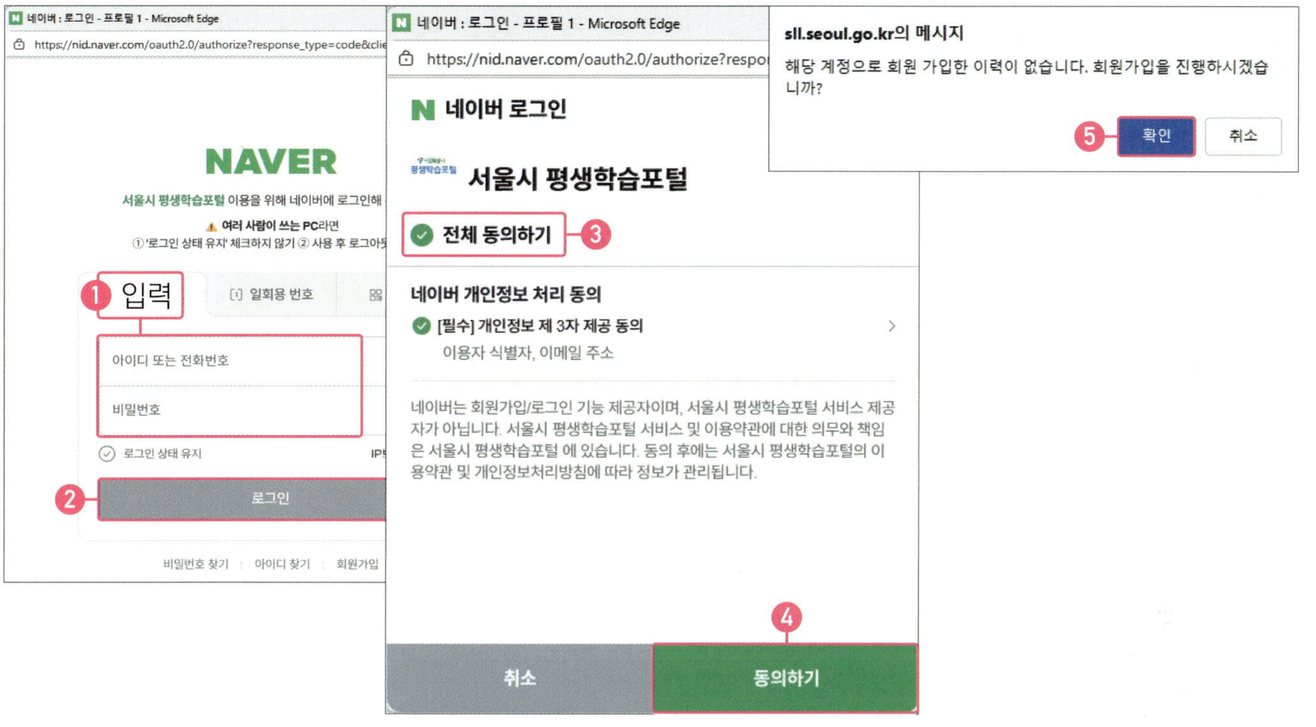

▶ 휴대폰 인증

01 약관동의 페이지에서 '약관전체동의'에 체크한 후 [본인 핸드폰 인증하기] 버튼을 클릭합니다.

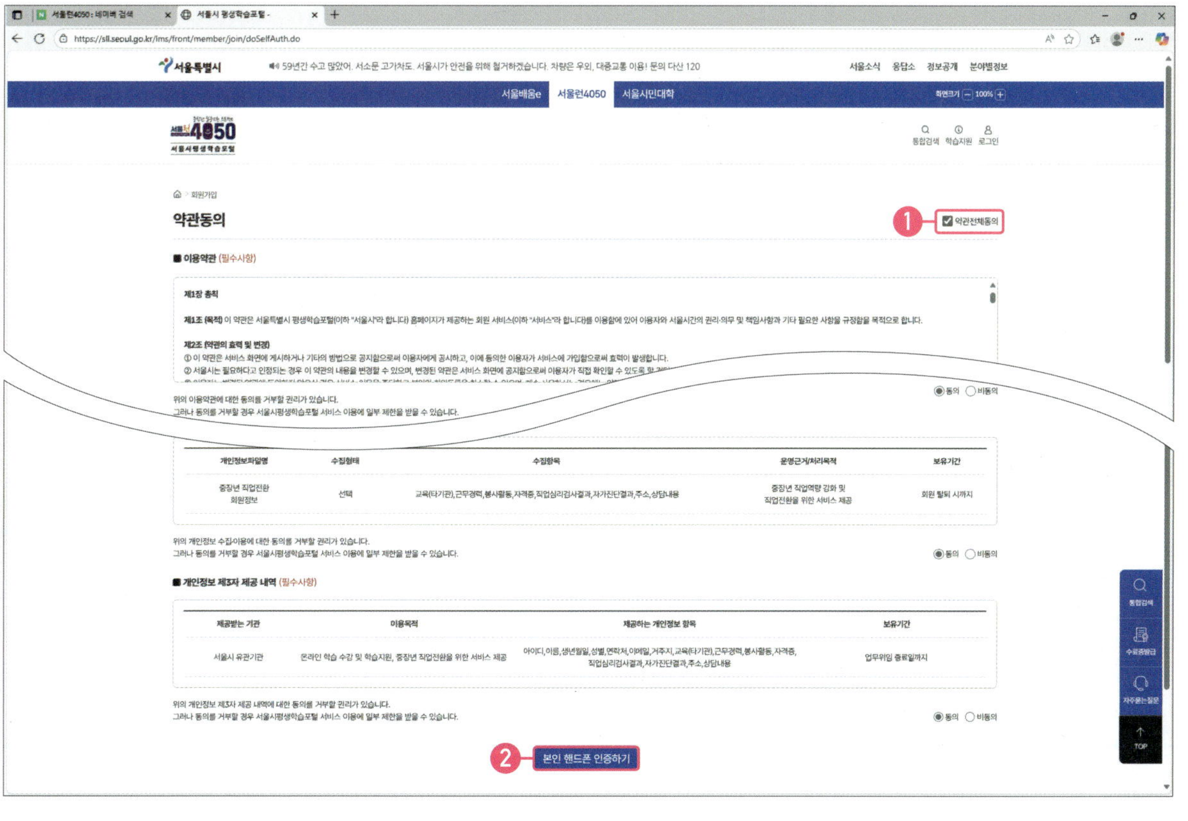

02 사용자 휴대폰의 통신사를 선택합니다. [문자(SMS) 인증]을 클릭한 후 '본인확인 이용 동의'에 체크하고 [다음] 버튼을 클릭합니다. 이름, 생년월일/성별, 휴대폰 번호를 입력하고 보안문자는 보이는 대로 입력한 후 [확인] 버튼을 클릭합니다. 휴대폰으로 전송된 인증번호 6자리를 입력하고 [확인] 버튼을 클릭합니다.

03 인증이 완료되면 회원정보입력 페이지에 네이버에서 불러온 정보가 입력됩니다. 추가로 **이메일과 성별, 주소를 입력**한 후 휴대전화 번호 옆의 [중복 검사] 버튼을 클릭합니다. 사용 가능한 휴대전화 번호라는 메시지 창이 표시되면 [확인] 버튼을 클릭합니다.

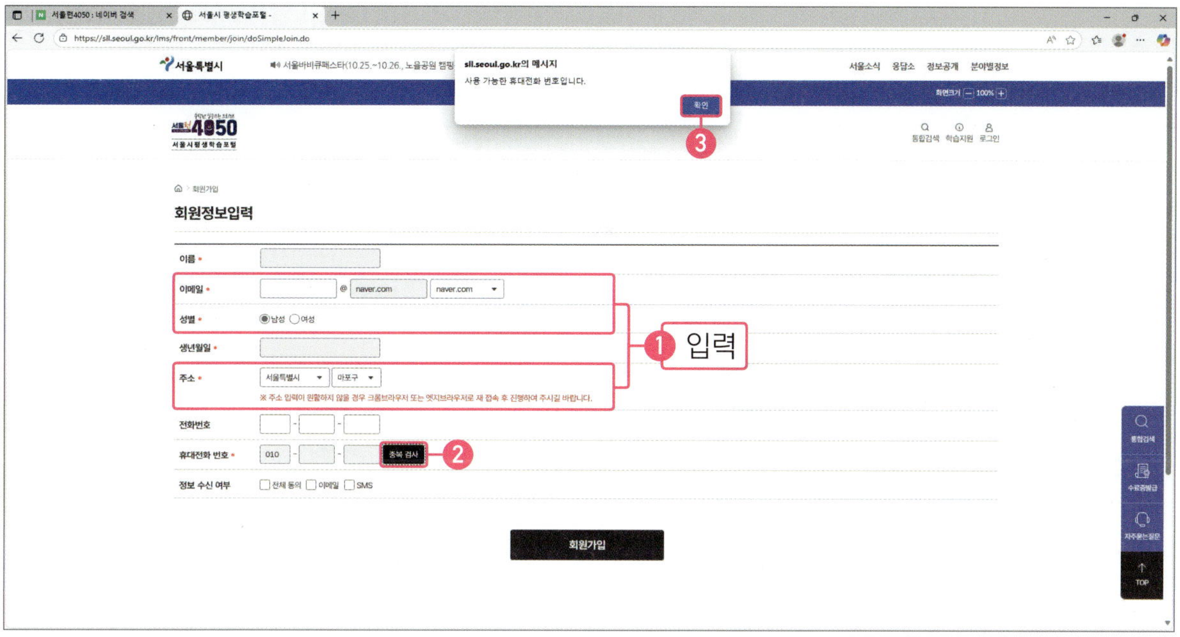

04 [회원가입] 버튼을 클릭하고 메시지 창이 표시되면 [확인] 버튼을 클릭합니다.

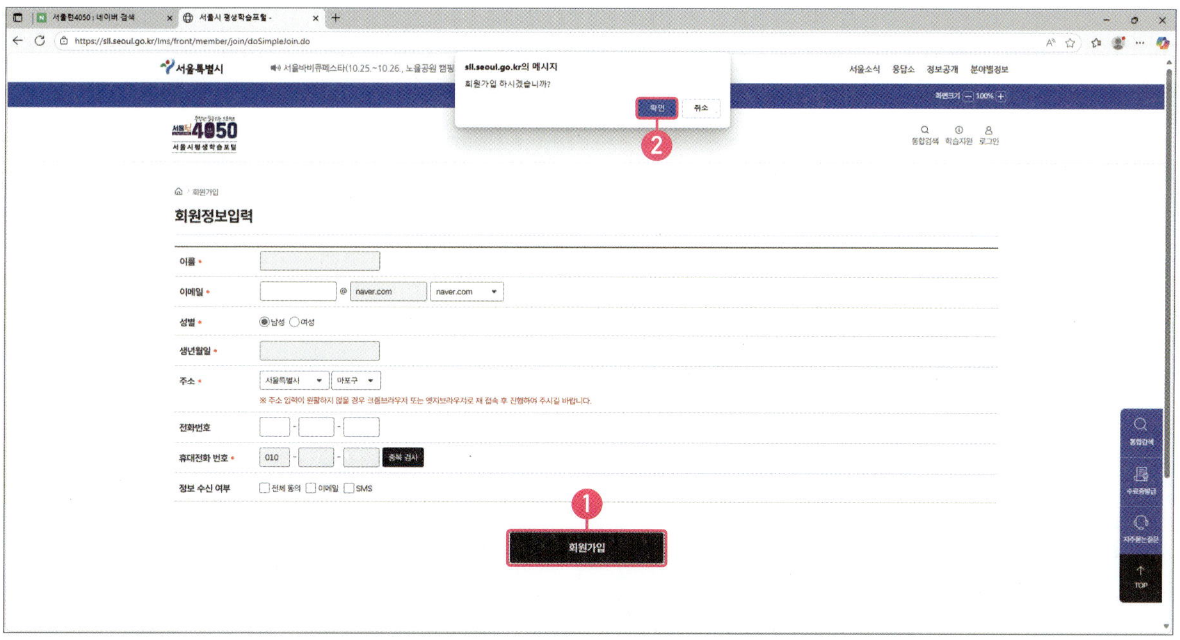

05 회원가입이 완료되었다는 메시지 창이 표시되면 [확인] 버튼을 클릭합니다.

▸ 수강신청하기

01 메인 페이지로 이동한 후 강의를 수강하기 위해 상단 메뉴 중 [온라인직무교육]-[업무생산성]을 클릭합니다.

02 원하는 분야를 선택합니다. 본문에서는 [인공지능]을 선택합니다. [검색] 버튼을 클릭합니다.

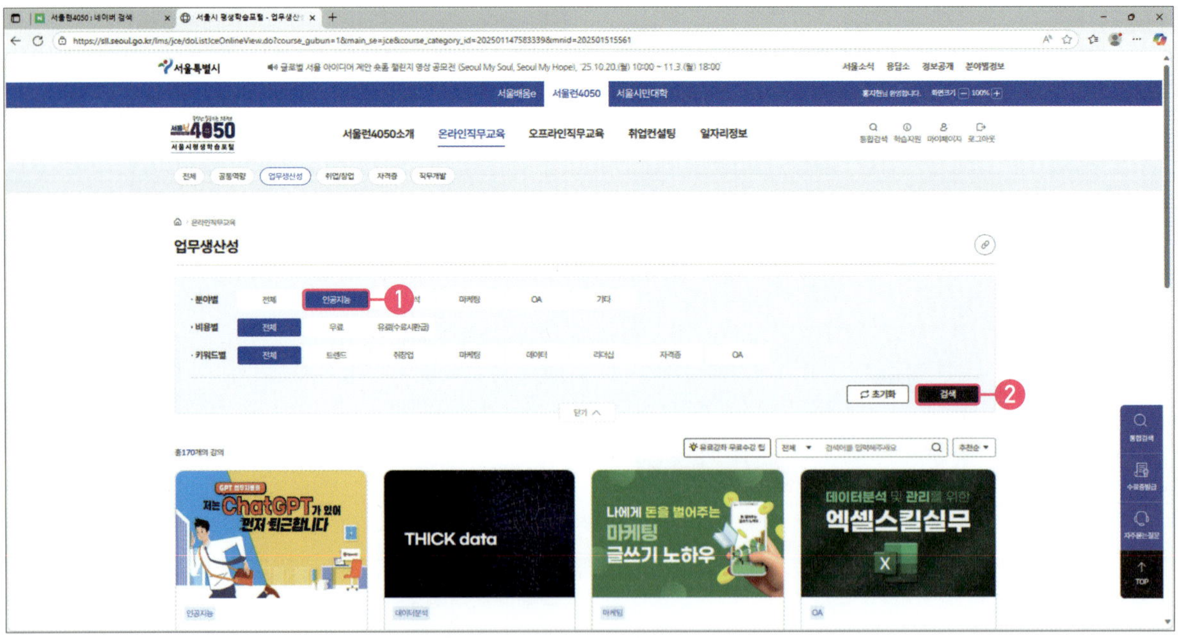

03 인공지능과 관련된 여러 강의가 나타납니다. 원하는 강의를 클릭합니다.

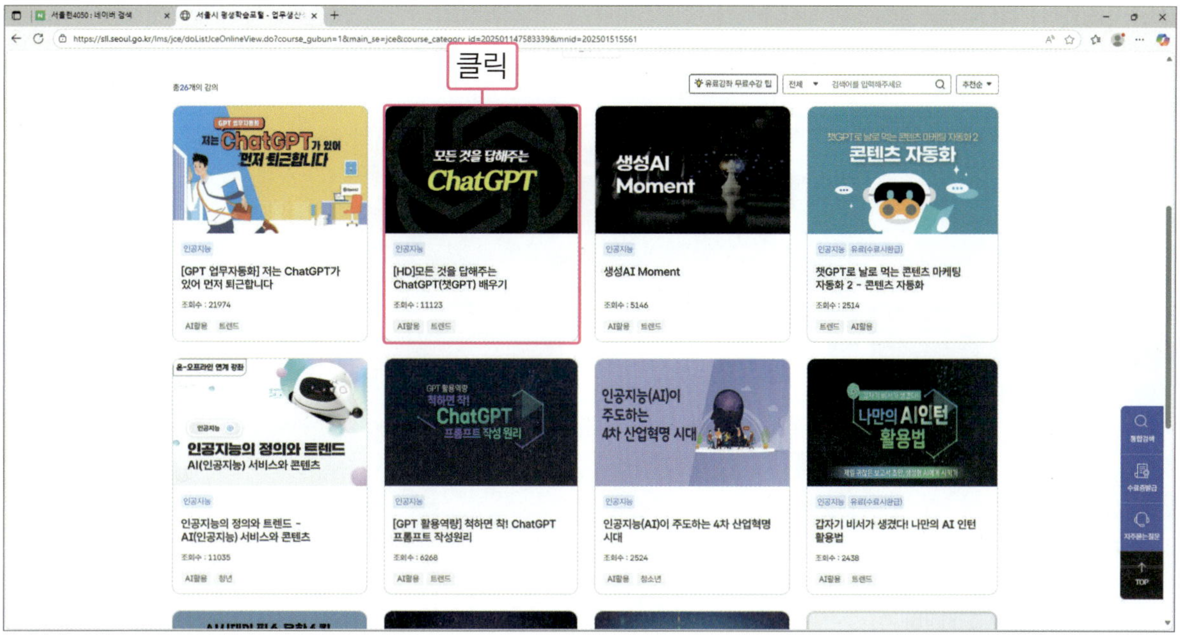

04 [강의소개], [강의목차], [리뷰/평점], [Q&A] 등 탭 목록을 클릭하여 살펴본 후 [수강신청] 버튼을 클릭합니다.

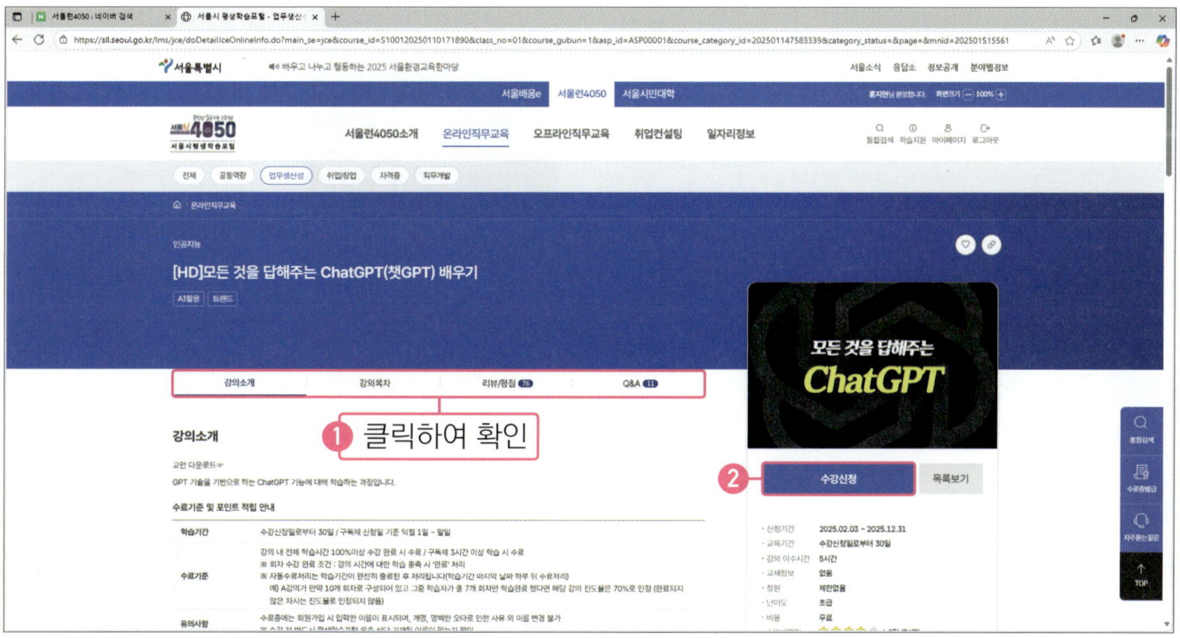

05 수강신청 창에서 [확인] 버튼을 클릭합니다. 수강신청이 완료되었다는 메시지 창이 표시되면 [확인] 버튼을 클릭합니다.

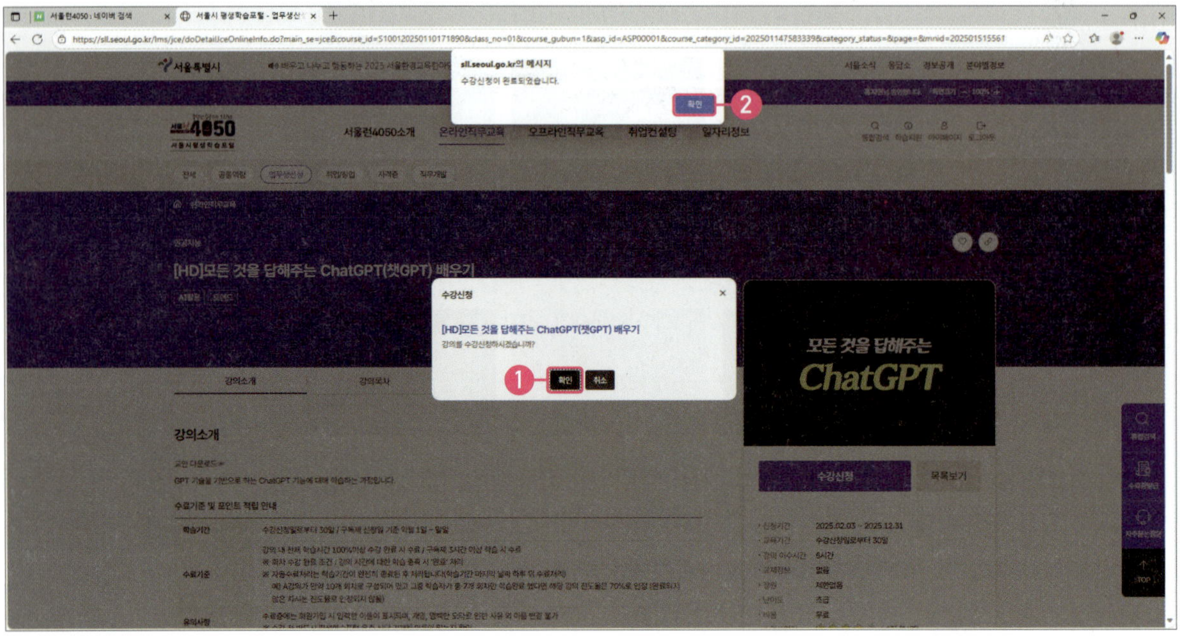

06 학습을 시작하기 위해 [강의목차]의 1차시 [학습하기] 버튼을 클릭합니다.

07 재생 버튼을 클릭하여 강의를 시청합니다. 다음 강의를 들으려면 [다음강의] 버튼을, 학습을 종료하려면 [학습종료] 버튼을 클릭합니다. 본문에서는 [학습종료] 버튼을 클릭합니다.

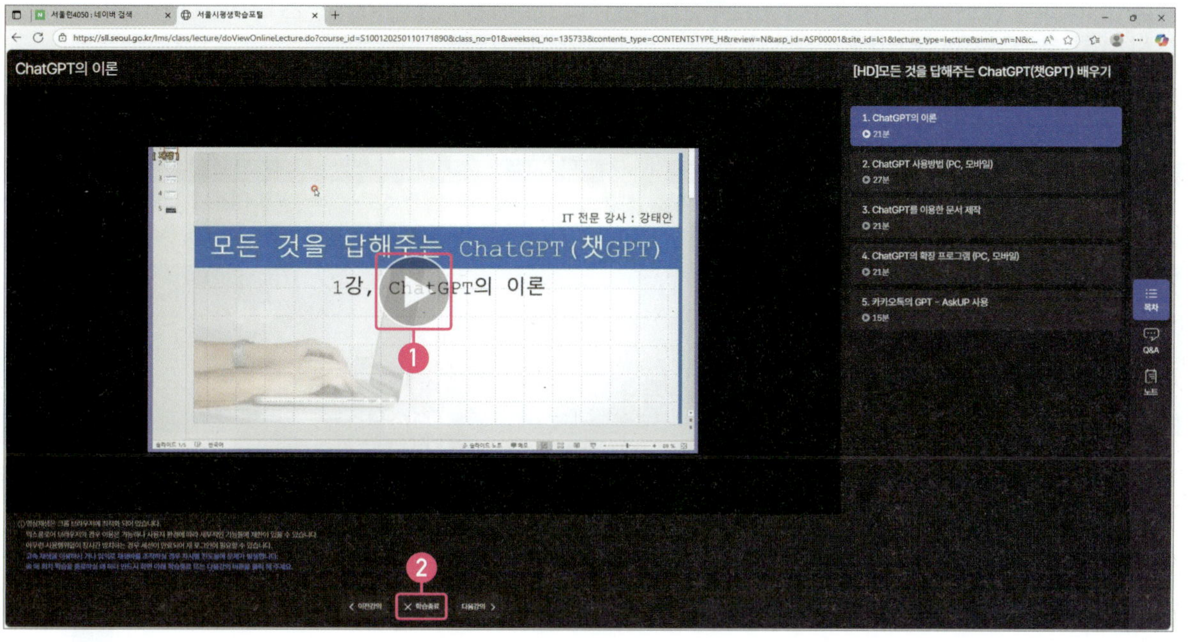

08 [마이페이지]–[수강내역]–[수강중 강의]에서 나의 진도율을 확인할 수 있습니다. 남은 기간 동안 해당 강의의 학습을 모두 끝마치면 수료증을 받을 수 있습니다.

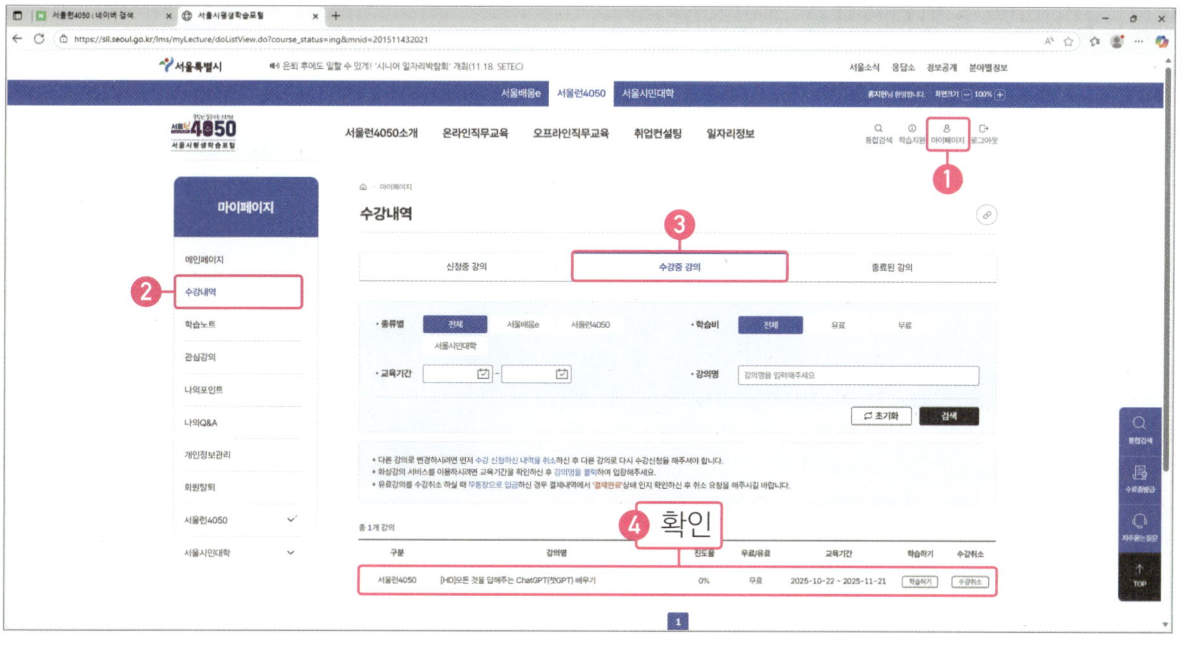

응용력 키우기

01 서울런4050의 [온라인직무교육]-[업무생산성]-[인공지능] 분야에서 '생성AI Moment'를 수강신청한 후 공부해 봅니다.

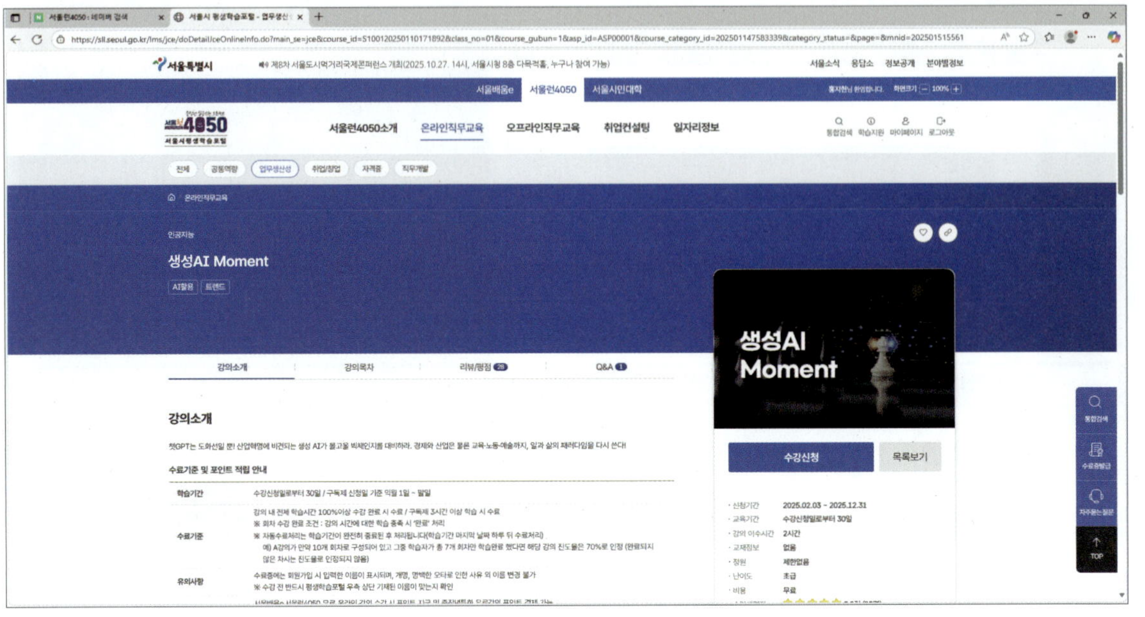

02 서울런4050의 [온라인직무교육]-[업무생산성]-[OA] 분야에서 '데이터분석 및 관리를 위한 엑셀스킬실무'를 수강신청한 후 공부해 봅니다.

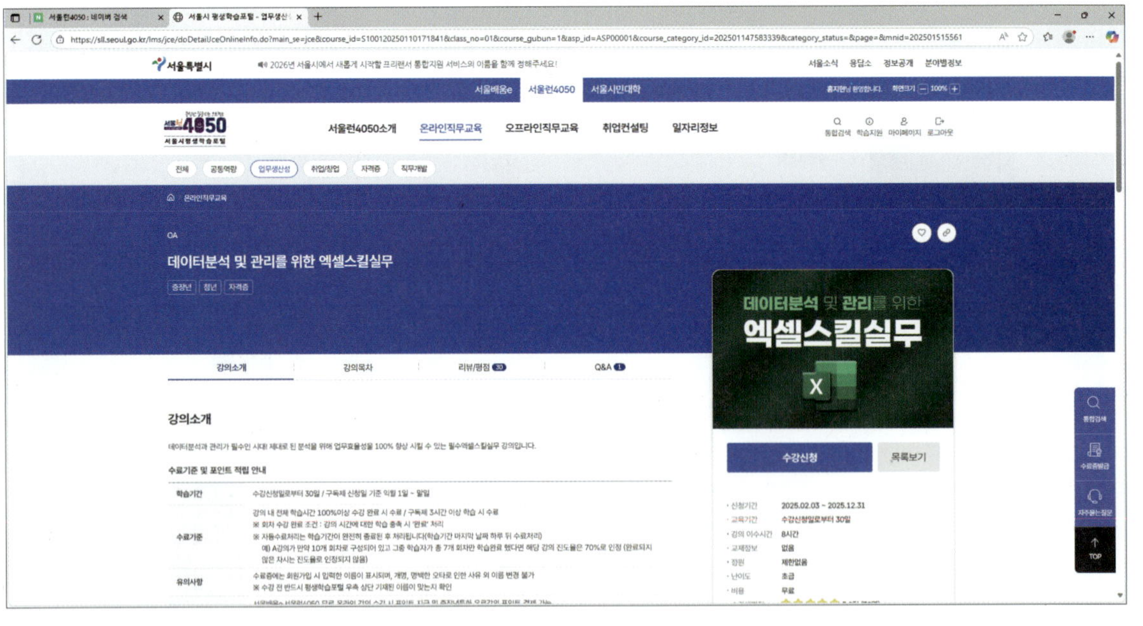

03 웹 메일 보내기

- 웹 메일
- 단체 메일 발송
- 주소록
- 예약 메일 발송
- 메일 수신 확인
- 첨부 파일 저장

미/리/보/기

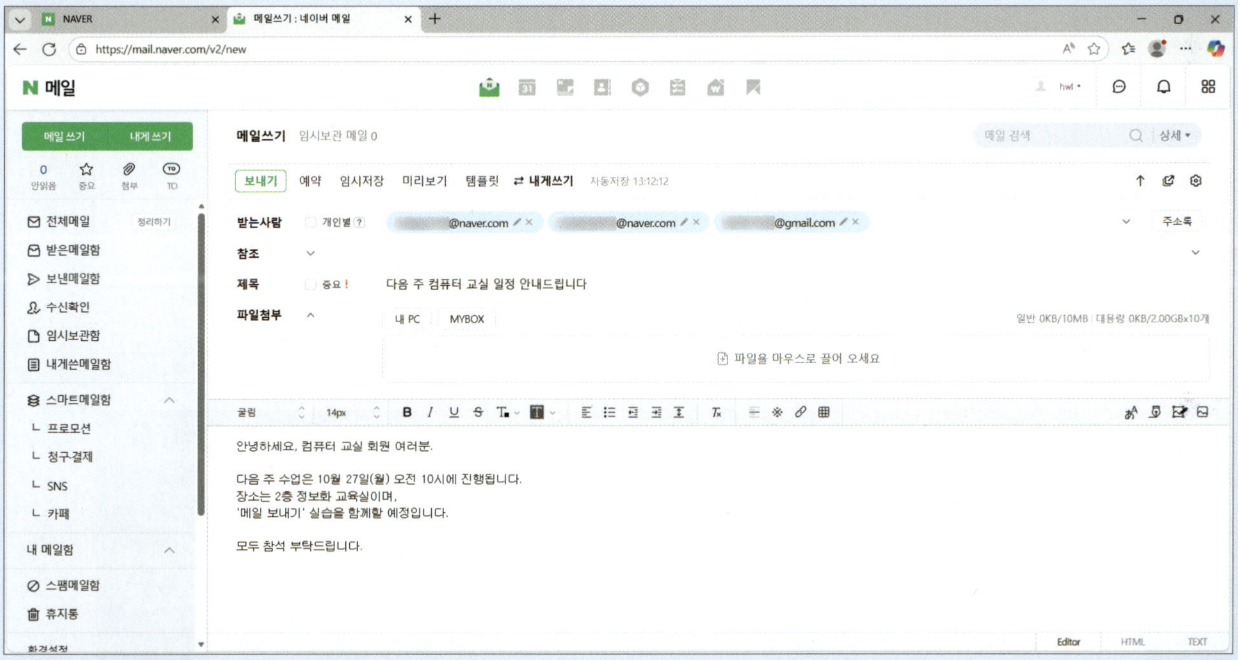

웹 메일은 프로그램을 설치하지 않아도 포털 사이트 계정만 있으면 메일을 주고받을 수 있는 서비스입니다. 또한 같은 메일을 여러 사람에게 한 번에 보내거나 원하는 시간에 맞춰 발송할 수도 있습니다. 이 밖에도 상대방이 보낸 파일을 내 컴퓨터에 저장하거나, 압축 파일을 풀어 사용하는 방법까지 알아보겠습니다.

01 웹 메일 서비스

웹 메일(Web Mail)은 '웹(Web)'과 '이메일(E-mail)'이 합쳐진 말로, 포털 사이트에 로그인하면 웹 브라우저에서 바로 메일을 확인하고 보낼 수 있는 서비스입니다. 인터넷만 연결되어 있다면 메일함에 접근할 수 있습니다. 대표적인 웹 메일 서비스로는 '네이버 메일', '다음 메일', '구글 지메일' 등이 있습니다.

▲ 네이버 메일

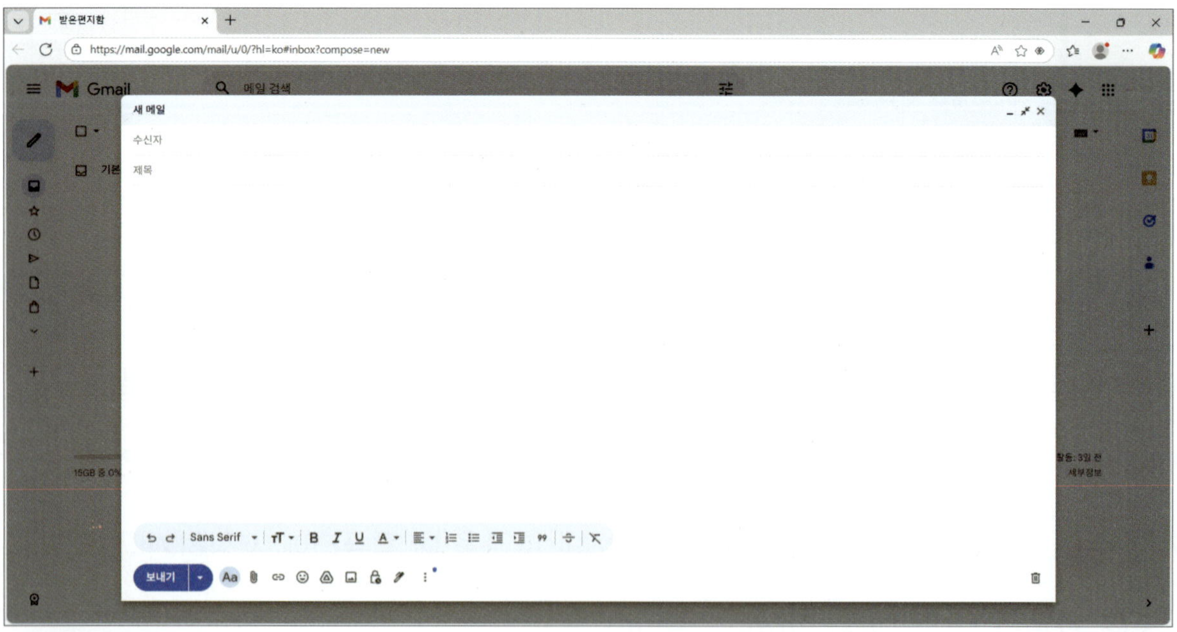

▲ 구글 지메일

02 단체 메일 보내기

▶ 단체 메일 보내기

01 네이버(www.naver.com)에 접속한 후 [NAVER 로그인] 버튼을 클릭합니다.

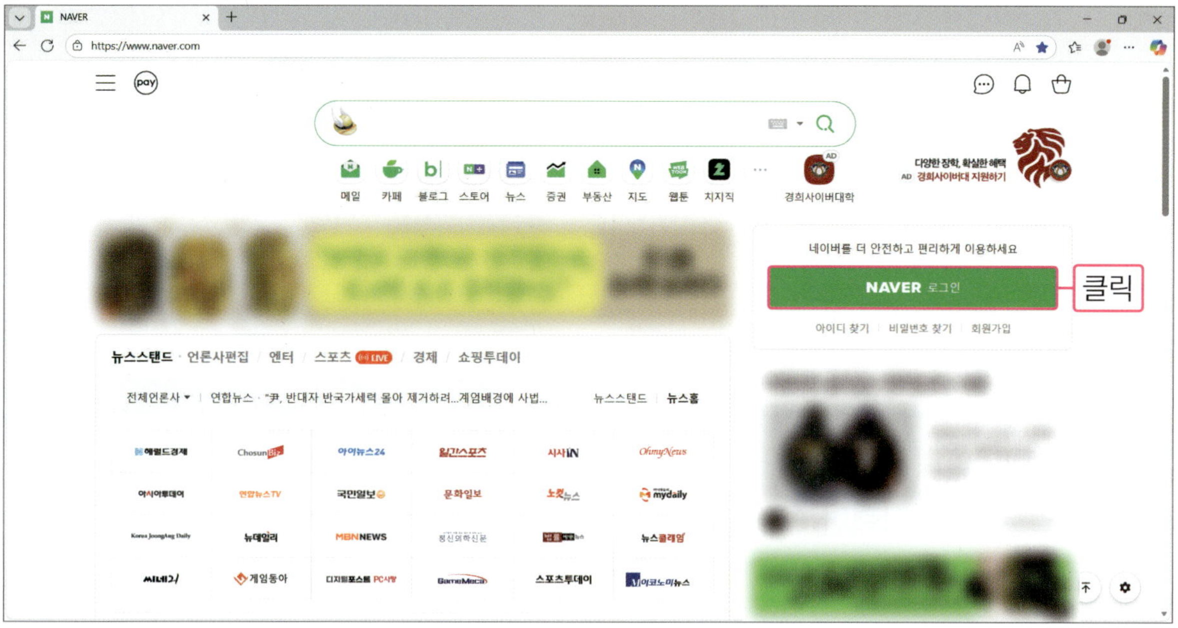

02 네이버 로그인 페이지에서 아이디와 비밀번호를 입력한 후 [로그인] 버튼을 클릭합니다.

잠깐

네이버 메일은 네이버 회원만 사용할 수 있습니다. 회원이 아닌 경우 [회원가입]을 클릭하여 절차에 따라 진행합니다.

03 검색창 아래 [메일]을 클릭합니다.

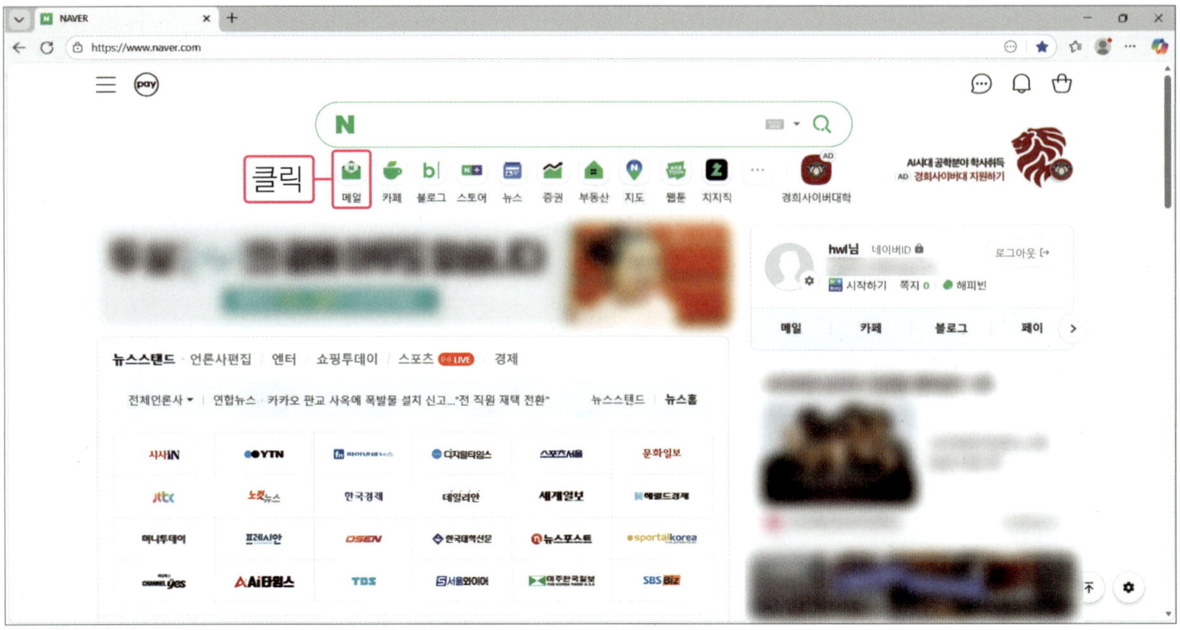

04 메일을 작성하기 위해 왼쪽 상단의 [메일쓰기]를 클릭합니다. [받는사람] 입력란에 상대방의 이메일 주소를 입력한 후 Enter 키를 누릅니다.

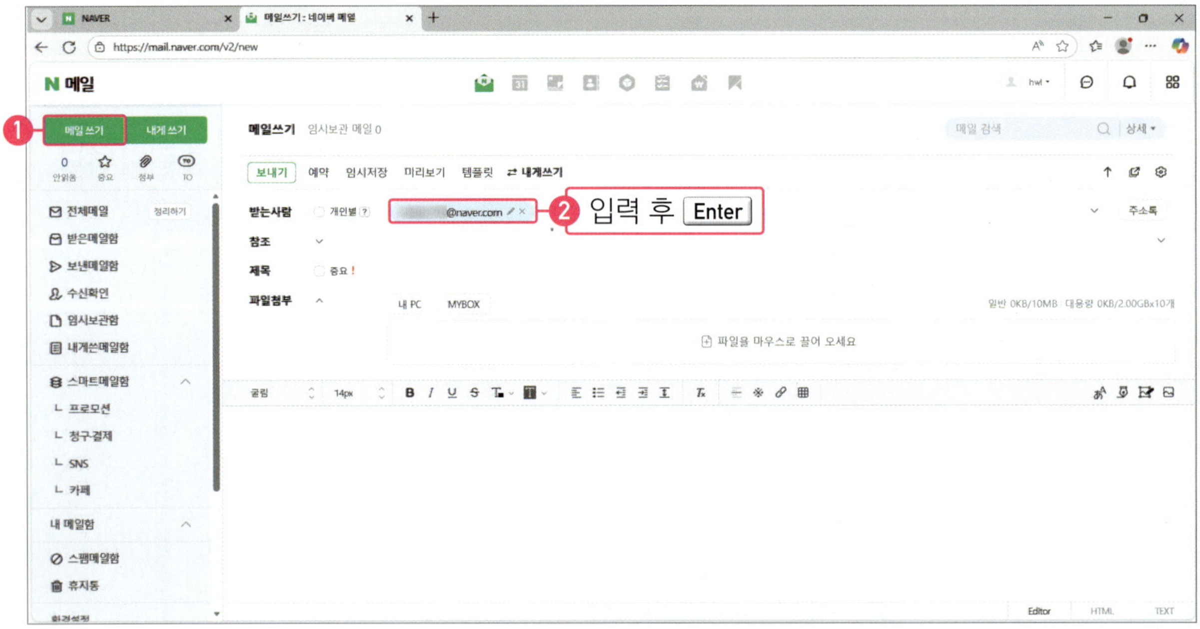

05 단체로 보낼 이메일 주소를 모두 입력합니다. 제목과 내용을 입력하고 [보내기] 버튼을 클릭합니다.

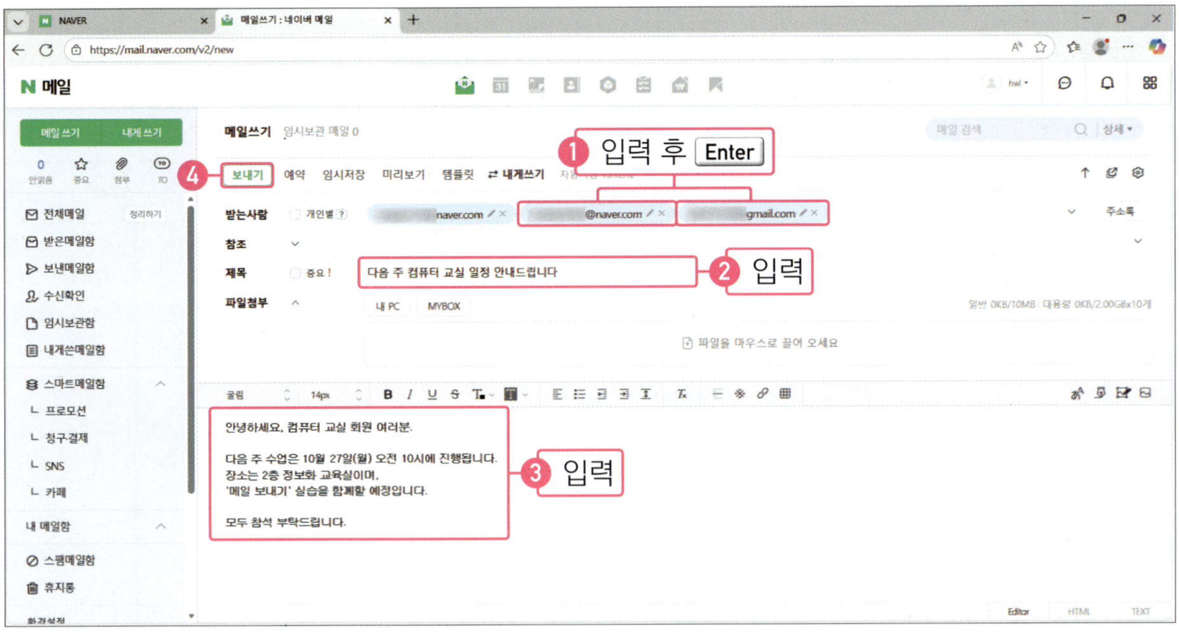

06 메일을 성공적으로 보냈다는 메시지가 나타납니다.

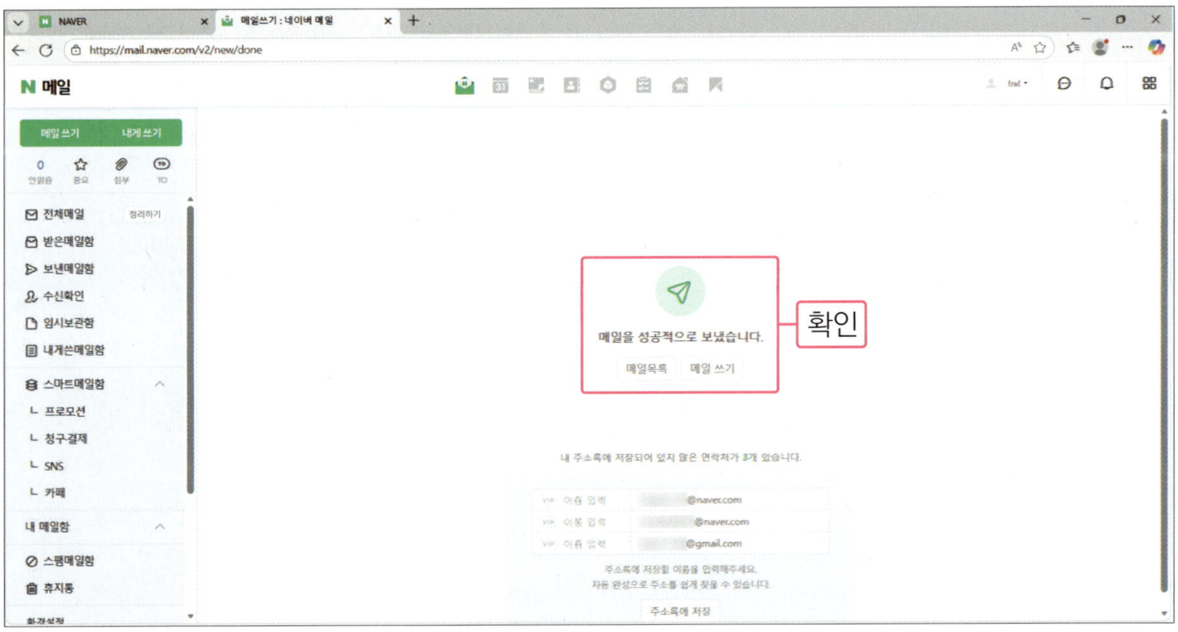

▶ 주소록 그룹 만들기

01 메일이 발송되면 이름이 없는 이메일 주소 앞에 각각 이름을 입력한 후 [주소록에 저장] 버튼을 클릭합니다.

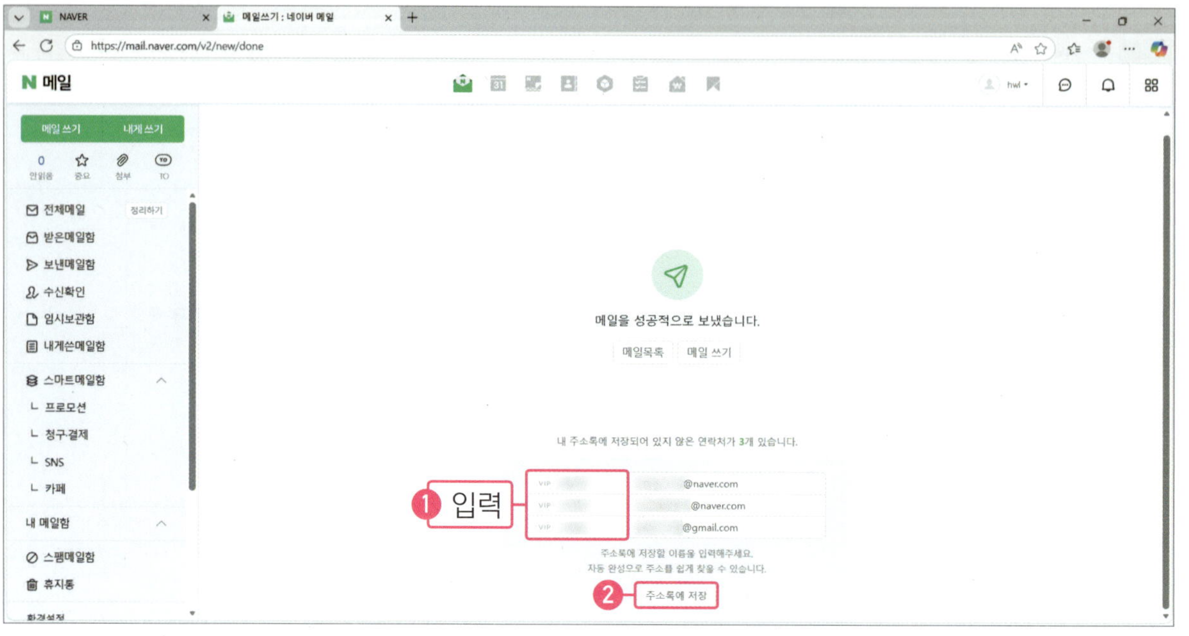

02 주소록에 저장하겠냐는 메시지 창이 표시되면 [확인] 버튼을 클릭한 후 [주소록 확인하기] 버튼을 클릭합니다.

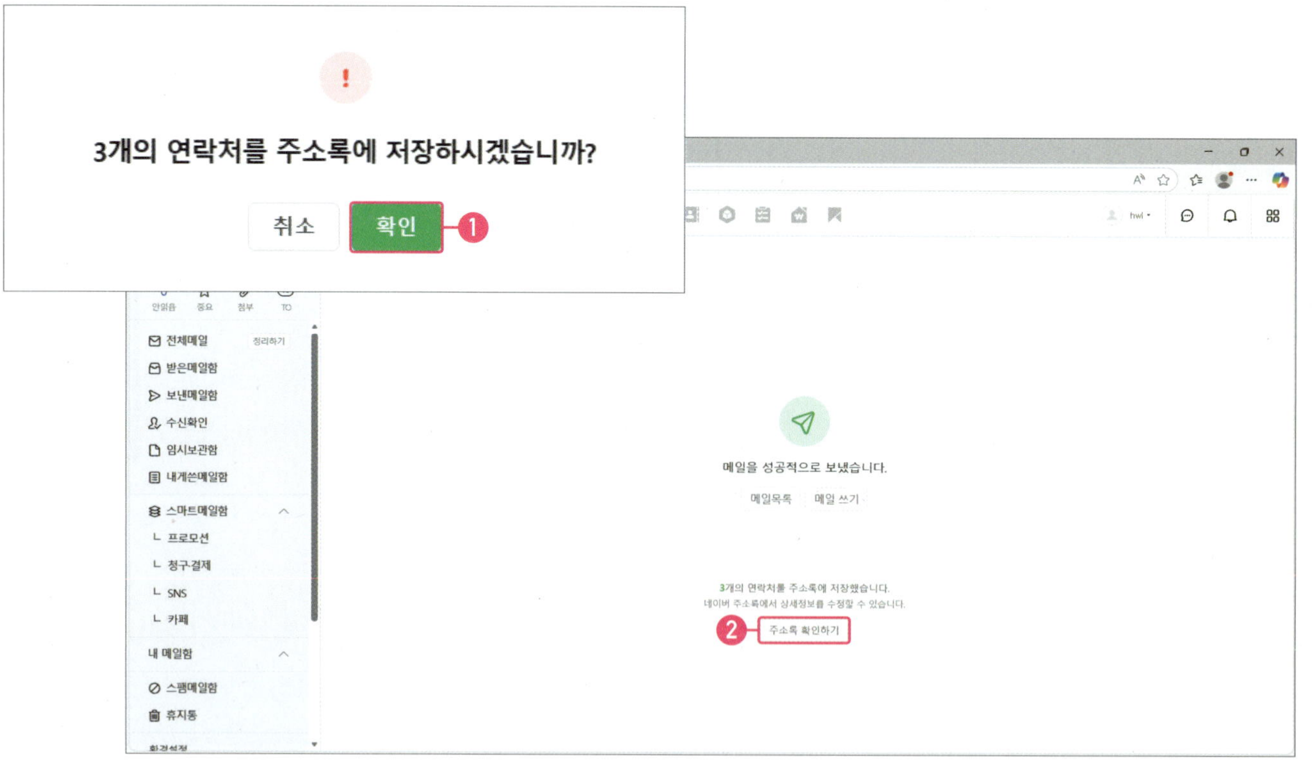

03 체크 박스를 클릭하여 연락처 전체를 선택한 후 [이동] 버튼을 클릭합니다. 새 그룹 창에 '동창회'라고 입력하고 [추가] 버튼을 클릭한 후 [이동] 버튼을 클릭합니다.

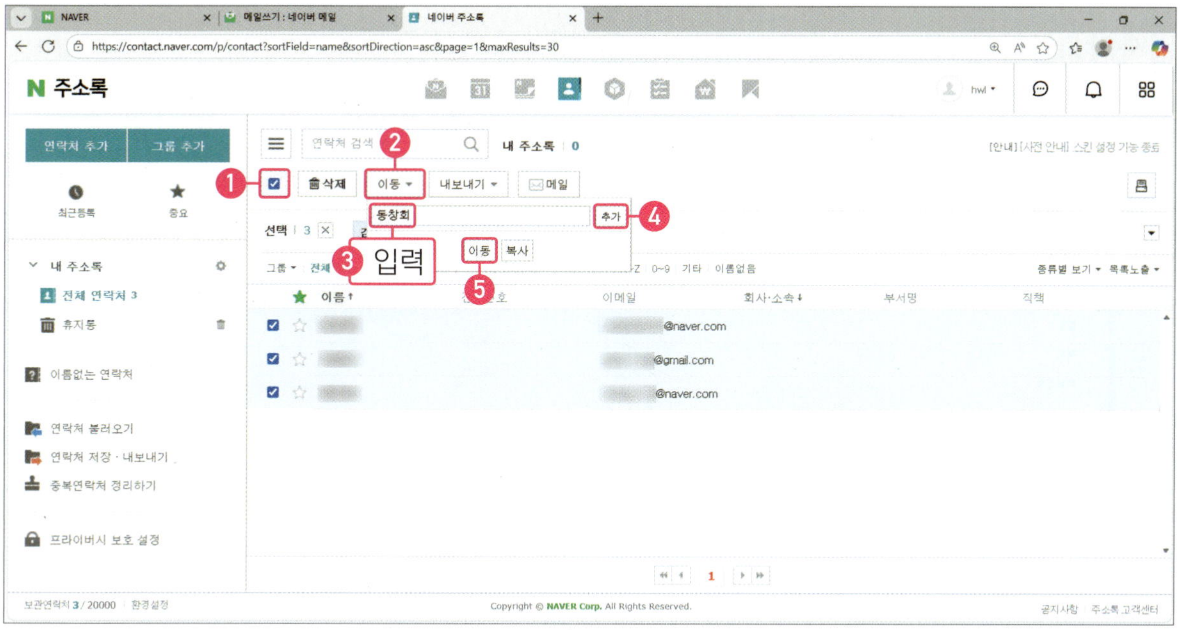

04 메시지 창이 표시되면 [확인] 버튼을 클릭합니다. '동창회'라는 그룹에 선택한 연락처가 모두 포함됩니다.

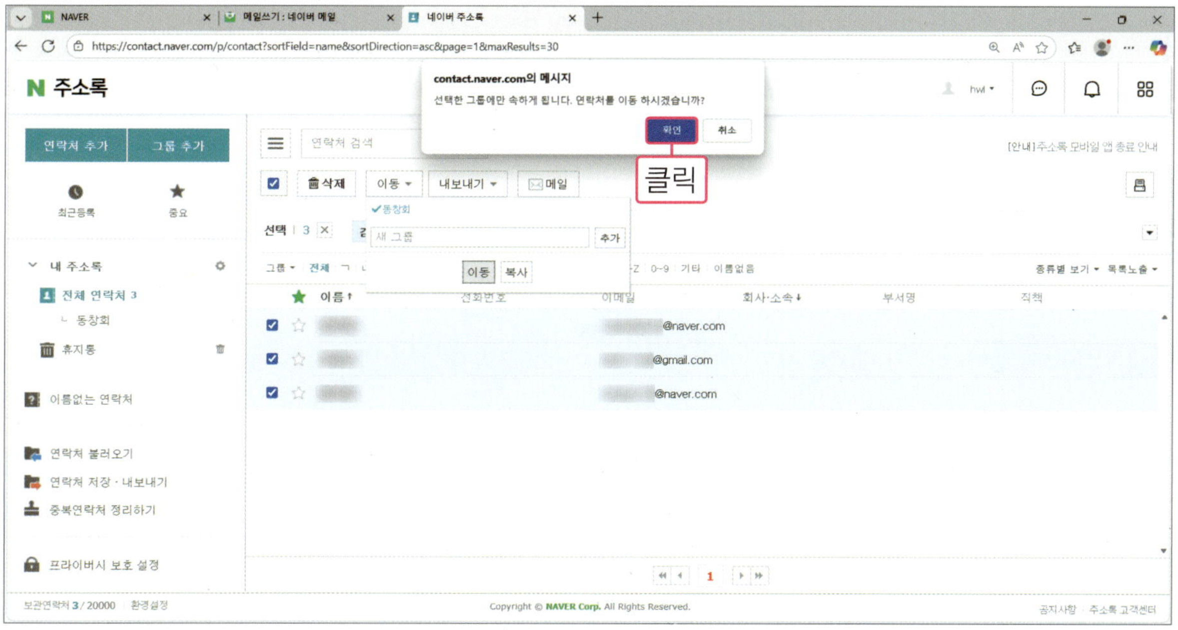

▶ 주소록 그룹을 활용하여 단체 메일 보내기

01 메일 홈으로 돌아와 새 메일을 작성하기 위해 왼쪽 상단의 [메일쓰기]를 클릭합니다. [받는사람] 입력란 오른쪽의 [주소록] 버튼을 클릭합니다.

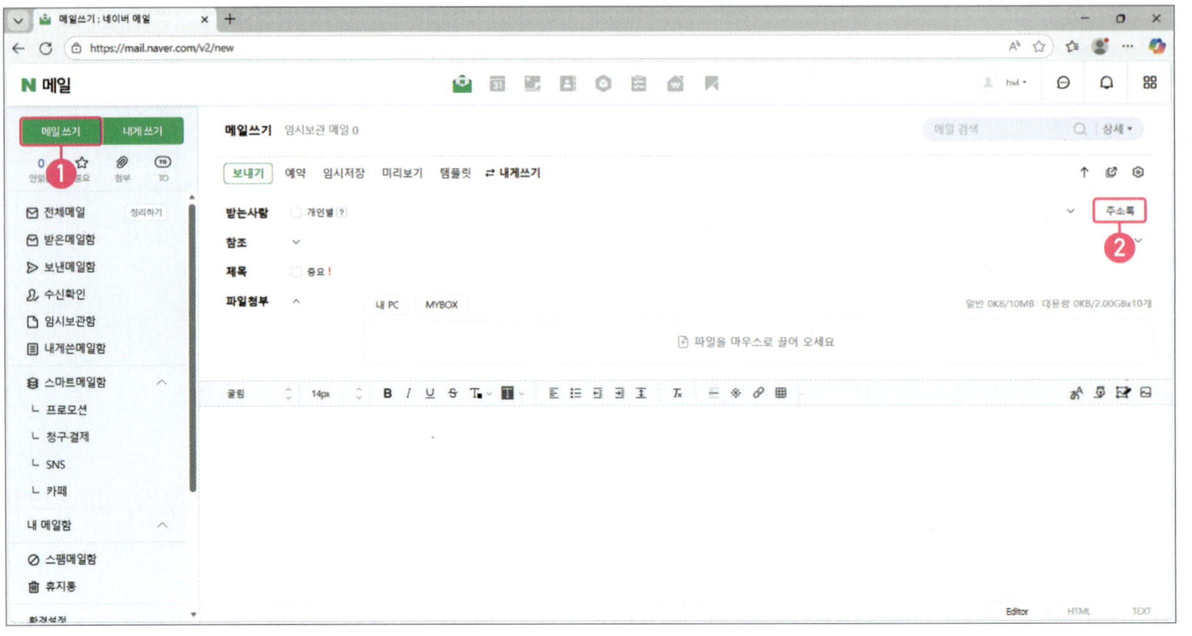

02 메일 주소록 창이 나타나면 이메일을 보낼 그룹명을 체크한 후 [확인] 버튼을 클릭합니다.

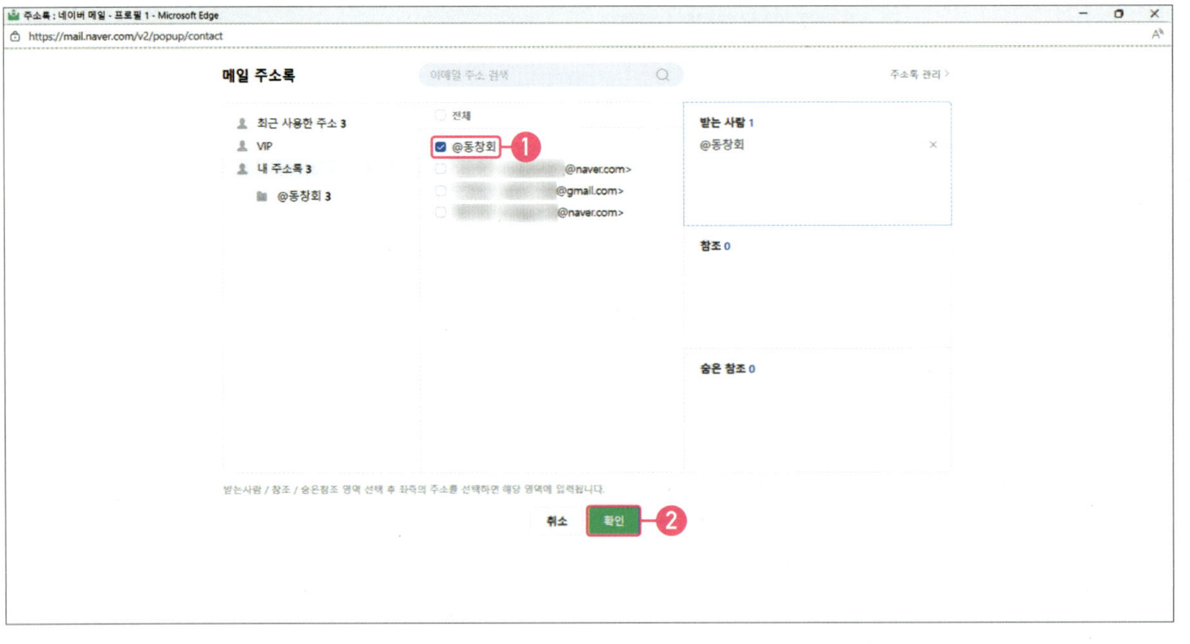

03 [받는사람] 입력란에 그룹명이 추가됩니다. **제목과 내용을 입력하고 [보내기] 버튼을 클릭합니다.**

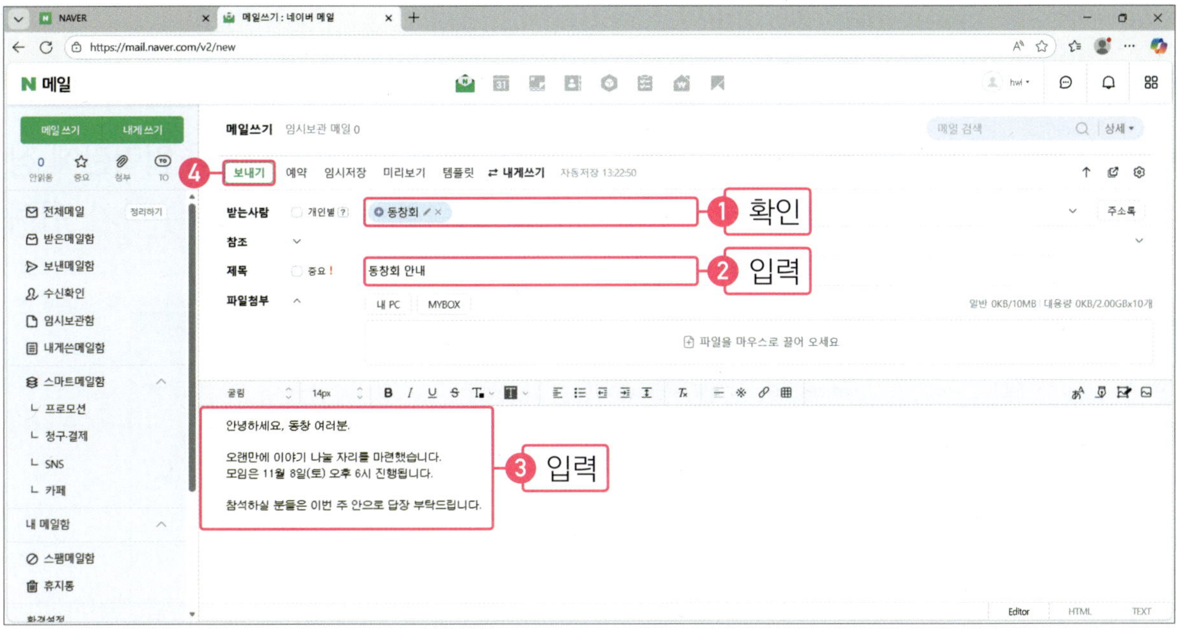

04 '동창회' 그룹에 속한 여러 사람에게 메일이 한 번에 전송됩니다.

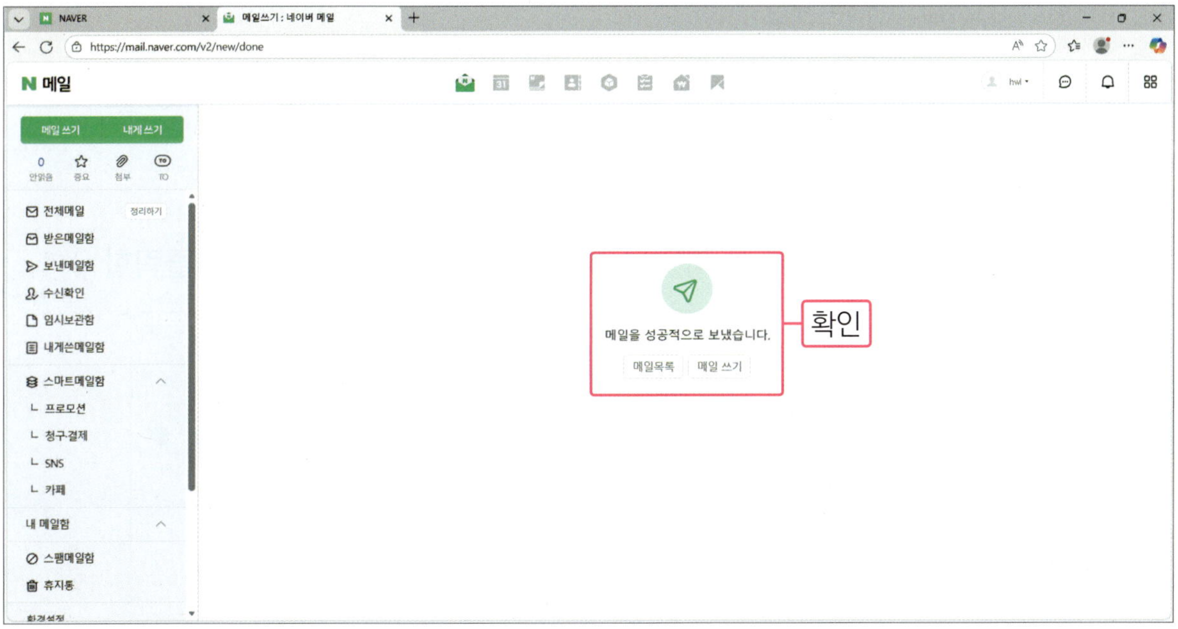

03 웹 메일 기능 활용하기

▶ 파일 첨부하기

01 새 메일을 작성하기 위해 왼쪽 상단의 [메일쓰기]를 클릭한 후 [받는사람] 입력란에 상대방의 이메일 주소를 입력합니다. 제목과 내용을 입력한 후 파일을 첨부하기 위해 [파일첨부]의 [내 PC] 버튼을 클릭합니다.

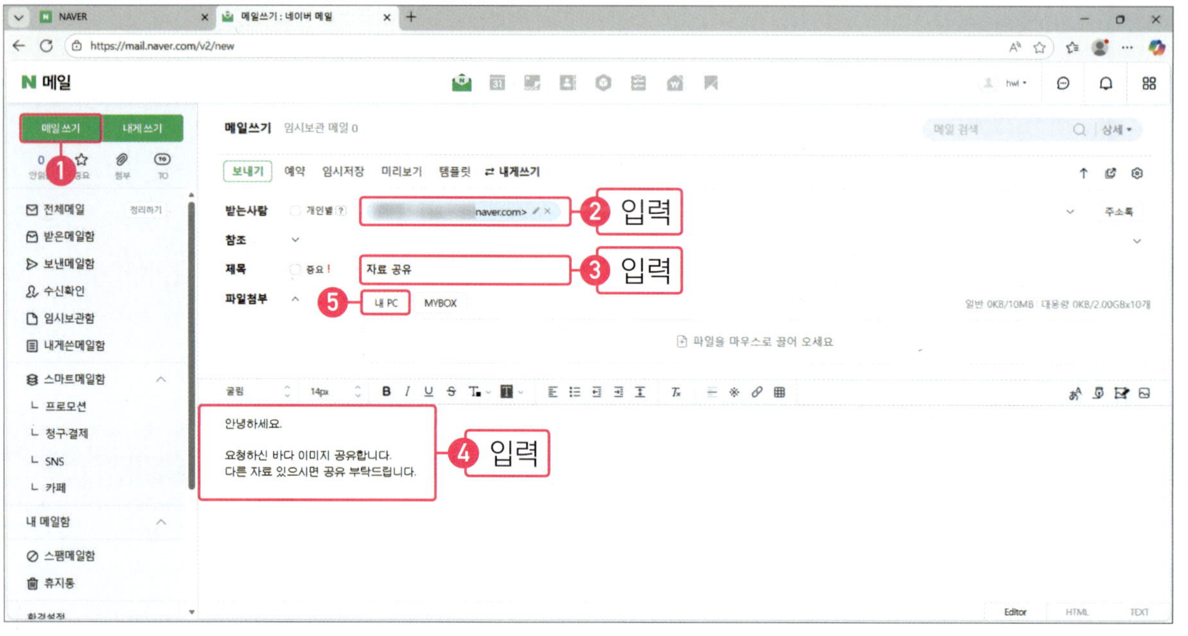

02 [열기] 대화상자가 나타나면 첨부할 파일을 찾아 선택하고 [열기] 버튼을 클릭합니다.

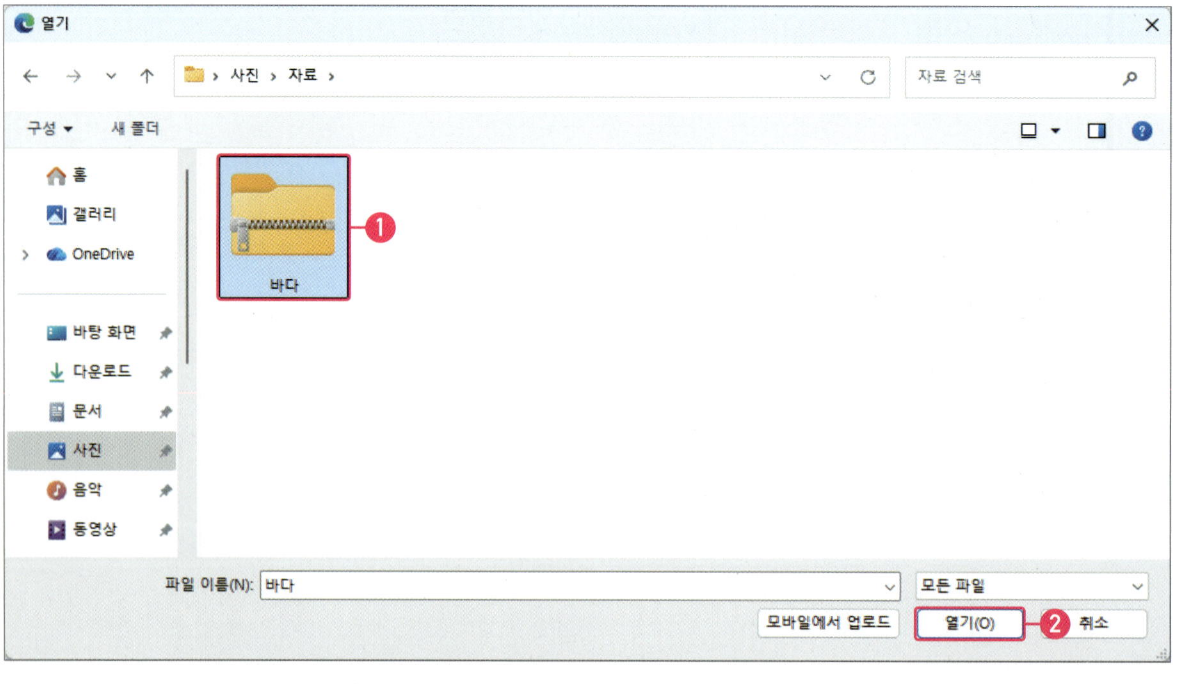

03 파일이 첨부된 것을 확인합니다.

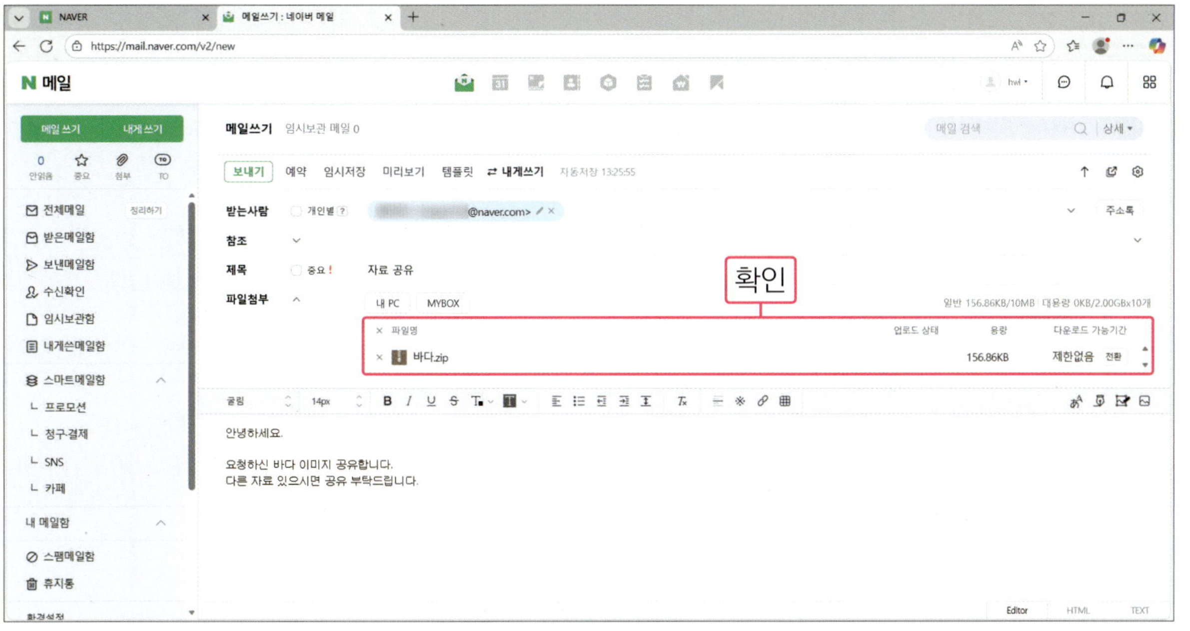

▶ 예약 발송하기

01 메일을 예약 발송하기 위해 [예약] 버튼을 클릭합니다. 발송 예약 창에서 [기준시간]은 '서울, 도쿄'로 두고, [예약시간]에서 발송할 날짜와 시간을 설정한 후 [확인] 버튼을 클릭합니다.

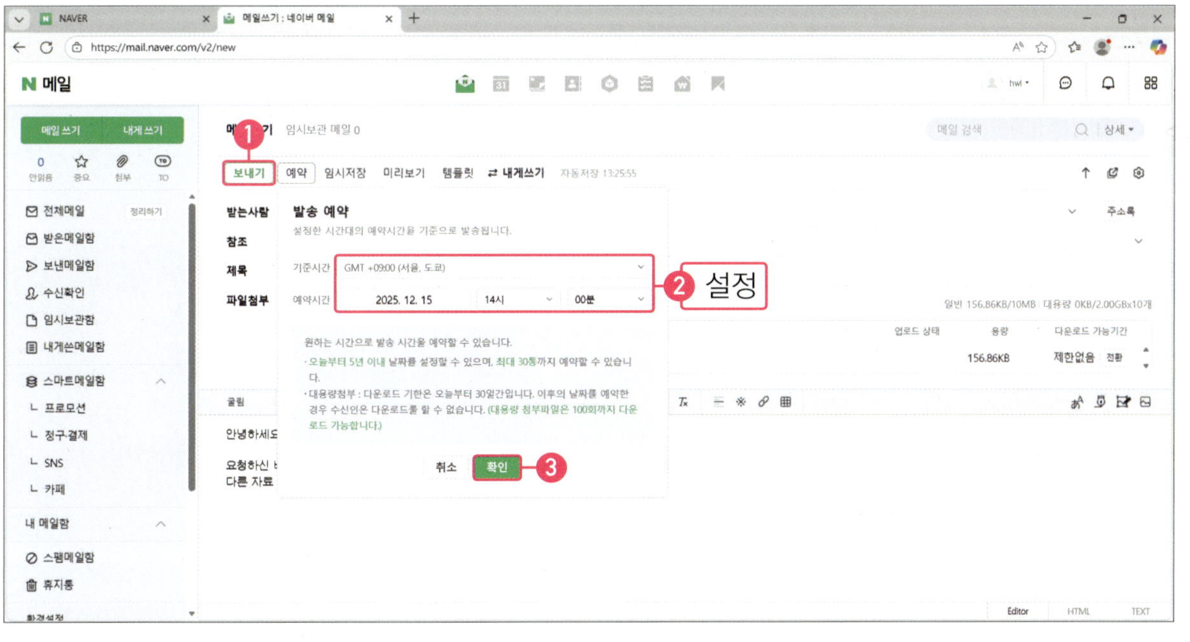

02 예약 날짜와 시간이 표시됩니다. [보내기] 버튼을 클릭합니다.

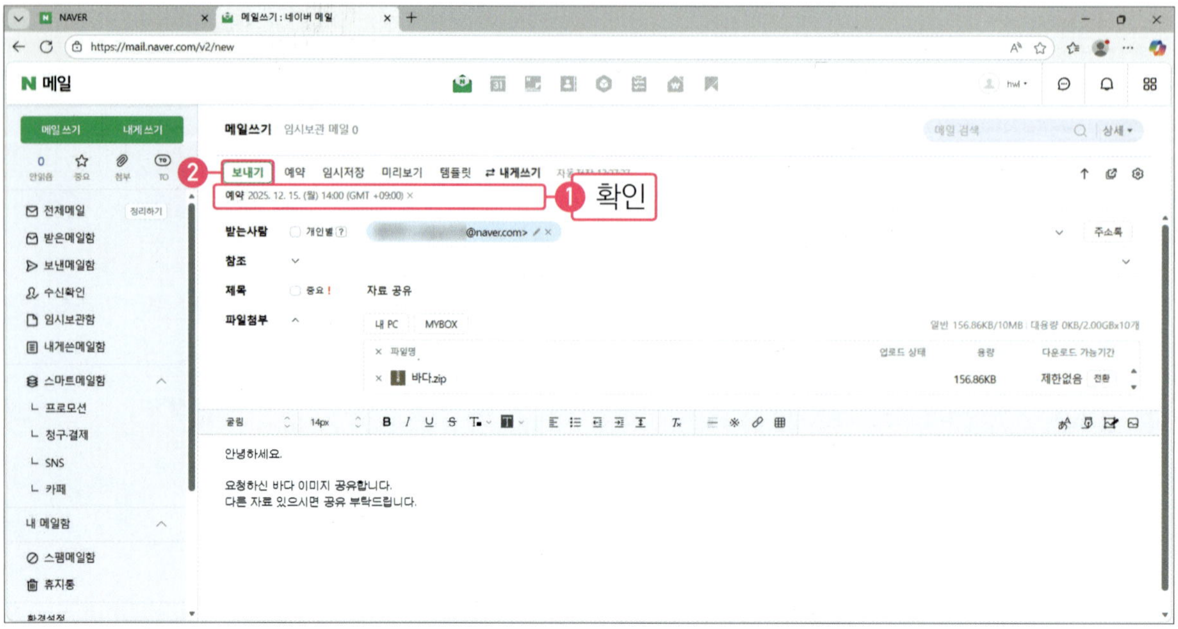

03 메일 발송 예약이 완료되었다는 메시지가 나타납니다.

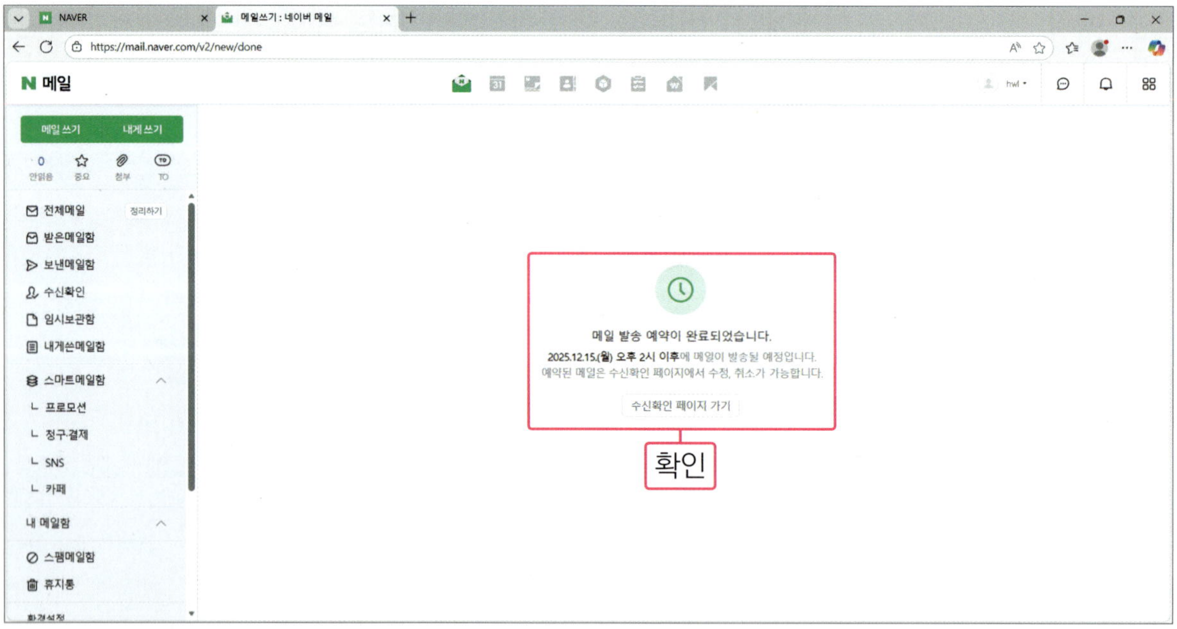

▶ 수신 확인하기

01 [수신확인]을 클릭합니다. 보낸 메일 목록에서 상대방이 메일을 수신했는지 확인할 수 있습니다. 예약 발송한 메일에는 '예약', '발송전'이 표시됩니다.

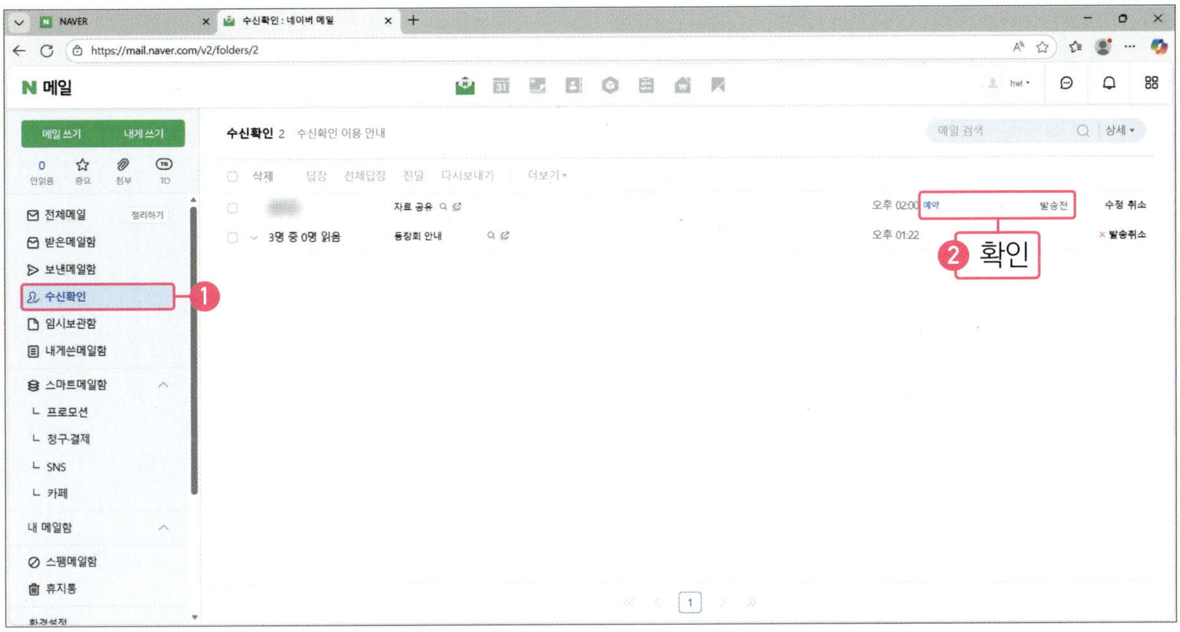

잠깐 예약 발송 전이라면 [수신확인]에서 메일을 수정 또는 취소할 수 있습니다.

02 예약 메일이 발송된 후 상대방이 메일을 확인하면 읽은 시간이 표시됩니다.

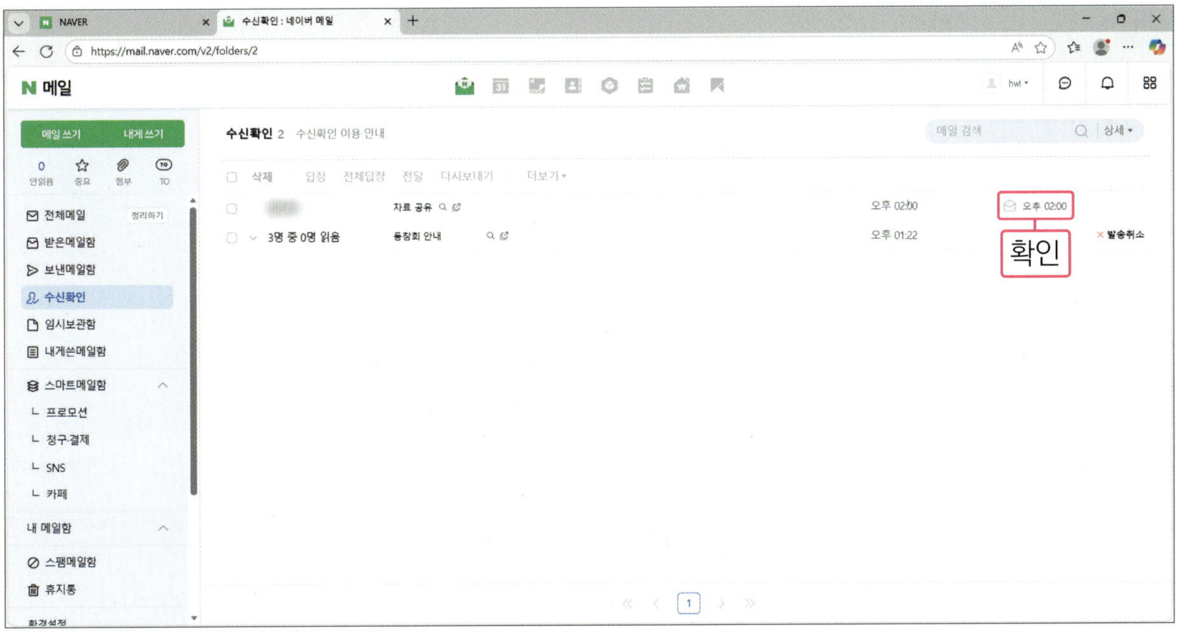

▶ 첨부 파일 저장하기

01 [받은메일함]을 클릭한 후 받은 메일 목록 중 **첨부 파일 표시된 메일의 제목을 클릭**합니다.

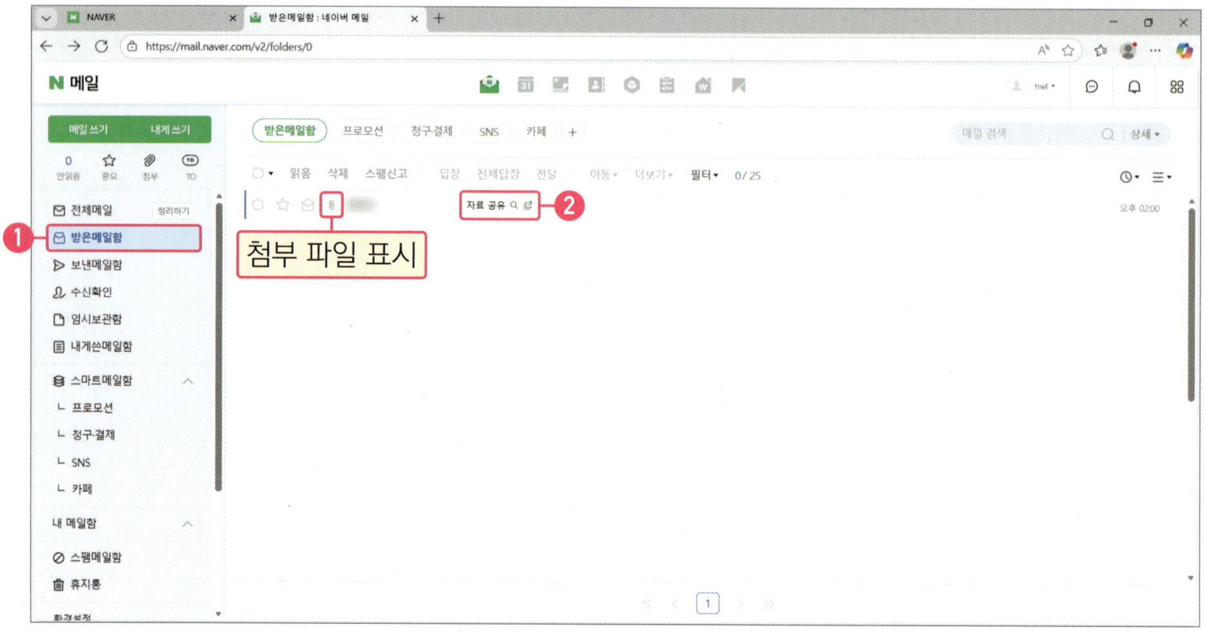

02 메일에 첨부된 파일을 내 PC에 저장하려면 **첨부된 파일명을 클릭**합니다. 팝업 창이 나타나면 [파일 열기]를 클릭합니다.

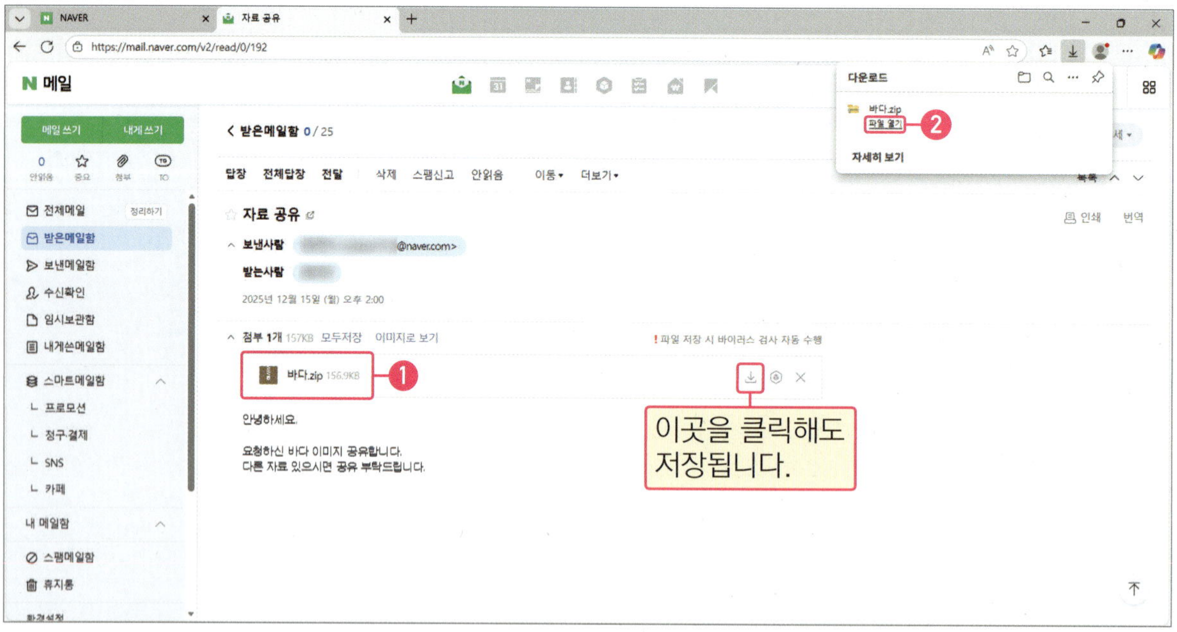

03 본문의 첨부 파일은 압축 파일이기 때문에 파일 탐색기에 [압축 풀기] 탭이 표시됩니다. 압축을 풀기 위해 **[압축 풀기]**를 클릭합니다.

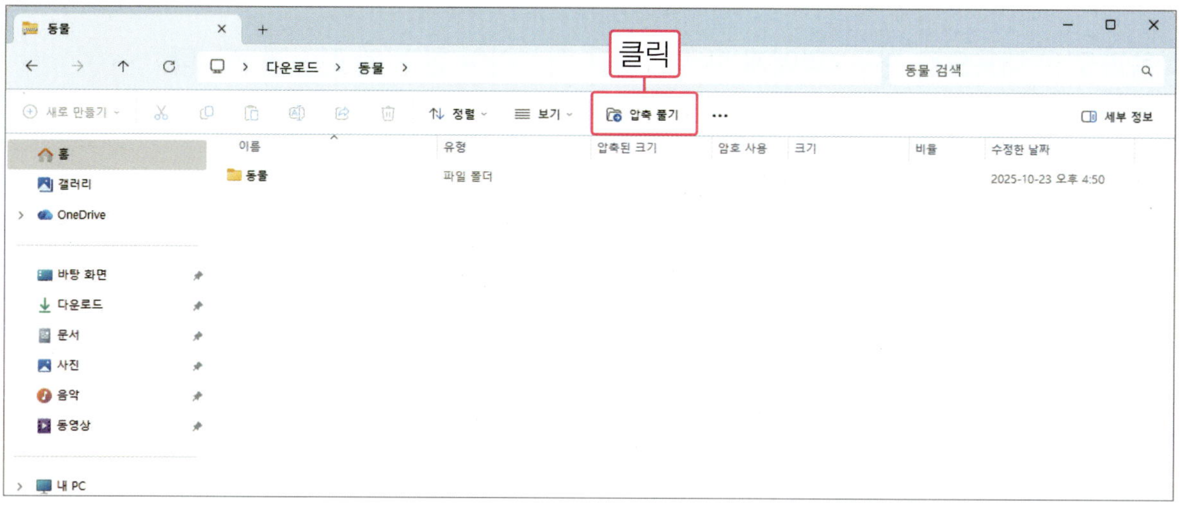

04 [압축(Zip) 폴더 풀기] 대화상자가 나타납니다. **[압축 풀기]** 버튼을 클릭합니다.

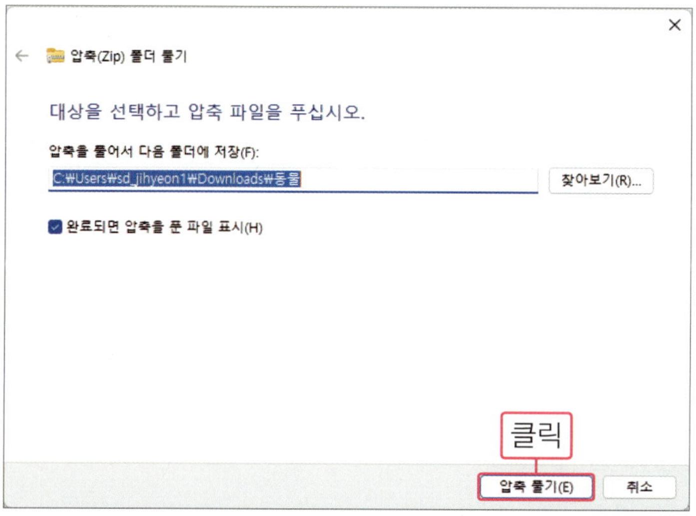

05 압축을 푼 파일이 표시됩니다.

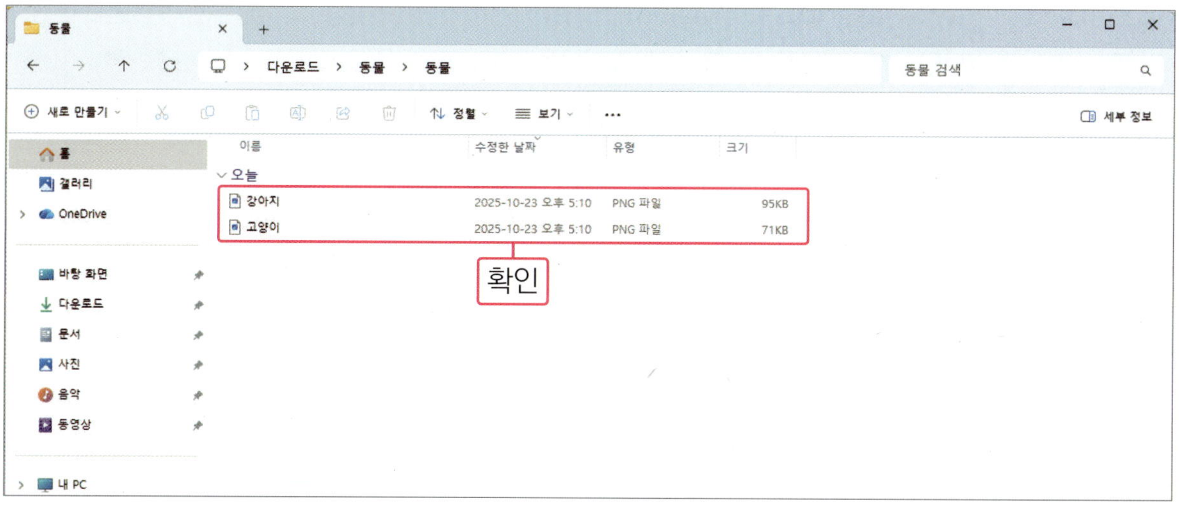

응용력 키우기

01 다음과 같은 내용으로 친구 4명에게 보낼 메일을 작성하여 한 번에 전송해 봅니다.

- 제목 : 초대의 글
- 내용 : 안녕하세요?

  이번 주 토요일 자선 행사에 여러분을 초대합니다.

  시간 : 11월 6일 16:00

  장소 : H 갤러리

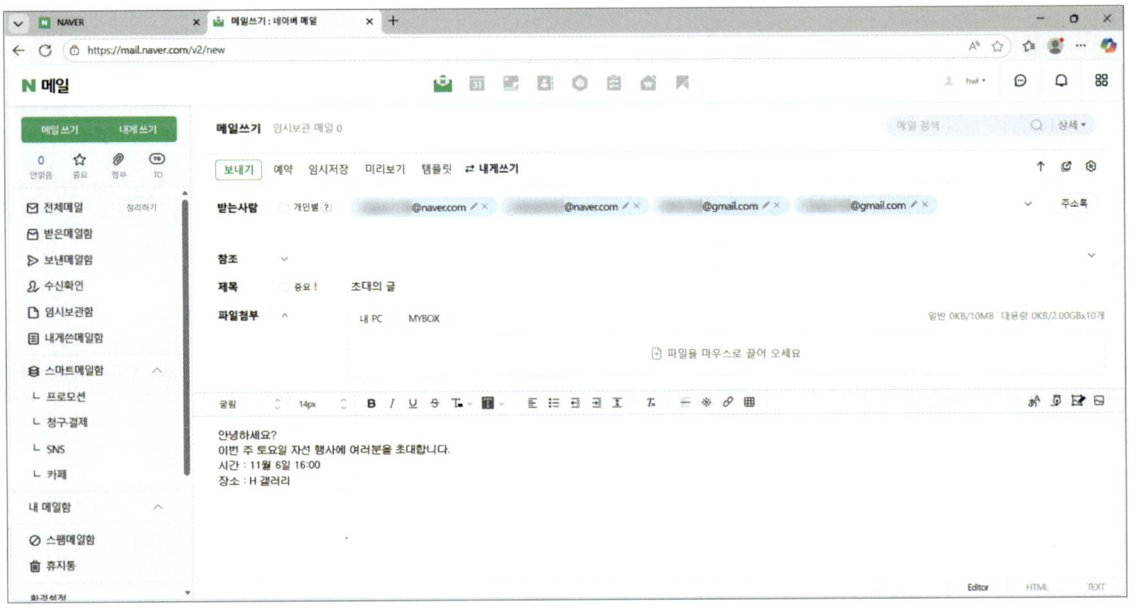

02 친구에게 보낼 메일을 작성한 후 예약 발송해 봅니다.

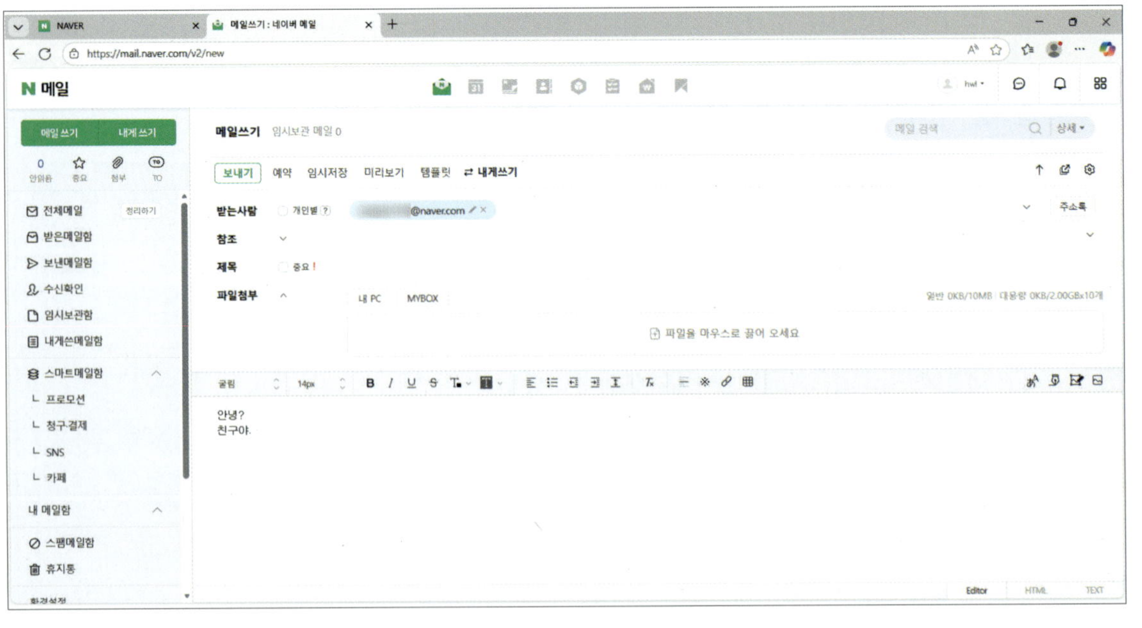

03 [내게쓰기]로 메일을 작성한 후 파일을 첨부하여 전송해 봅니다.

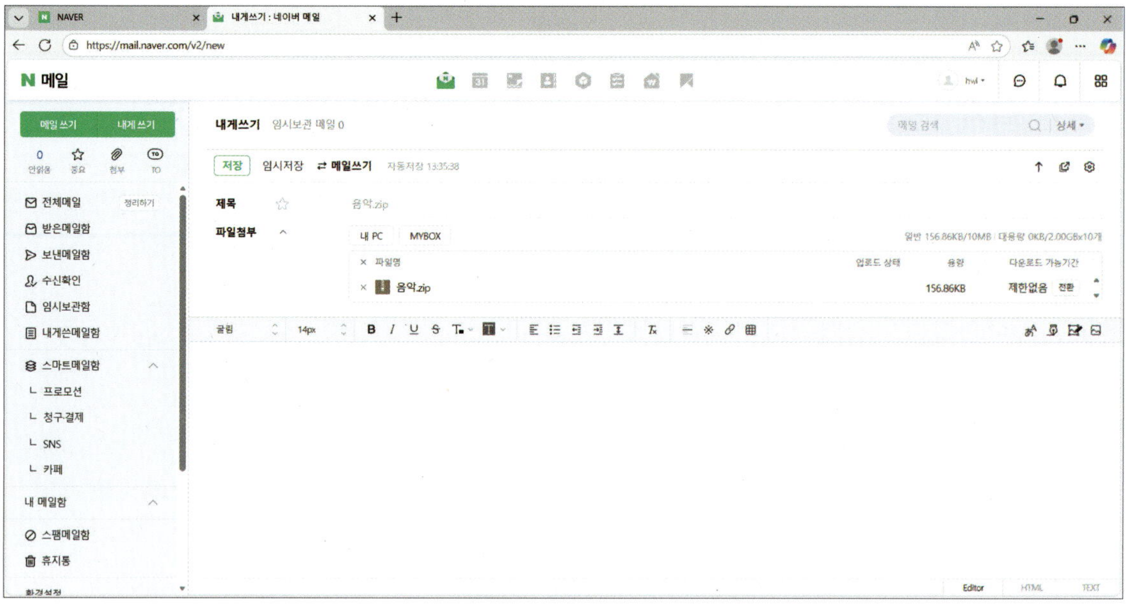

04 [내게쓴메일함]에서 메일을 확인하고 첨부 파일을 [다운로드] 폴더에 저장해 봅니다(저장한 파일이 압축 파일인 경우 압축까지 해제합니다).

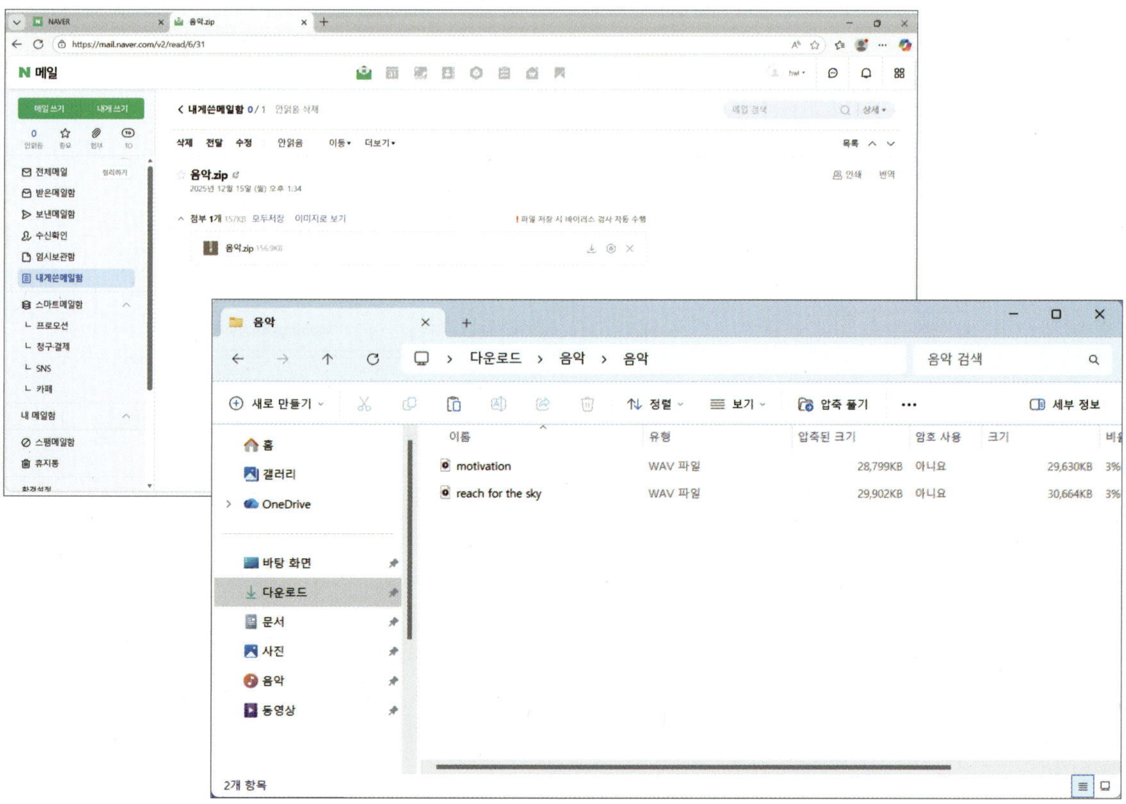

04 복지 서비스 활용하기

- 복지 서비스
- 복지 서비스 검색
- 복지 서비스 모의계산
- 일자리 검색

미/리/보/기

우리 사회에는 다양한 복지 제도가 마련되어 있지만, 정보를 몰라 복지 혜택을 받지 못하는 경우가 많습니다. 이번 장에서는 복지 서비스를 검색하고 모의계산으로 지원 가능 여부를 확인한 후 온라인으로 신청하는 방법까지 알아보겠습니다.

01 복지 서비스

국가와 지방자치단체는 국민의 생활 안정과 복지 증진을 위해 기초연금, 아동수당, 국민기초생활보장제도 등 생애 주기와 상황에 맞는 다양한 복지 서비스를 제공합니다. 하지만 대부분의 복지 서비스는 신청해야만 받을 수 있으므로, 본인과 가족에게 필요한 혜택을 확인하고 직접 신청하는 것이 중요합니다.

▶ 복지로(bokjiro.go.kr)

'복지로'는 전국의 복지 제도와 지원 정보를 한눈에 확인할 수 있는 사이트입니다. 사용자는 자신에게 맞는 복지 서비스를 간편하게 온라인으로 신청할 수 있습니다. 알림 서비스를 통해 새로운 복지 혜택이나 일자리 정보를 받아볼 수 있습니다.

▶ 서울복지포털(wis.seoul.go.kr)

'서울복지포털'은 서울시에서 운영하는 복지 서비스 사이트입니다. 돌봄, 어르신, 중장년층, 장애인 등 대상별로 서비스가 분류되어 있습니다. 거주 지역에서 운영하는 복지 센터를 이용하면 필요한 복지 서비스를 쉽게 찾을 수 있으며, 재난 발생 시 긴급 생활비를 인터넷으로 신청할 수도 있습니다.

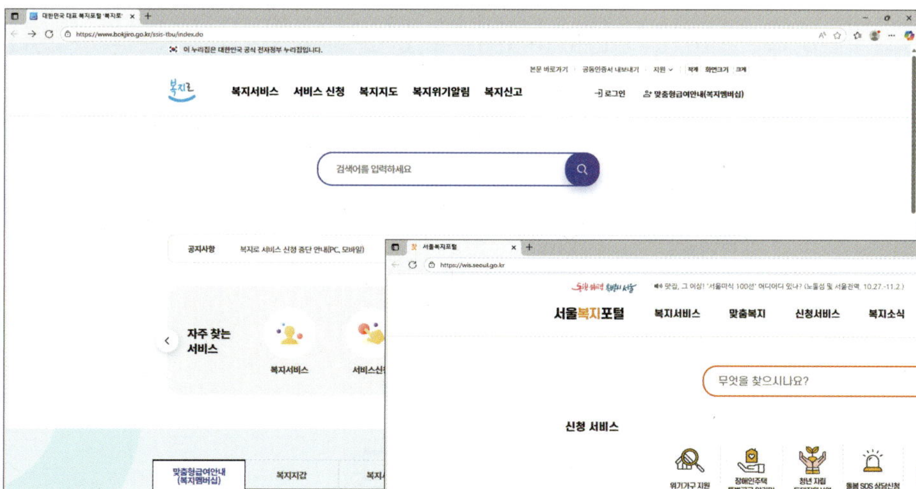

▲ 복지로

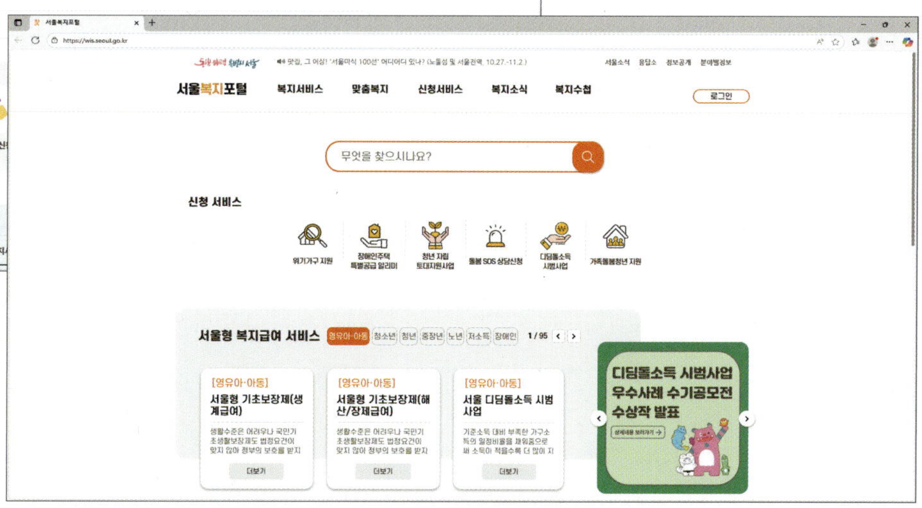

▲ 서울복지포털

02 복지로 사이트 활용하기

▶ 복지 서비스 찾아보기

01 네이버(www.naver.com)에 접속한 후 검색창에 '복지로'라고 입력하고 Enter 키를 누릅니다. 검색 결과에서 [복지로]를 클릭합니다.

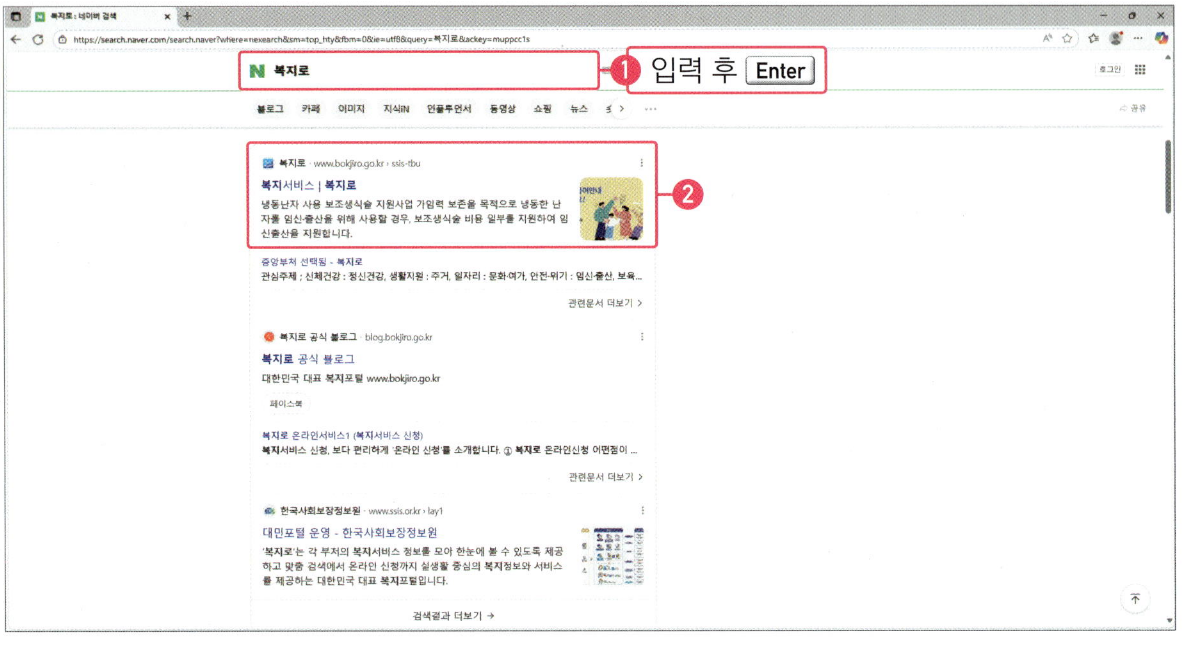

02 복지로 사이트에 접속한 후 상단 메뉴에서 [복지서비스]–[서비스 찾기]–[서비스 목록]을 클릭합니다.

03 사용자에게 맞는 복지 서비스를 검색하기 위해 서비스 목록에서 해당하는 항목을 체크합니다. 본문에서는 [생애주기]는 '노년', [가구상황]은 '저소득', [관심주제]는 '생활지원'을 체크합니다.

04 [나이]에 사용자 나이를 입력하고 [검색] 버튼을 클릭합니다.

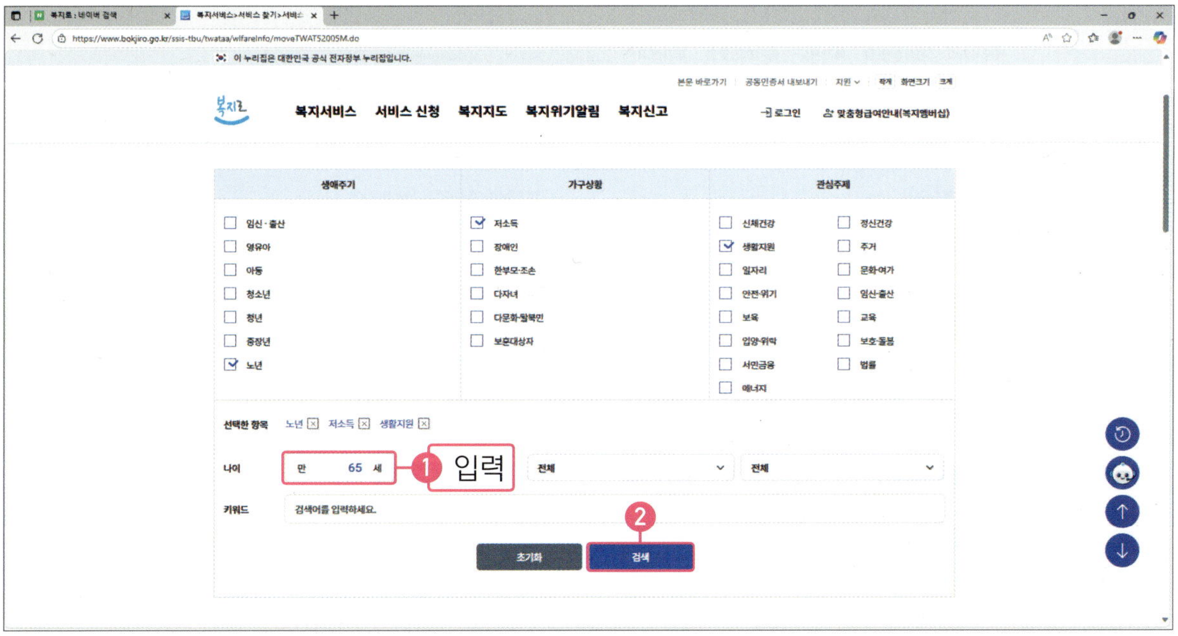

05 복지 서비스가 검색되었습니다. [온라인신청 가능한 서비스보기]를 클릭합니다.

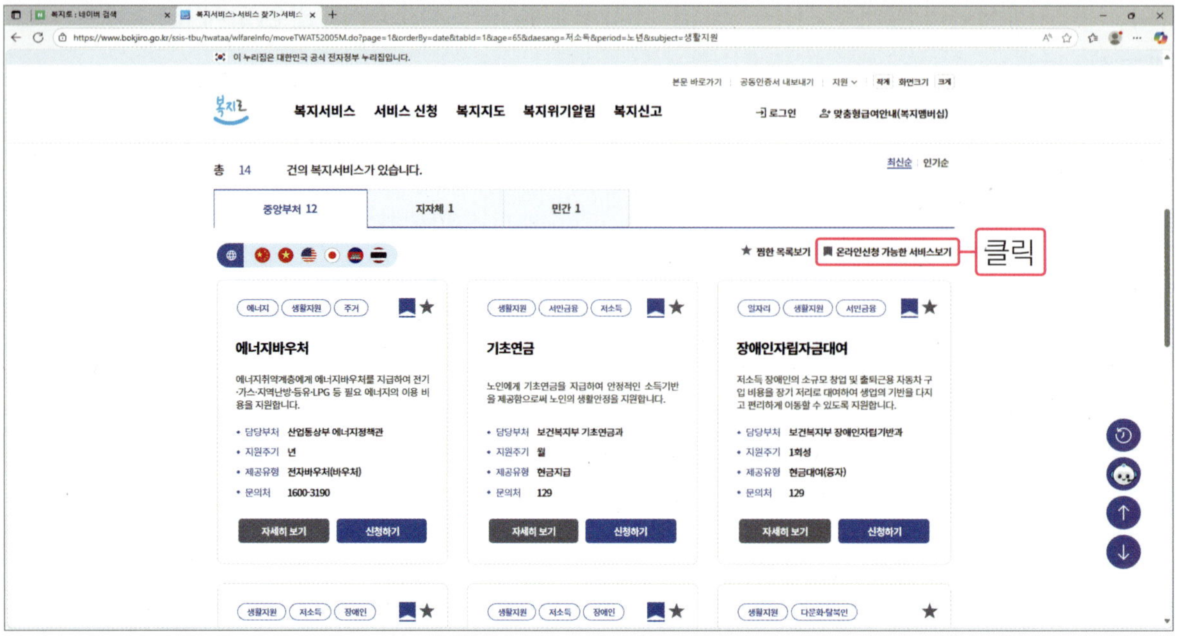

06 온라인 신청 가능한 서비스가 검색되었습니다. '기초연금'의 [자세히 보기] 버튼을 클릭합니다.

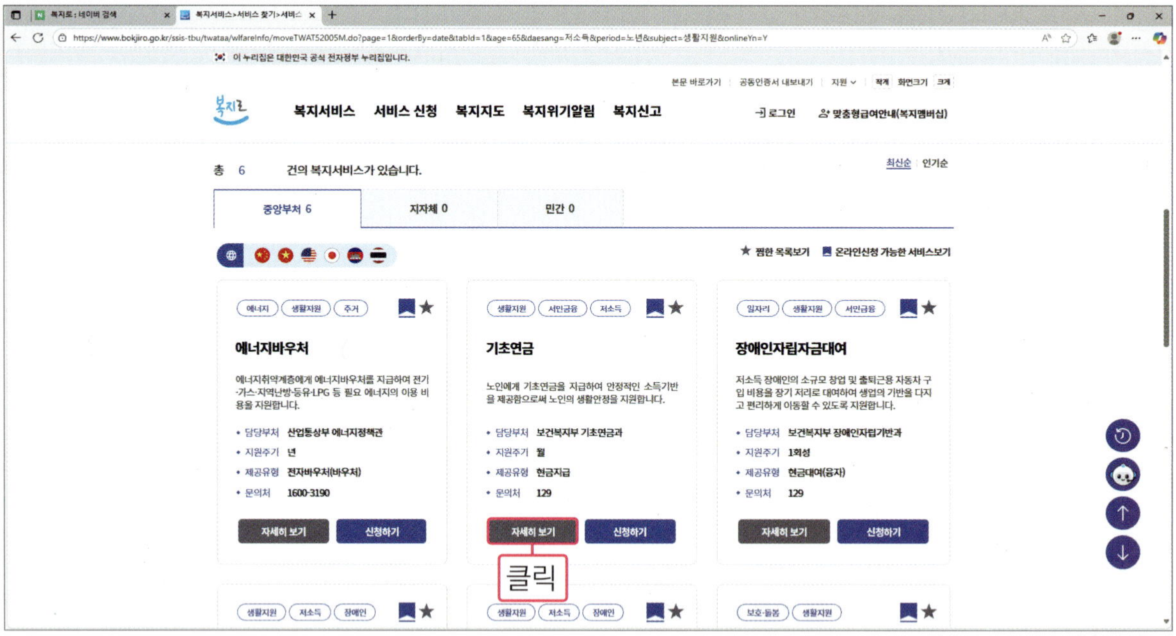

07 관련 정보 페이지가 나타납니다. 기초연금에 대해서 자세히 읽어봅니다.

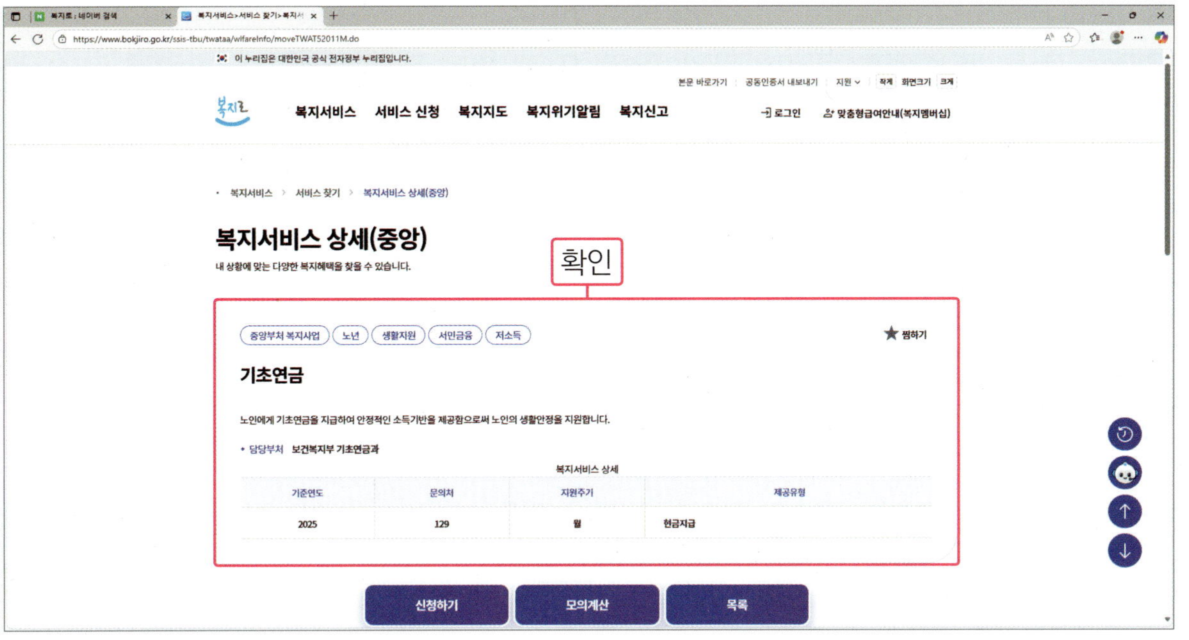

▶ 복지 서비스 모의계산하기

01 상단 메뉴에서 [복지서비스]–[모의계산]–[기초연금]을 클릭합니다.

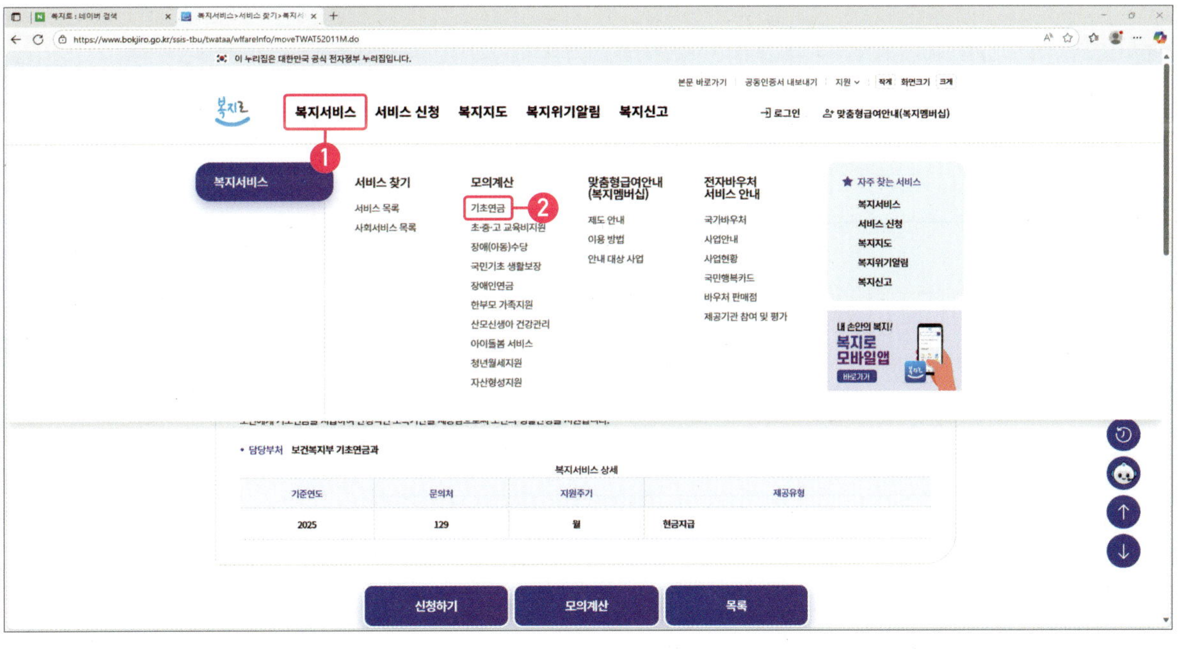

02 모의계산 페이지가 나타납니다. 기초연금 외에도 다양한 복지 서비스를 모의계산해 볼 수 있습니다.

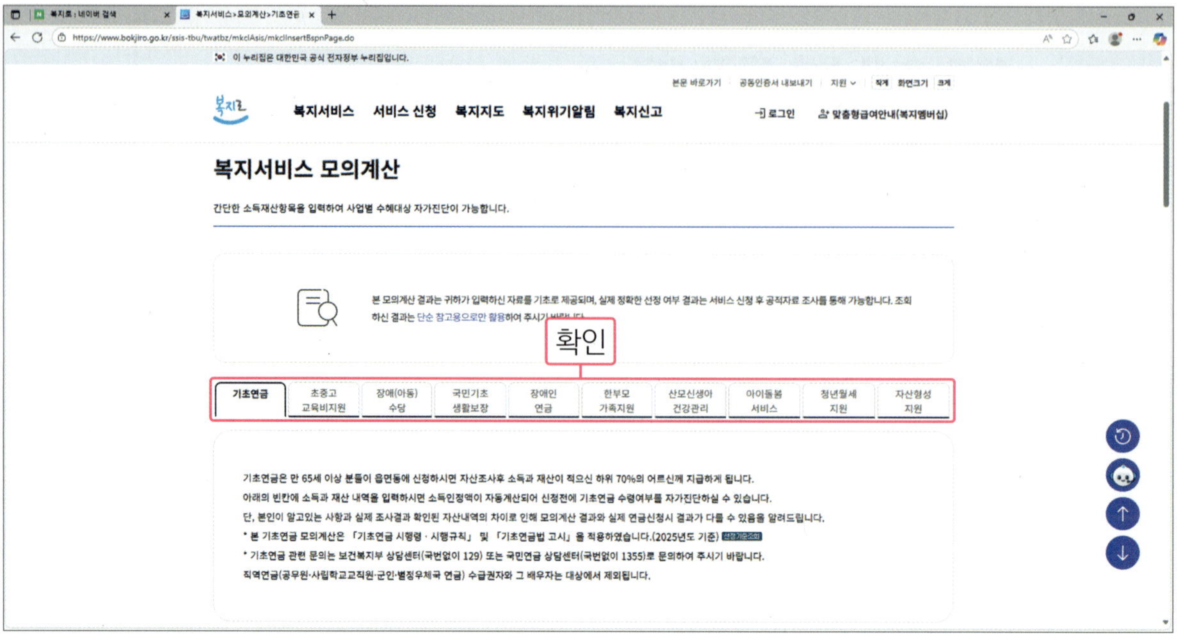

03 화면을 아래로 스크롤하여 '기본정보'를 작성합니다. [가구유형]과 [거주지]를 설정합니다.

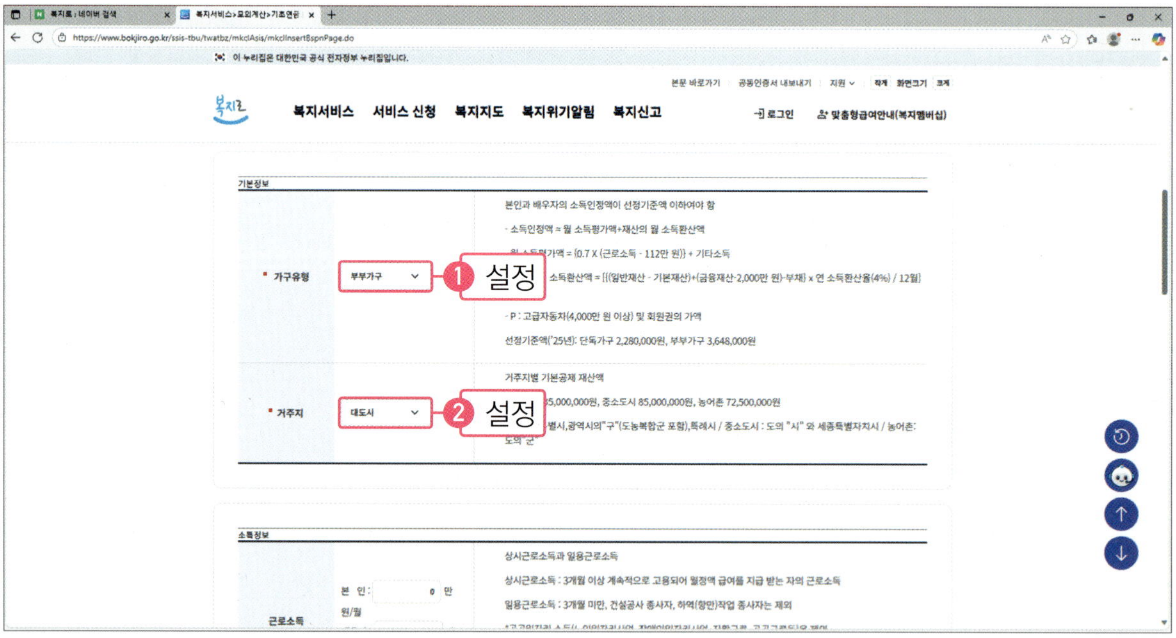

04 '소득정보'를 작성합니다. 소득이 있다면 소득 종류별로 입력합니다.

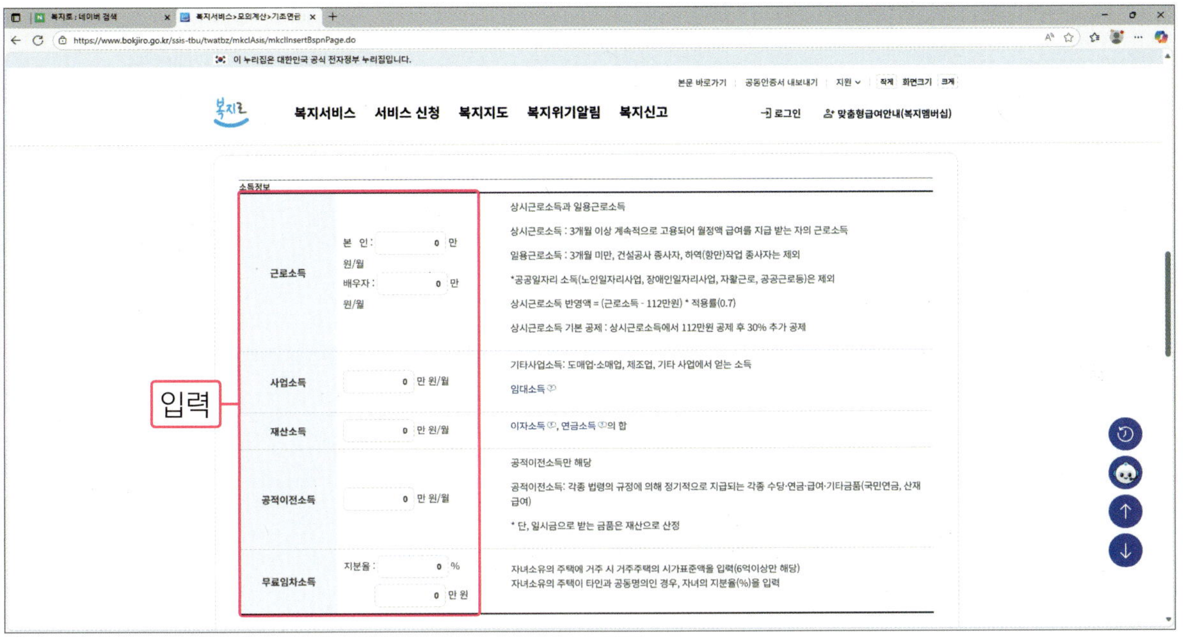

05 '재산정보'에서 [일반재산]을 입력합니다.

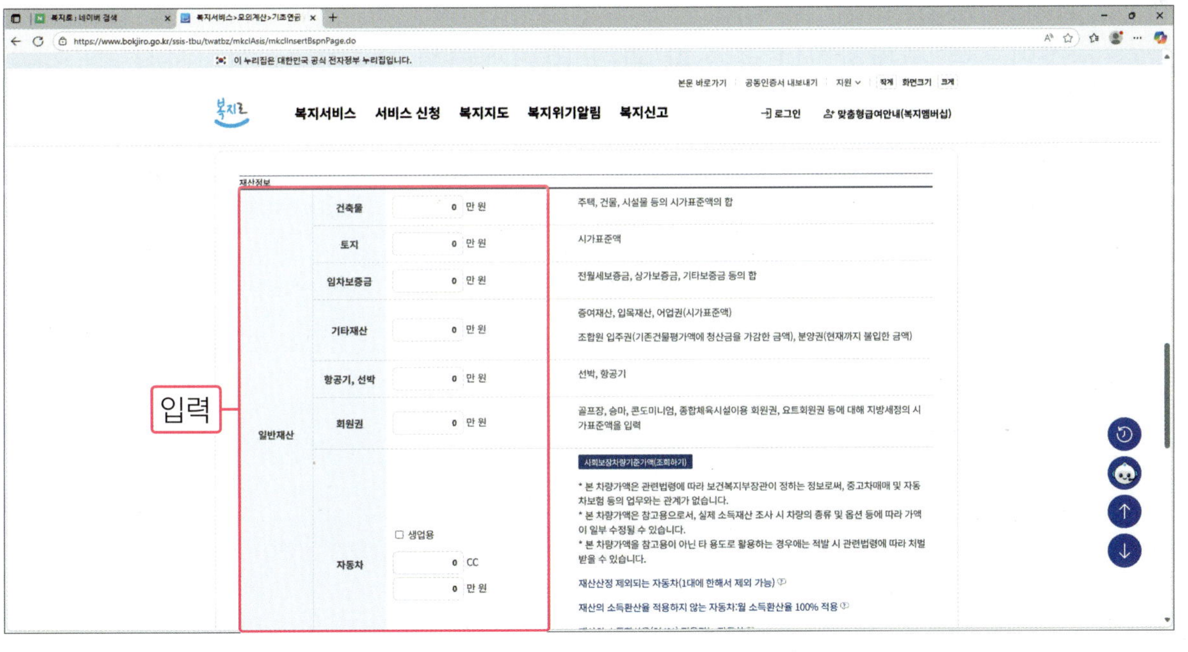

06 [금융재산]과 [부채]를 입력한 후 [결과보기] 버튼을 클릭합니다. 결과보기 확인 메시지 창이 나타나면 [확인] 버튼을 클릭합니다.

07 모의계산 결과를 확인하여 기초연금 수급대상자인지 확인합니다. 수급대상자는 회원 가입 후 온라인으로 신청하거나 주소지 관할 주민센터를 방문하여 신청하실 수 있습니다.

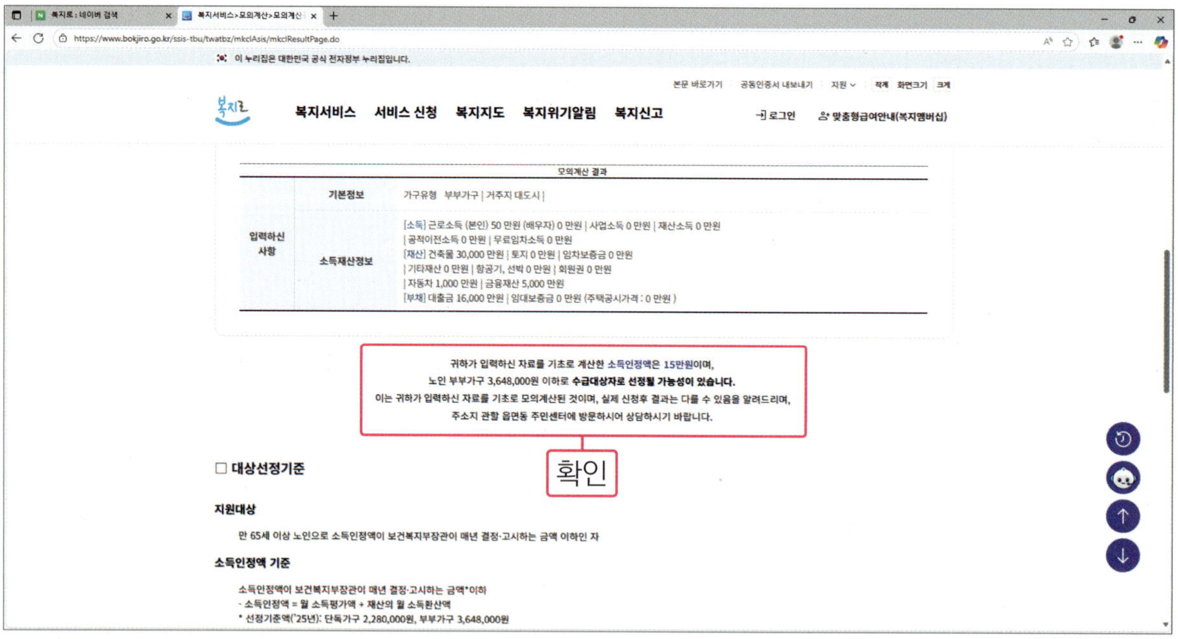

▶ 웹 페이지에서 검색하기

01 복지서비스 모의계산 결과 페이지에서 Ctrl + F 키를 누릅니다. 상단에 검색창이 나타나면 '상담'이라고 입력한 후 Enter 키를 누릅니다. 현재 페이지에서 입력한 단어와 일치하는 단어가 모두 검색됩니다.

> **잠깐**
> 검색된 단어는 모두 노란색으로 표시되고, [이전 결과/다음 결과]로 이동할 때마다 해당 단어가 주황색으로 표시됩니다.

02 ⌃⌄(이전 결과/다음 결과)를 클릭하여 다른 내용들도 살펴봅니다.

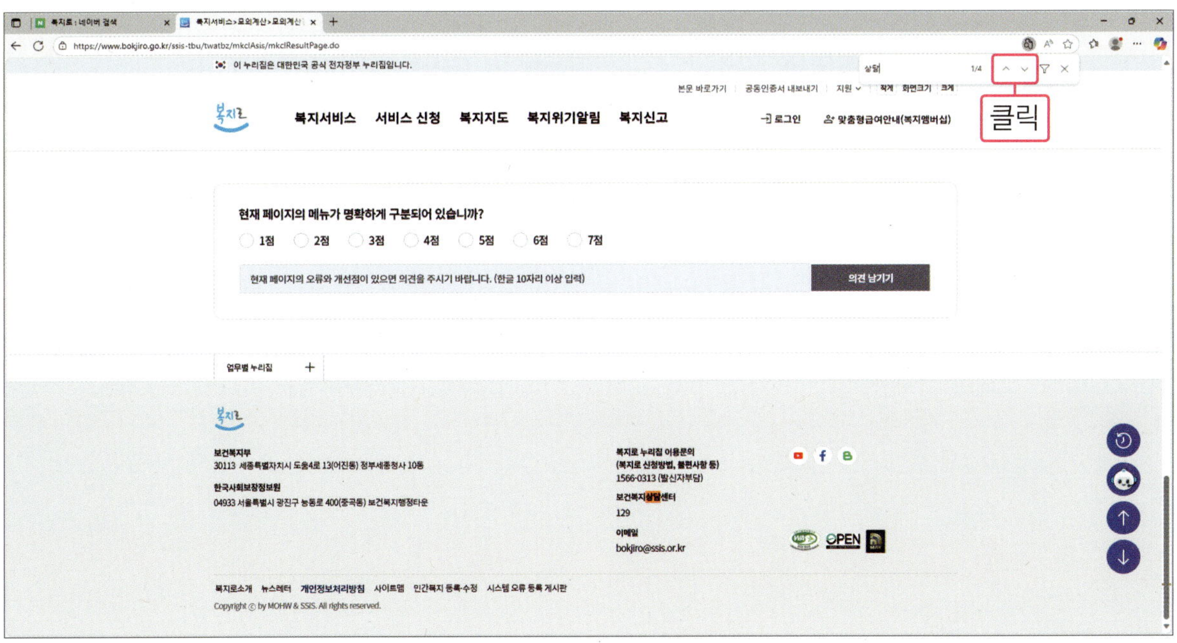

▶ 일자리 찾아보기

01 상단 메뉴에서 [복지서비스]-[서비스 찾기]-[서비스 목록]을 클릭합니다.

02 서비스 목록에서 [생애주기]는 '노년', [관심주제]는 '일자리'를 체크합니다.

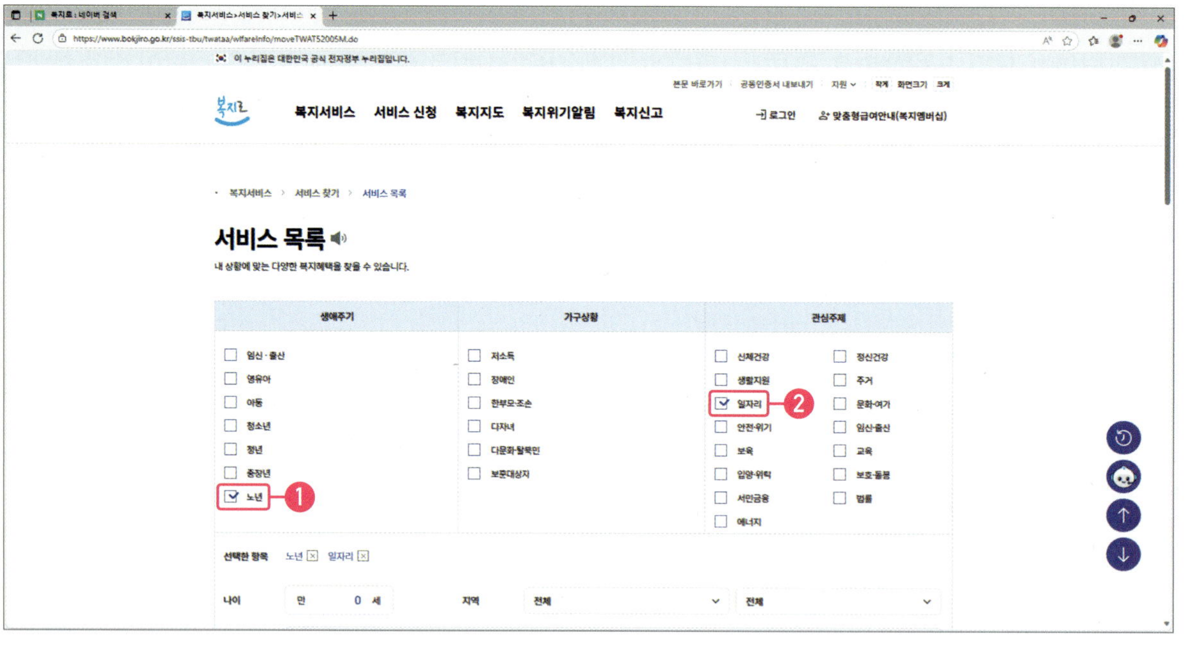

03 [지역]을 설정한 후 [검색] 버튼을 클릭합니다.

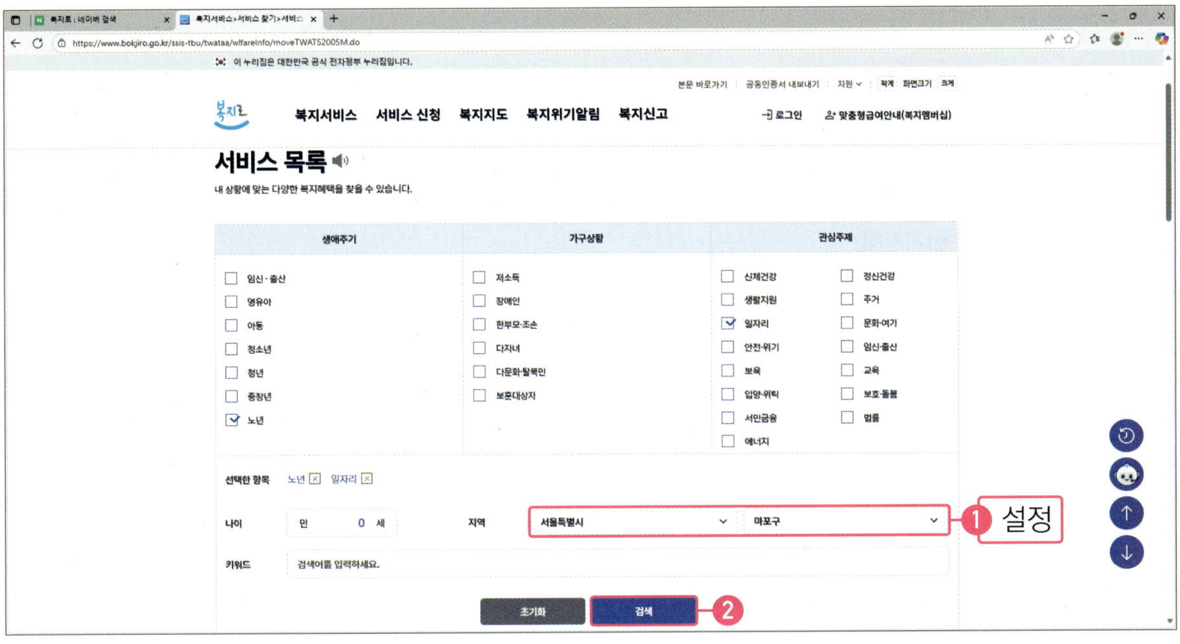

04 설정한 지역의 일자리가 검색됩니다. [지자체] 탭을 클릭하면 지자체에서 담당하는 일자리만 확인할 수 있습니다. 마음에 드는 일자리의 [자세히 보기] 버튼을 클릭합니다.

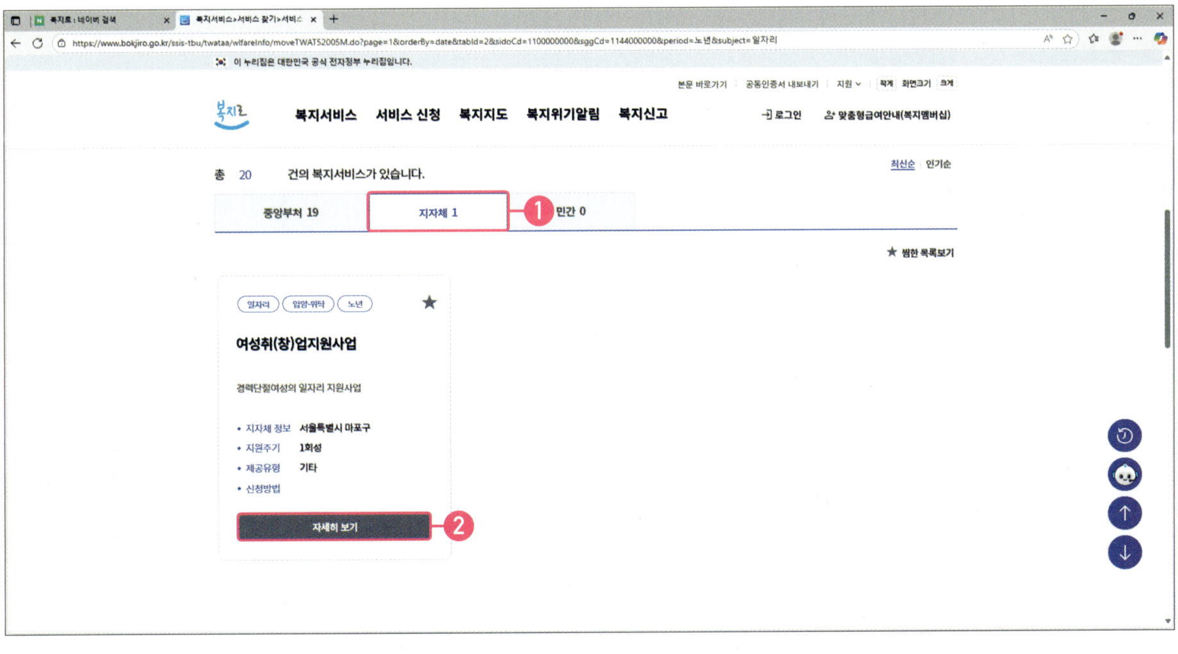

05 일자리의 지원주기, 신청방법, 제공유형 등 주요 사항을 자세히 볼 수 있습니다.

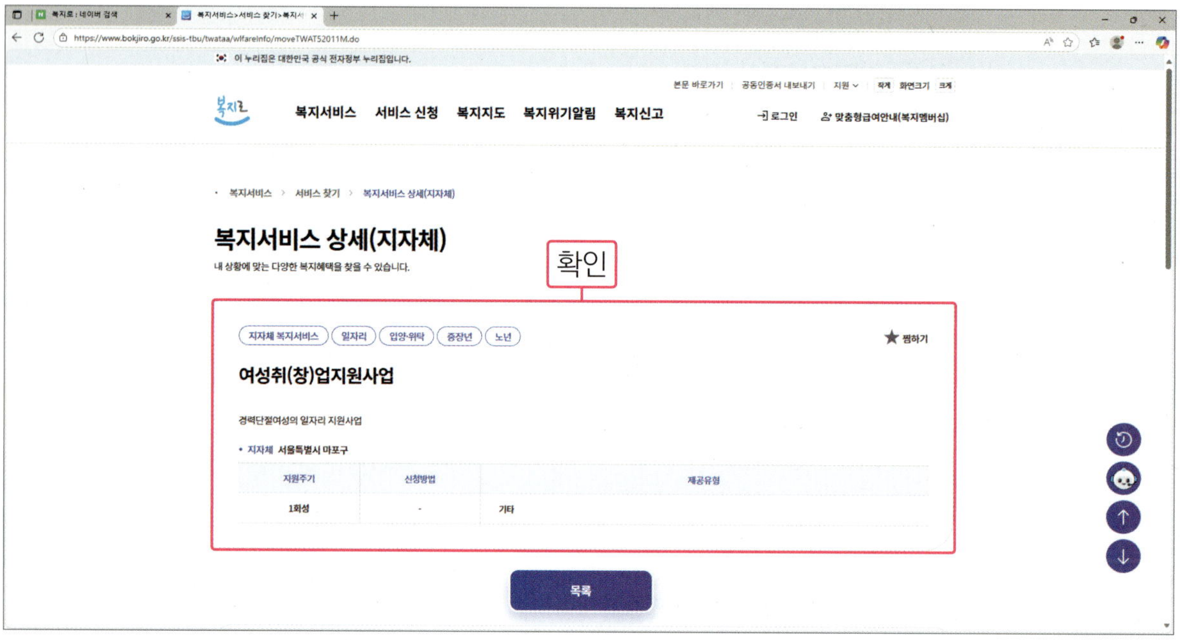

잠깐

복지지도

상단 메뉴에서 [복지지도]를 클릭한 후 [현위치] 버튼을 클릭합니다. 팝업 메시지가 나타나면 [허용] 버튼을 클릭합니다. [복지시설] 버튼을 클릭하면 위치정보를 통해 가까운 거리에 있는 다양한 복지시설을 찾아볼 수 있습니다.

▶ 서비스 신청 화면 따라하기

01 복지 서비스를 온라인에서 신청하기 전에 신청 방법을 알아보는 것이 좋습니다. 상단 메뉴에서 [서비스 신청]–[복지서비스 신청]–[화면 따라하기]를 클릭합니다.

02 화면 따라하기에서 원하는 복지 서비스를 선택합니다. 본문에서는 '기초연금'을 클릭합니다.

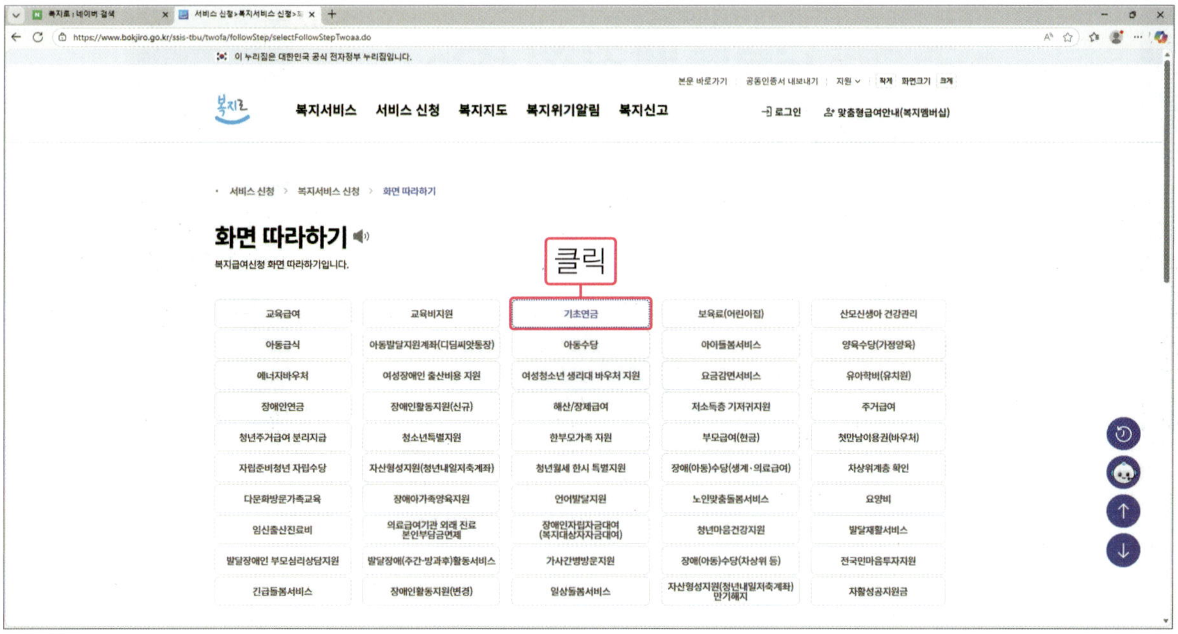

03 화면을 아래로 스크롤하면 기초연금 온라인 신청방법에 대한 동영상을 시청할 수 있습니다. [홈페이지(PC) 편 바로가기] 버튼을 클릭합니다.

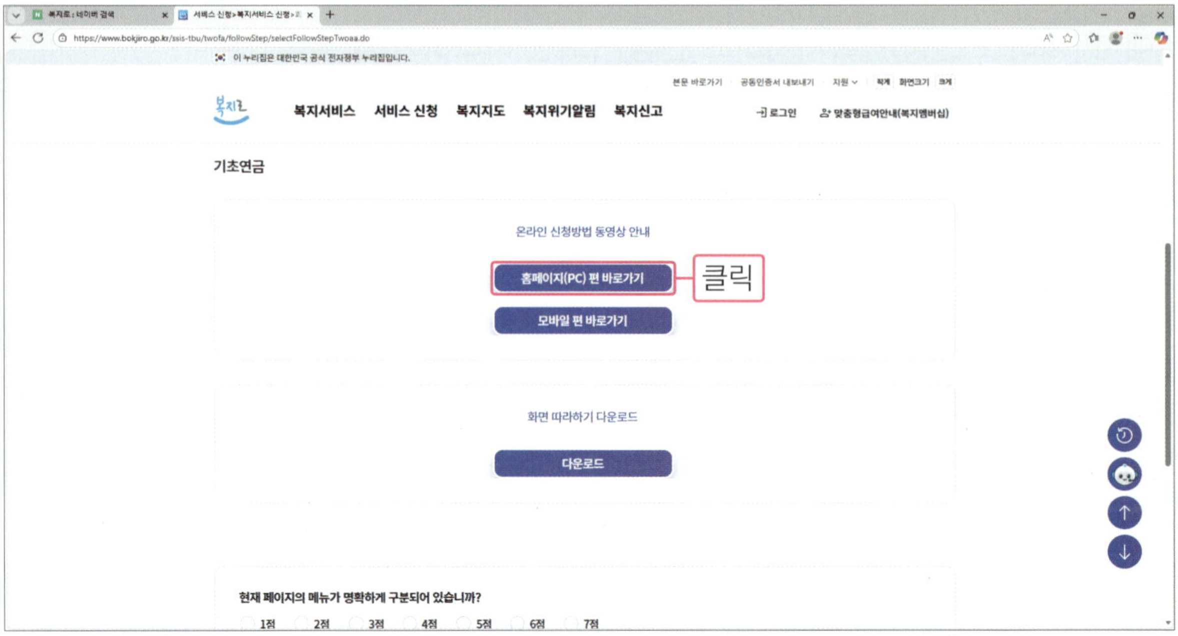

04 기초연금 온라인 신청방법에 대한 동영상을 시청할 수 있습니다.

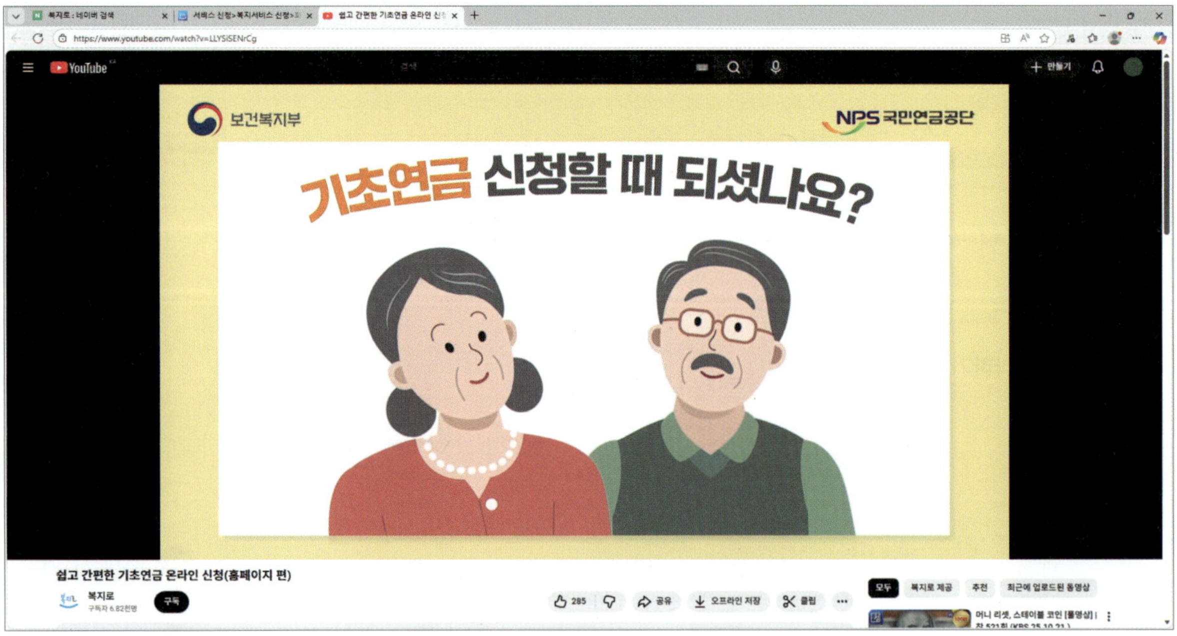

응용력 키우기

01 복지로 사이트의 [서비스 목록]에서 [생애주기]는 '아동', [관심주제]는 '교육'으로 설정하고 만 7세와 관련된 복지 서비스를 찾아봅니다.

02 **01**에서 검색한 복지 서비스 결과 중 온라인 신청 가능한 서비스를 찾아봅니다.

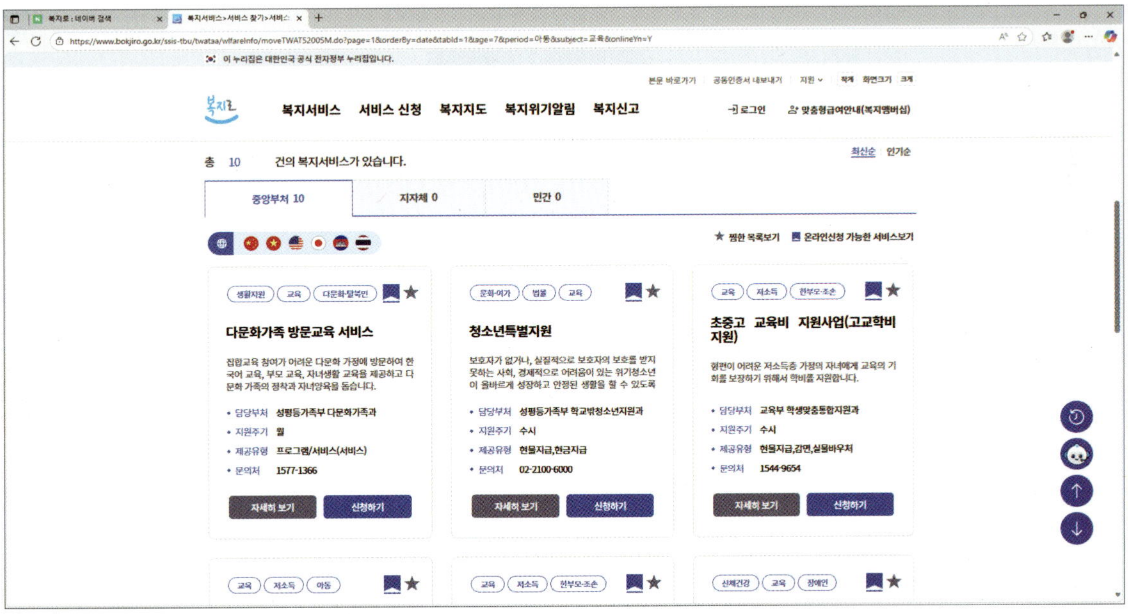

03 '아이돌봄 서비스'를 다음 정보로 모의계산해 보고, 아이돌봄 서비스의 1시간 당 이용요금 중 본인부담금이 얼마인지 알아봅니다.

- 아동 연령 : 2018. 1. 1 이후 출생
- 가구원수 : 4명
- 신청구분 : 직장
- 건강보험료(본인) 부과액 : 250,000원

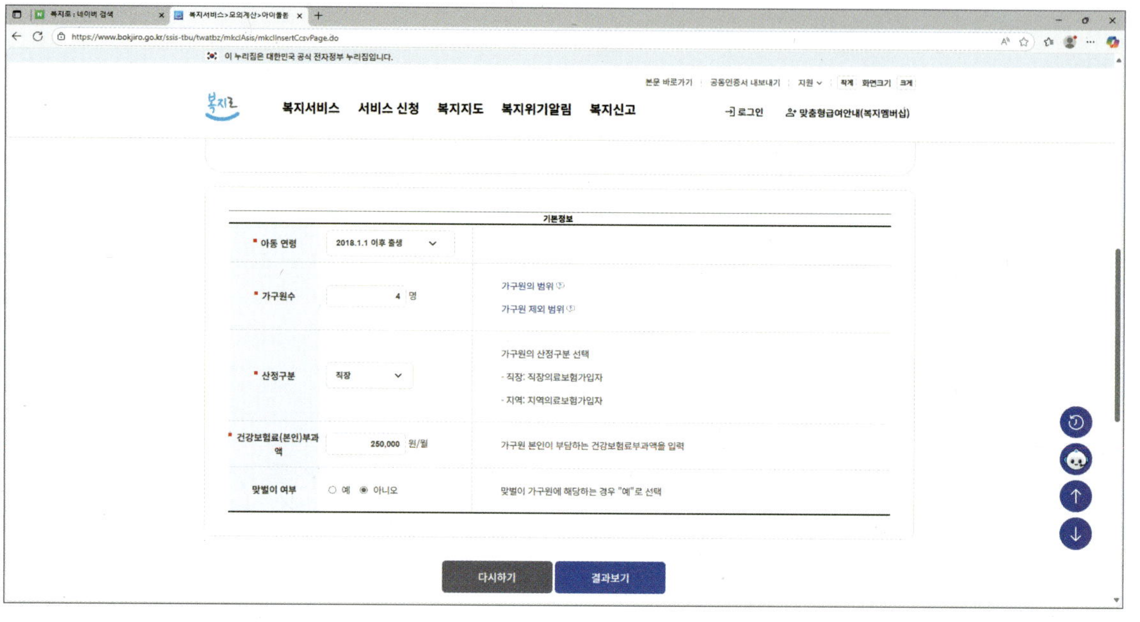

힌트 상단 메뉴에서 [복지서비스]-[모의계산]-[아이돌봄 서비스]를 클릭하여 모의계산해 봅니다.

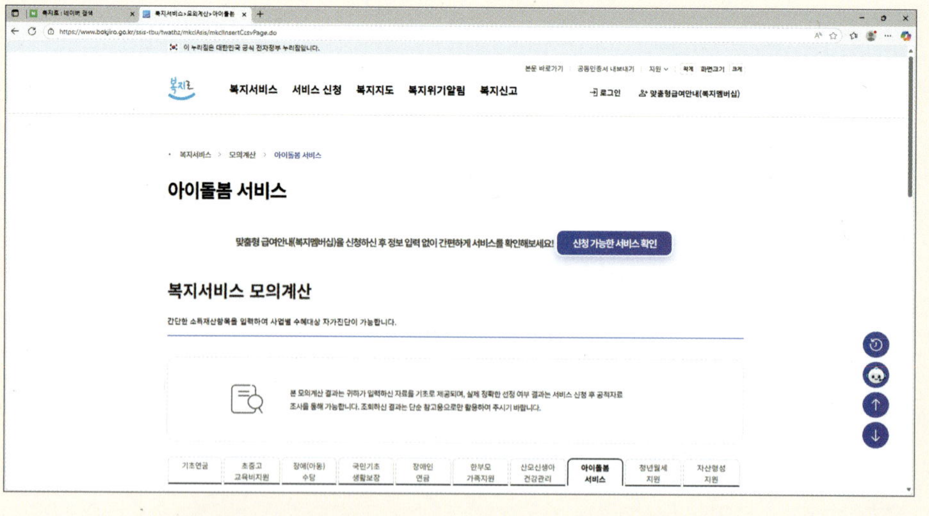

05 민원 서비스 활용하기

- 정부24
- 비회원 신청
- 민원서류 발급
- 대형 생활 폐기물 배출 신청

미/리/보/기

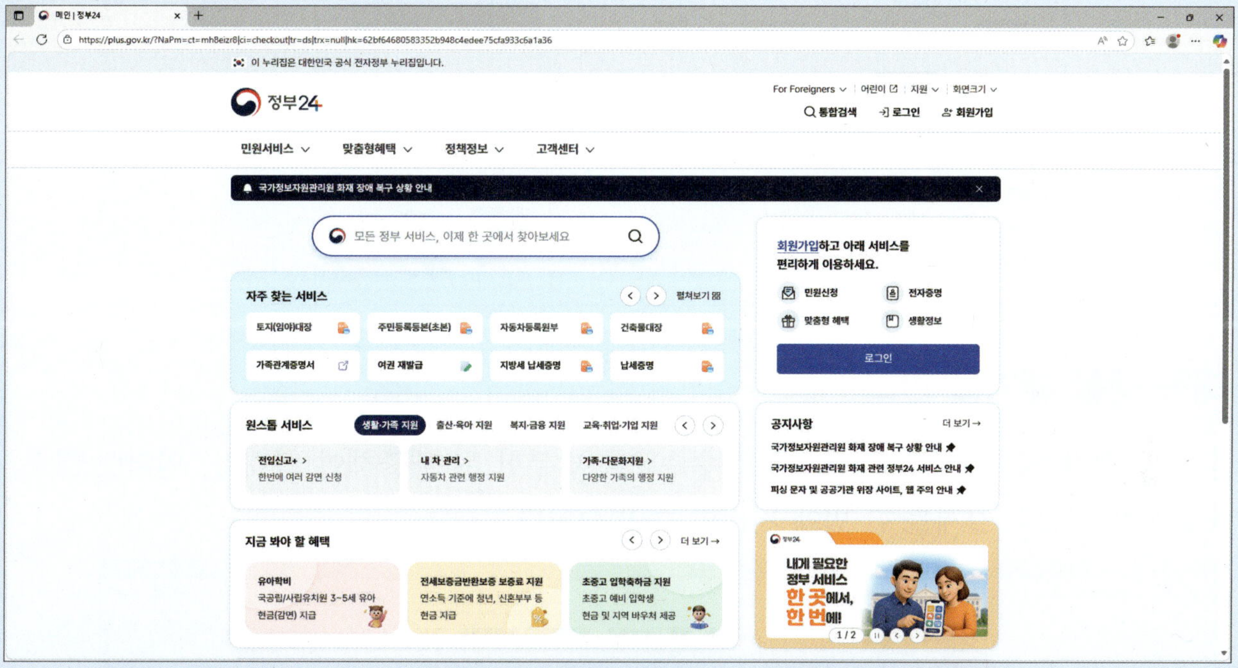

주민센터를 방문해야만 가능했던 각종 서류 발급과 열람, 그리고 대형 폐기물 신고 등을 이제는 인터넷으로 집에서 간편하게 처리할 수 있습니다. 이번 장에서는 정부24 사이트를 활용하는 방법과 인터넷으로 대형 생활 폐기물 배출을 신청하는 방법을 알아보겠습니다.

01 정부 민원 서비스

▶ 정부24(gov.kr)

'정부24'는 대한민국 정부가 운영하는 공식 포털 사이트입니다. 다양한 행정 민원서류를 온라인으로 발급 및 열람할 수 있습니다.

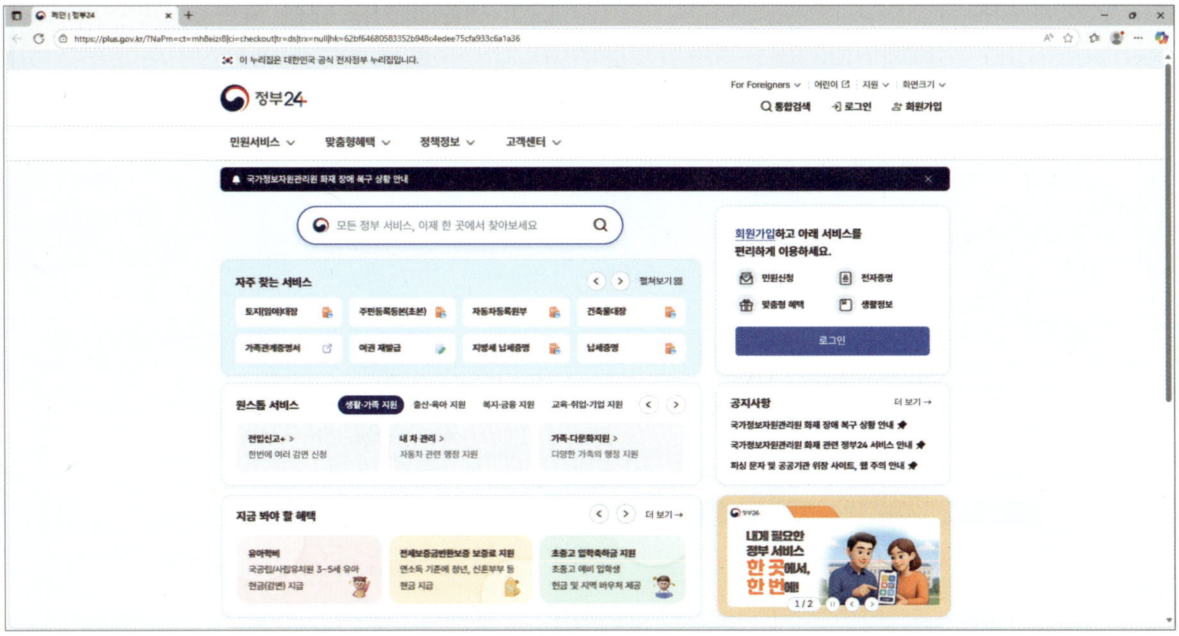

▶ 대형 생활 폐기물 관리

대형 생활 폐기물은 지자체에 신고하고 수수료를 납부한 뒤 배출해야 합니다. 인터넷 접수 시스템을 통해 신고와 결제를 한 번에 처리할 수 있습니다.

02 민원서류 발급받기

▶ 비회원 신청하기

01 네이버(www.naver.com)에 접속한 후 검색창에 '정부24시'라고 입력하고 Enter 키를 누릅니다. 검색 결과에서 [정부24]를 클릭합니다.

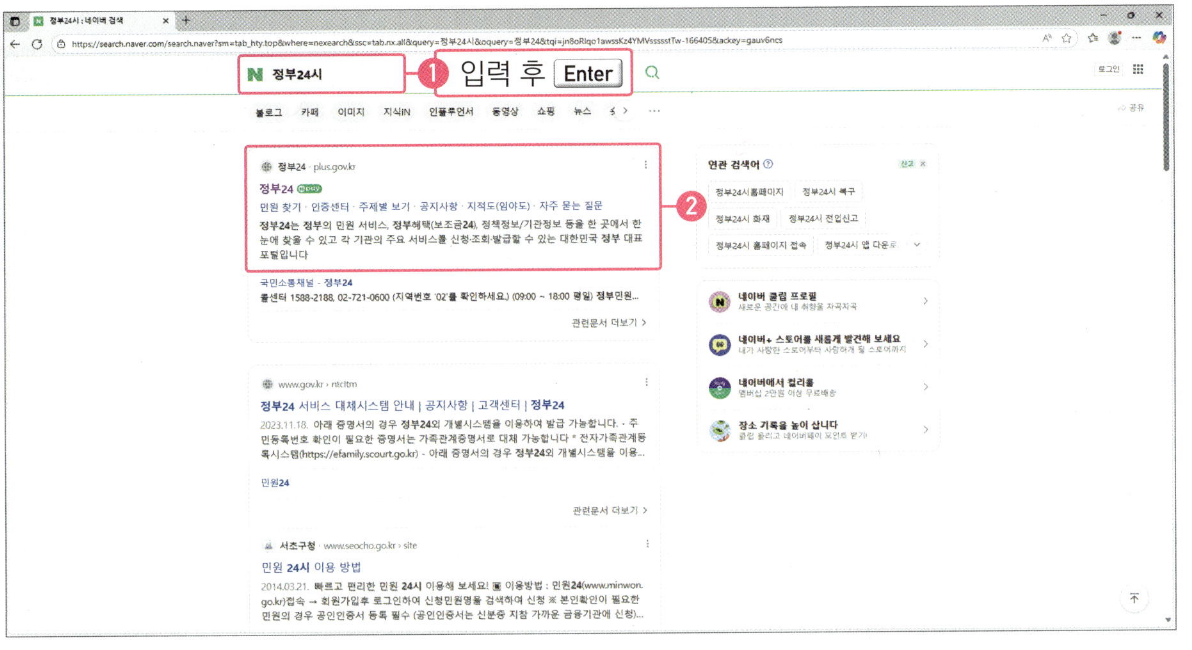

02 [자주 찾는 서비스]에서 [건축물대장]을 클릭합니다.

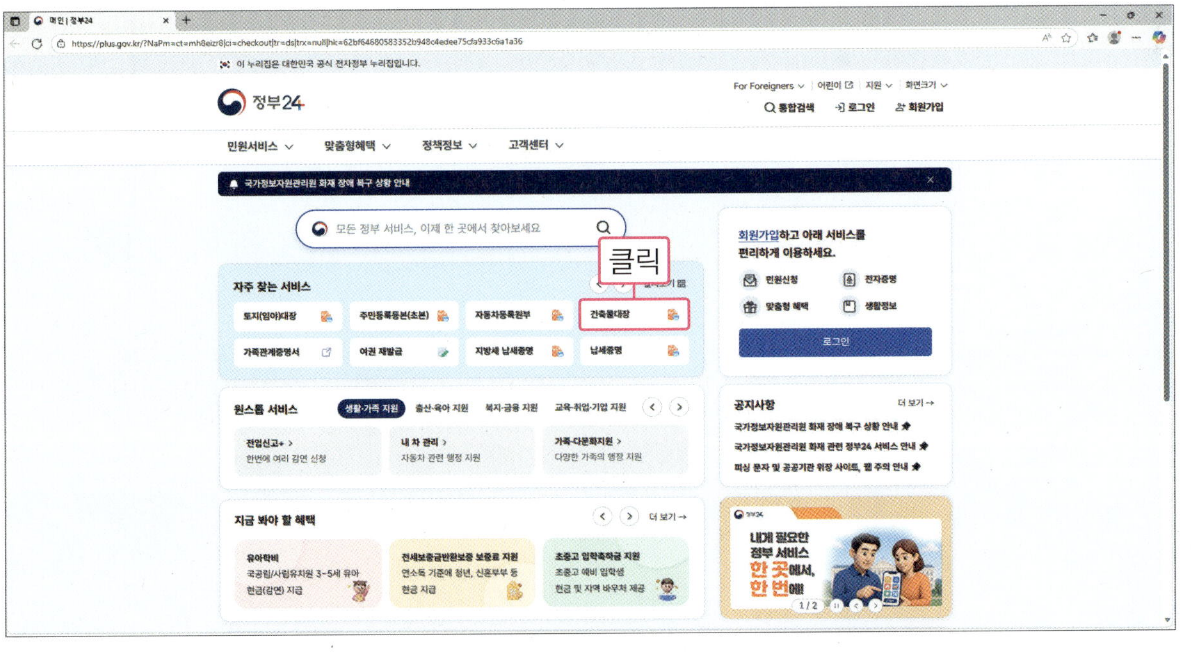

03 [발급하기] 버튼을 클릭합니다. 확인 창이 나타나면 회원가입을 하지 않고 신청하기 위해 [비회원 신청하기] 버튼을 클릭합니다.

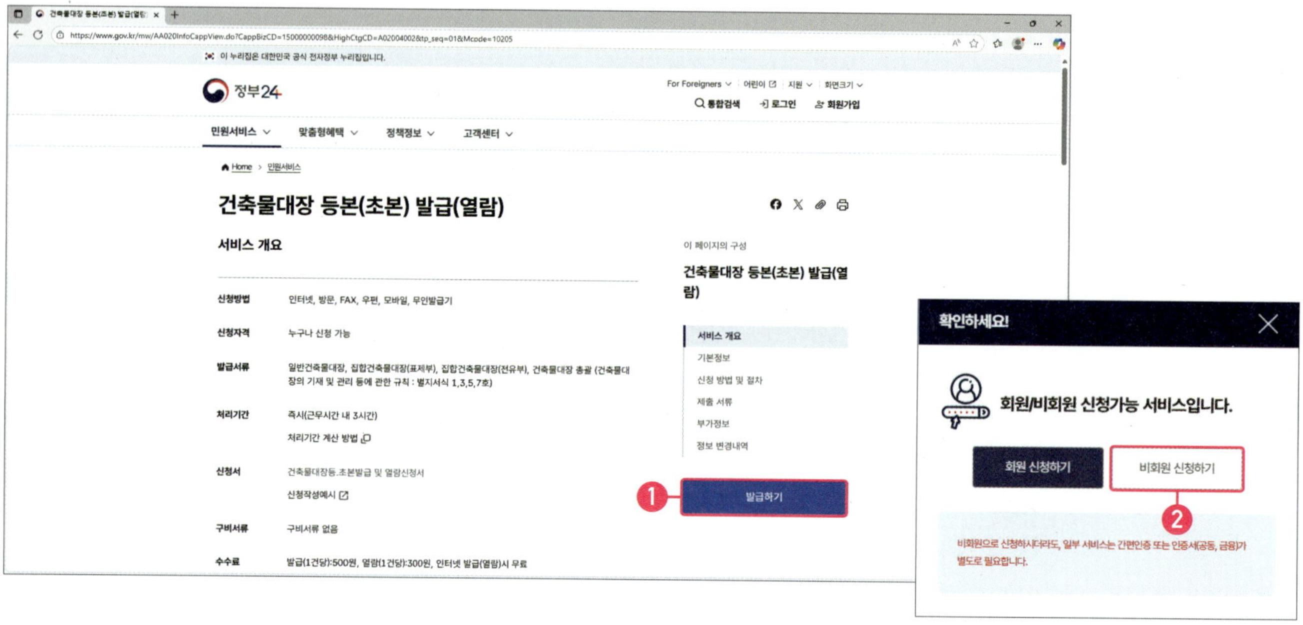

04 [사용자정보 직접 입력]을 클릭합니다.

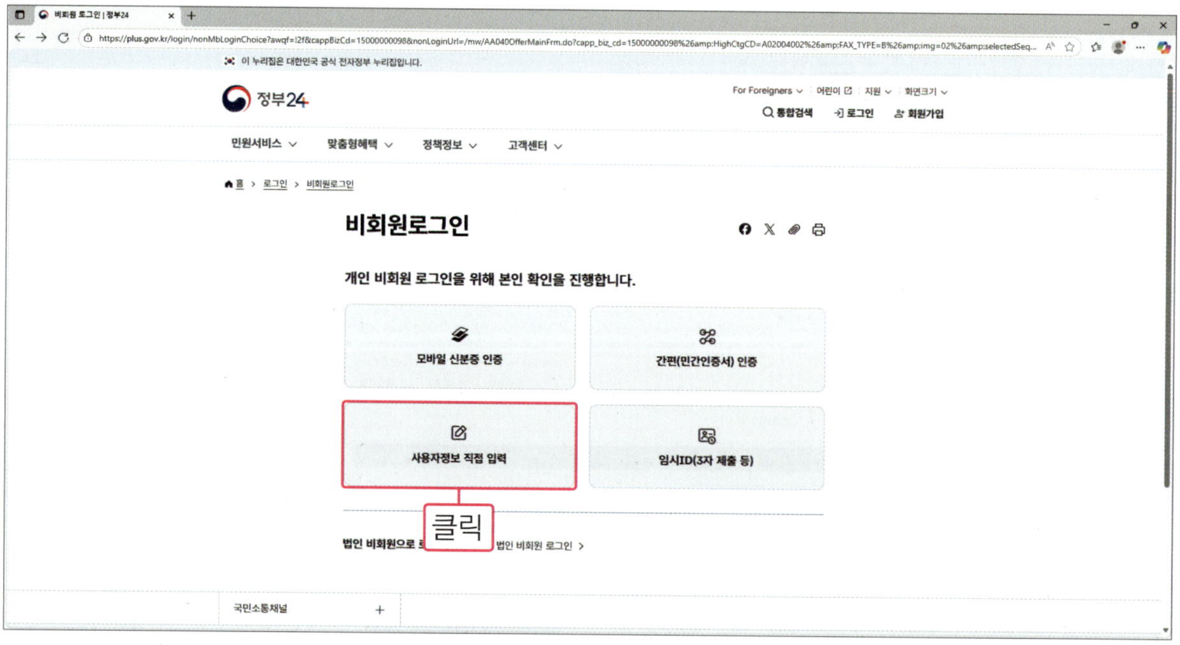

05 비회원로그인 페이지가 나타나면 [약관동의]에서 '개인정보 수집 및 이용 안내'와 '고유식별정보 수집 이용동의'에 체크합니다.

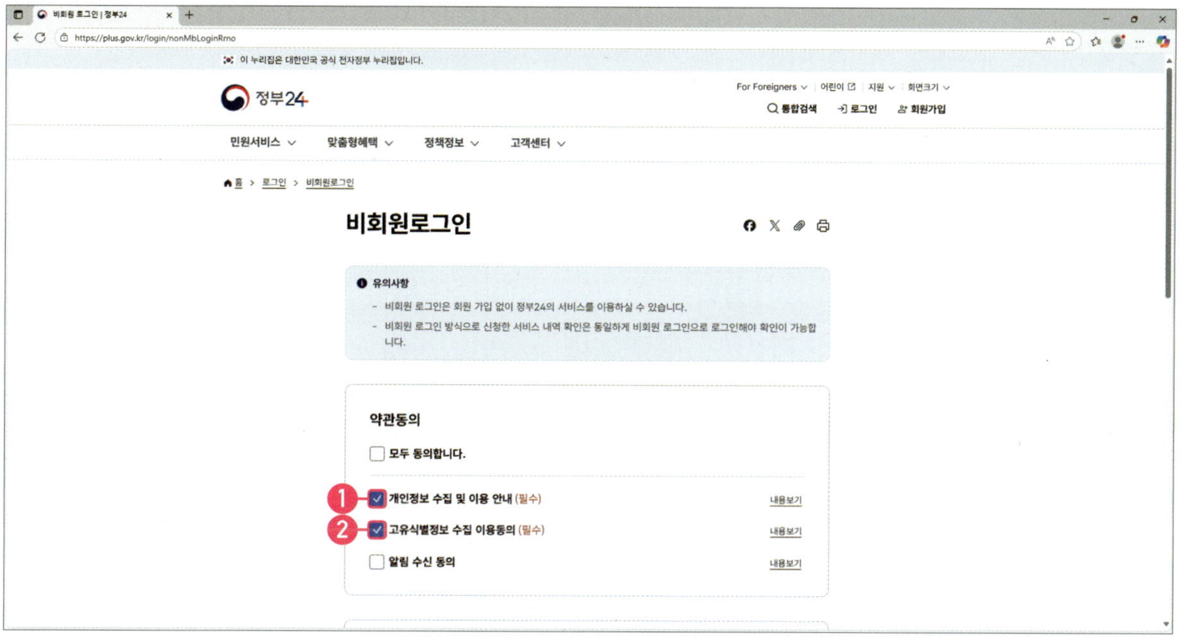

06 [비회원 신청 정보 입력]에서 [이름]과 [주민등록번호]를 입력하고 [입력확인] 숫자를 보이는 대로 입력한 후 [비회원 로그인] 버튼을 클릭합니다.

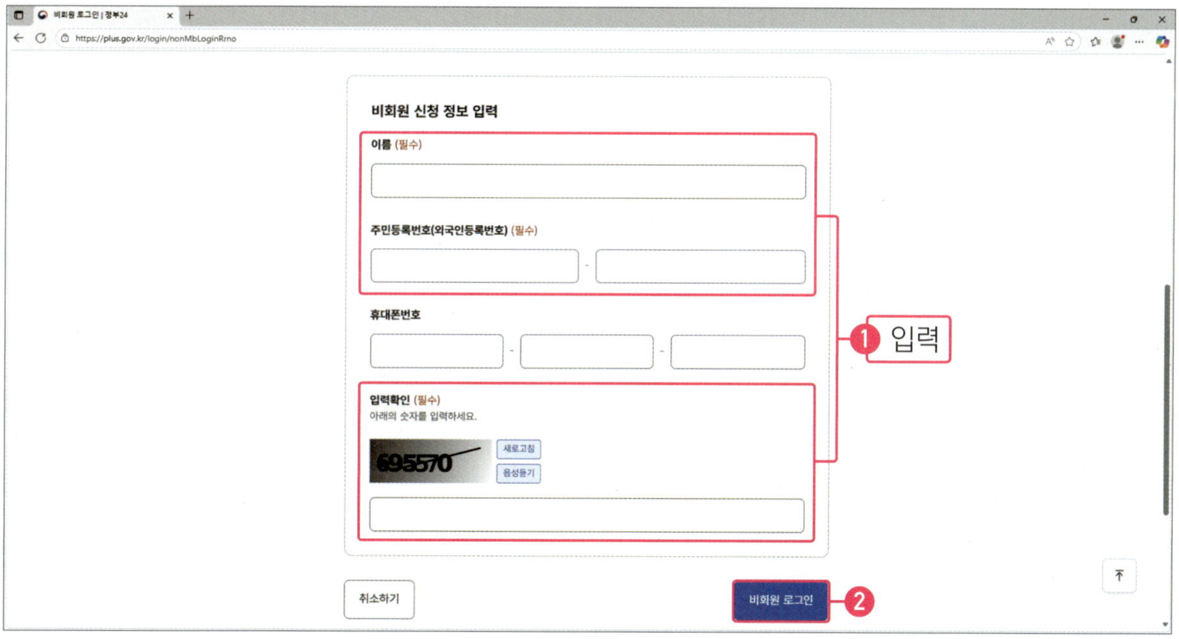

▸ 건축물대장 등본 발급받기

01 건축물대장 등본(초본) 발급(열람) 페이지가 나타나면 [건축물대장(열람)]을 클릭합니다.

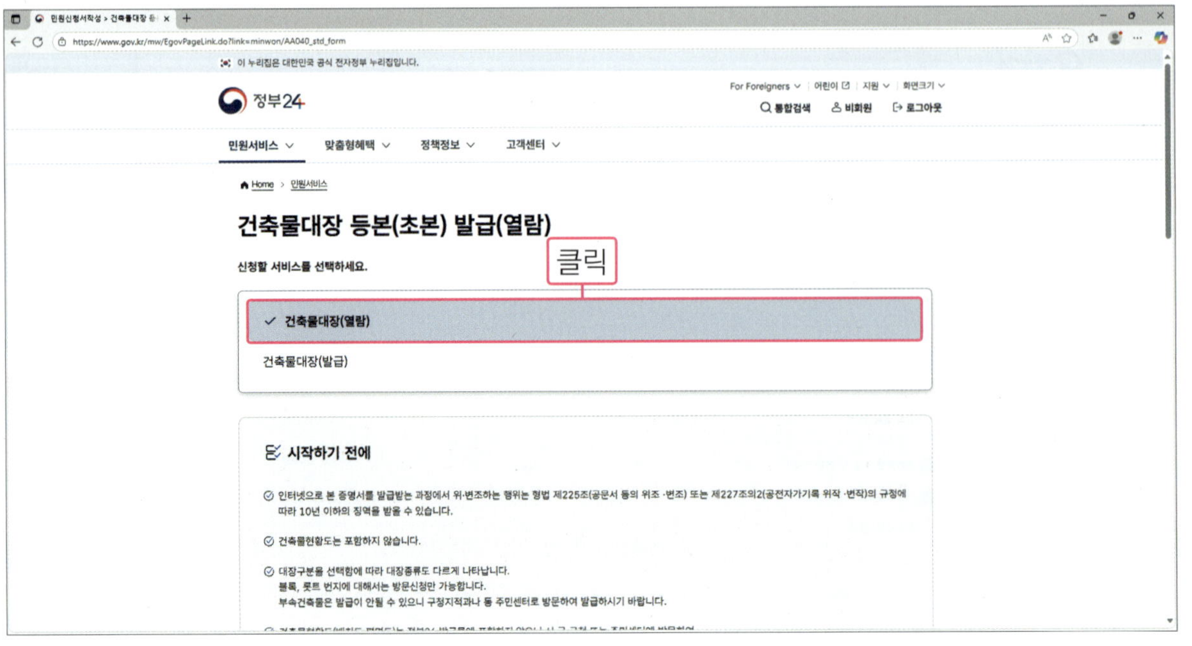

02 화면을 아래로 스크롤하여 [건축물소재지]–[기본 주소]의 [검색] 버튼을 클릭합니다.

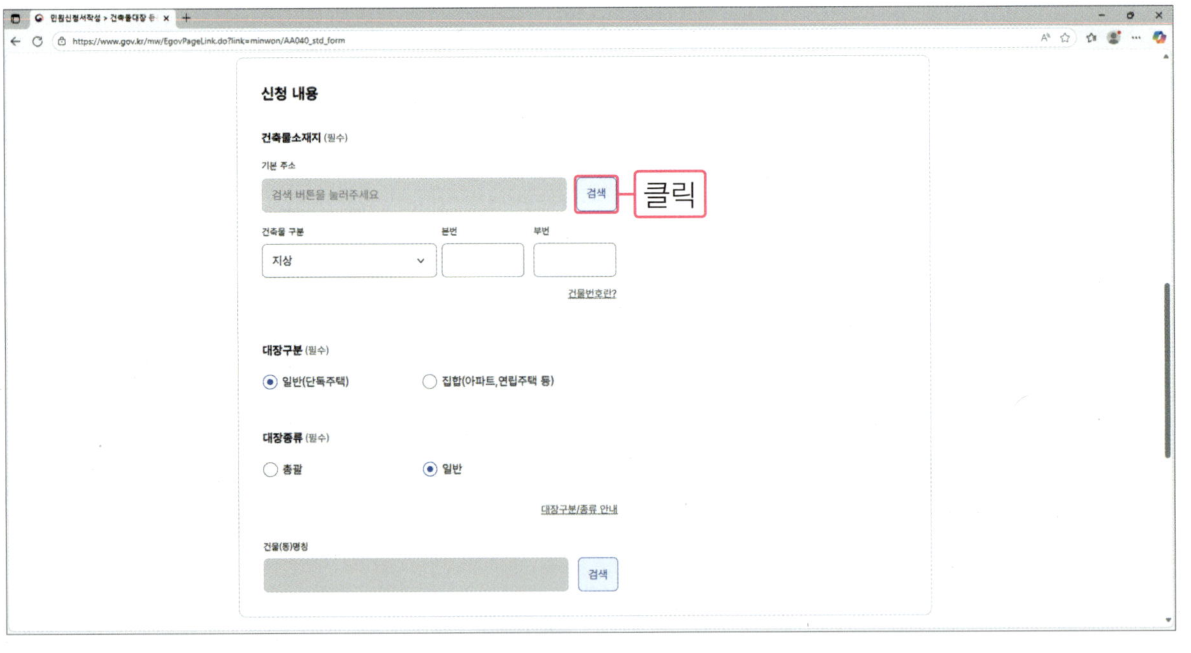

03 주소검색 창이 나타나면 **주소를 입력한 후 [검색] 버튼을 클릭**합니다. 검색된 주소 중 건축물소재지의 주소를 선택한 후 처리기관이 표시되면 [행정처리기관]을 선택합니다.

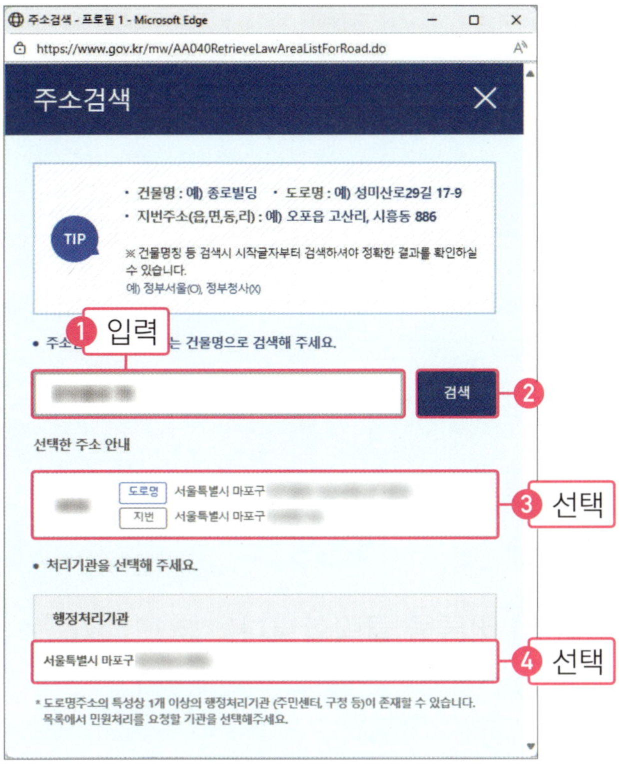

04 [건축물소재지]에 입력된 주소를 확인하고 [대장구분]과 [대장종류]에서 건축물에 해당하는 것을 선택합니다.

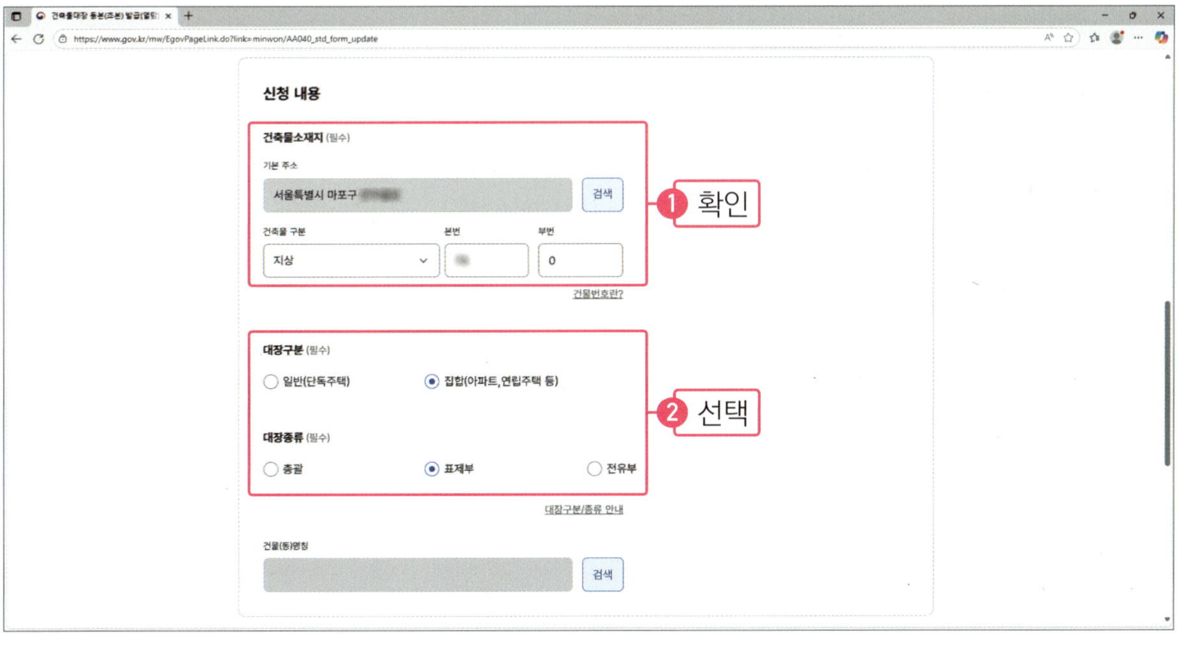

05 주소검색 창에서 '동명(연면적)'을 확인하고 [선택] 버튼을 클릭합니다.

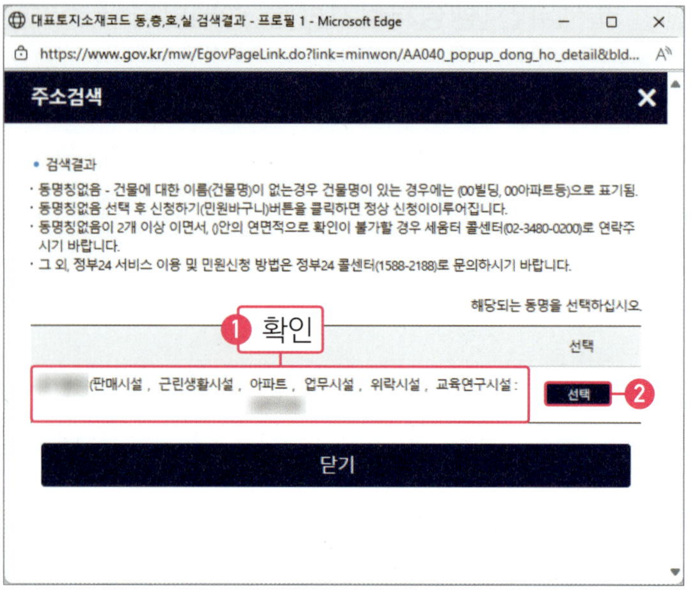

06 [건물(동)명칭]이 입력된 것을 확인하고 [신청하기] 버튼을 클릭합니다.

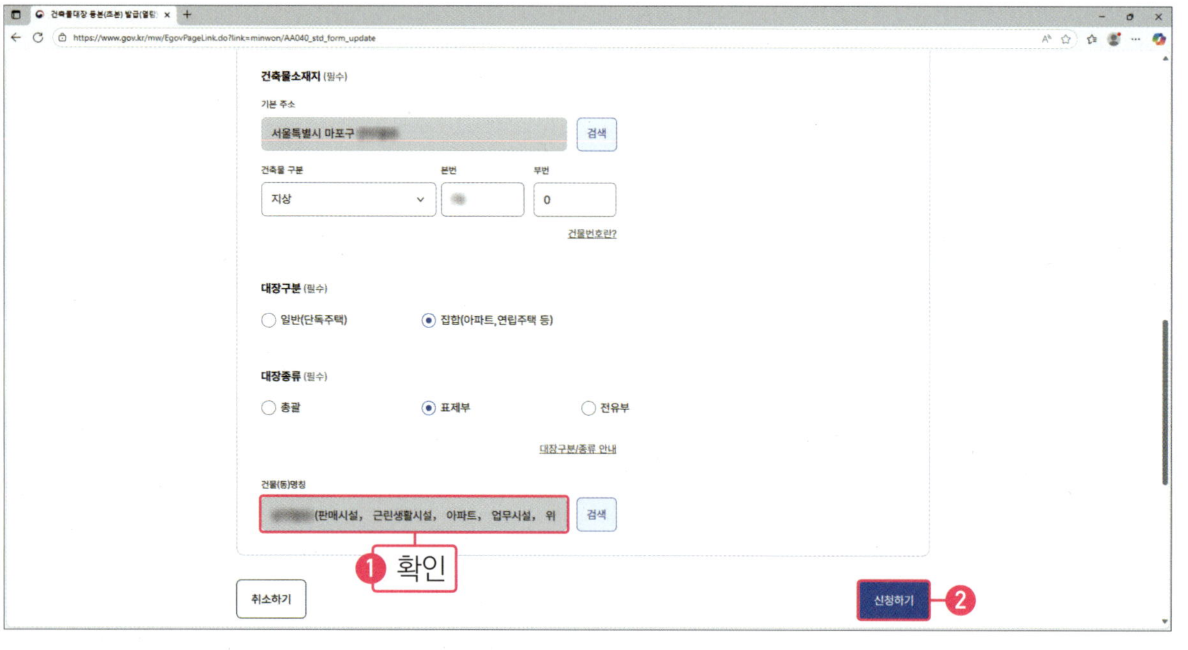

07 서비스 신청 내역 페이지에 신청 민원 목록이 나타납니다. 신청한 건축물대장을 열람하기 위해서 [열람문서] 버튼을 클릭합니다.

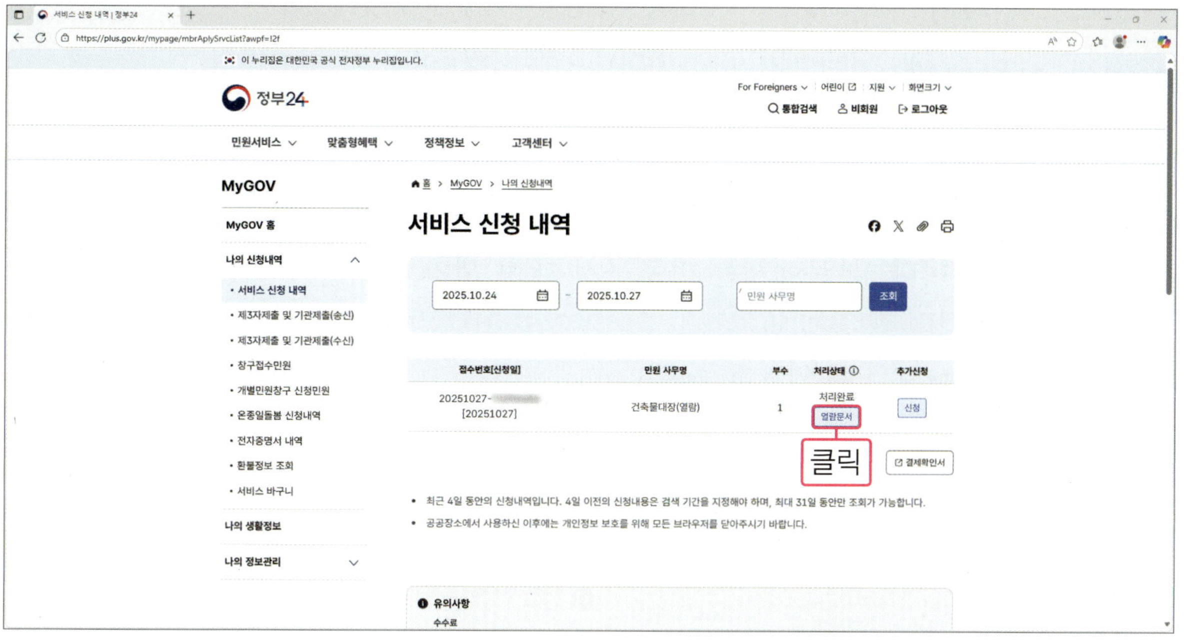

08 건축물대장을 확인할 수 있습니다.

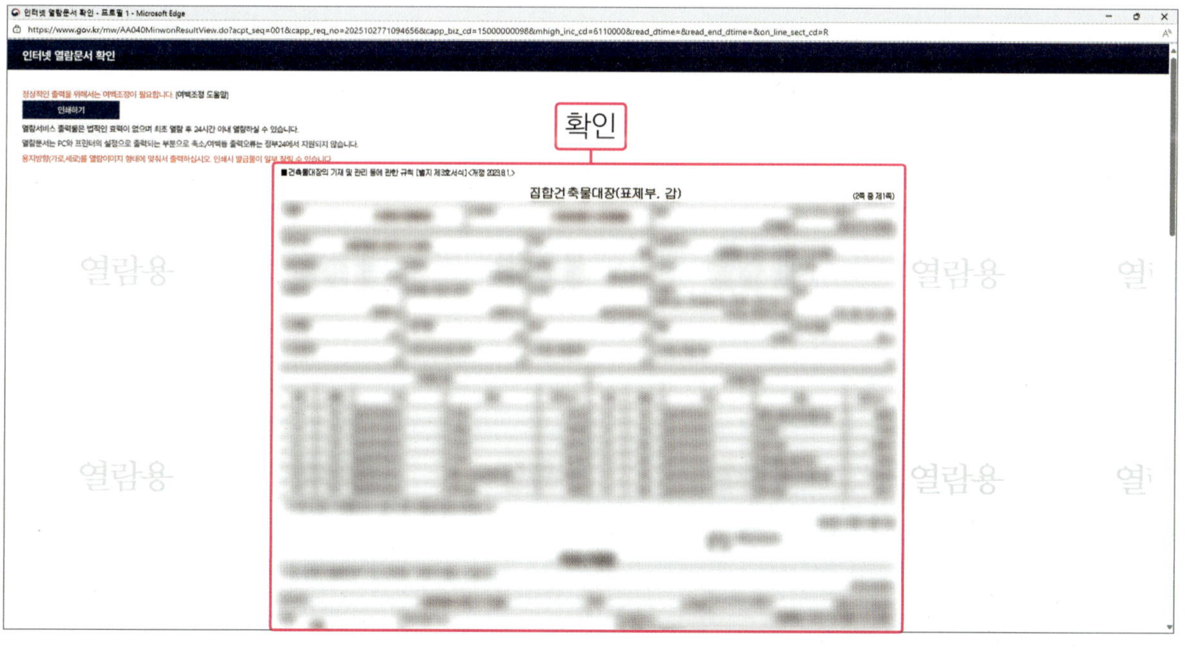

03 대형 생활 폐기물 배출하기

▶ 폐기물 비용 확인하기

01 네이버(www.naver.com)에 접속한 후 검색창에 사용자가 사는 지역명과 함께 '대형폐기물 신고'라고 입력하고 Enter 키를 누릅니다. 검색 결과에서 해당 지역의 대형폐기물 신고 사이트를 클릭합니다. 본문에서는 마포구청 대형 생활 폐기물 관리를 살펴봅니다.

02 폐기물의 비용을 알아보기 위해 상단 메뉴에서 [비용]을 클릭합니다.

03 품목별 기준 및 비용 안내 페이지의 **검색창에 '책상'이라고 입력한 후** Enter **키를 눌러** 버릴 책상의 규격과 비용을 살펴봅니다.

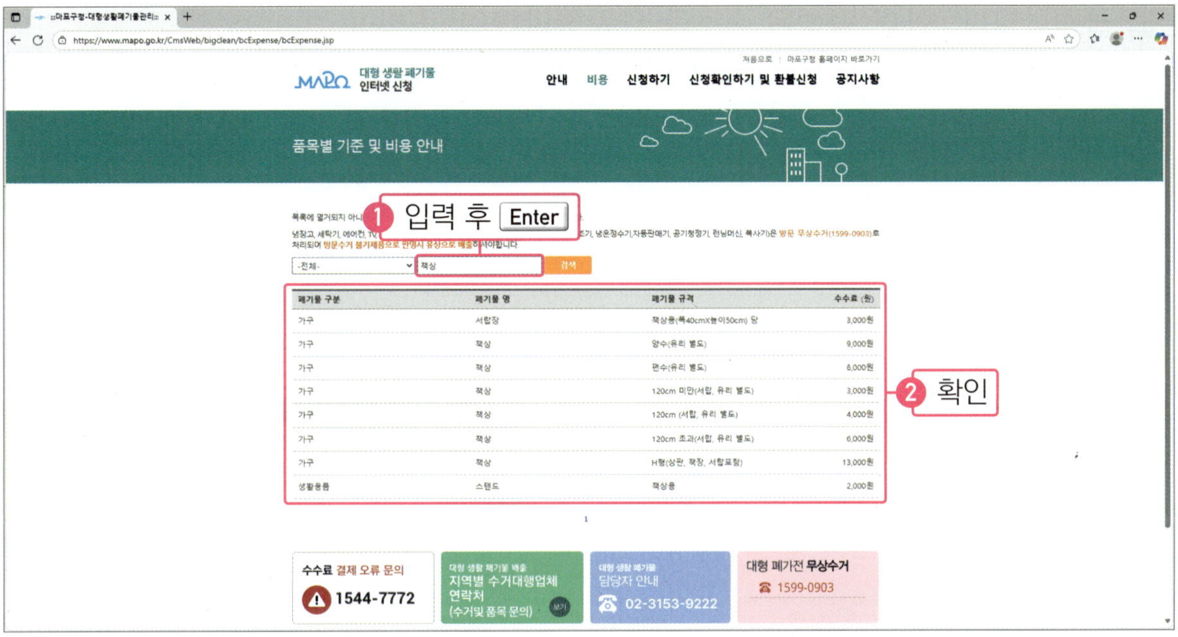

▶ 폐기물 배출 신청하기

01 상단 메뉴에서 **[신청하기]를 클릭**합니다. 대형폐기물 배출 온라인 신청하기 페이지에서 [개인정보 수집·이용 내역]에서 **'동의함'을**, [본인은 만14세 이상임을 확인합니다.]에서 **'예'를 선택**합니다.

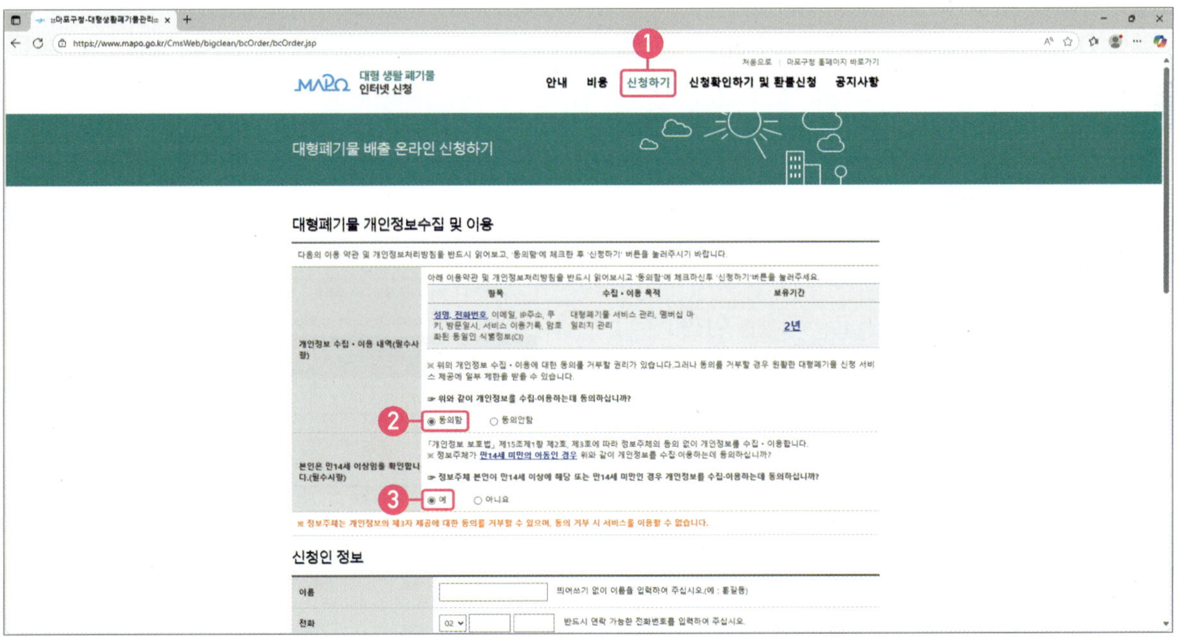

02 [신청인 정보]에 이름과 전화번호를 입력합니다. [폐기물 배출 장소]에서 [도로명 주소 찾기] 버튼을 클릭합니다. 도로명 검색 창이 나타나면 도로명 주소를 입력한 후 [검색] 버튼을 클릭합니다. 아래 검색된 주소를 클릭합니다.

03 [폐기물 배출 장소]에 주소가 입력되면 [세부상세위치]를 '건물 앞'으로 입력합니다. [폐기물 배출 내역]에서 [대형 폐기물 검색] 버튼을 클릭합니다. 폐기물 검색 창이 나타나면 '책상'이라고 입력한 후 [검색] 버튼을 클릭합니다. 검색 목록에서 버릴 폐기물 항목에 체크하고 수수료를 확인한 후 [선택 등록] 버튼을 클릭합니다.

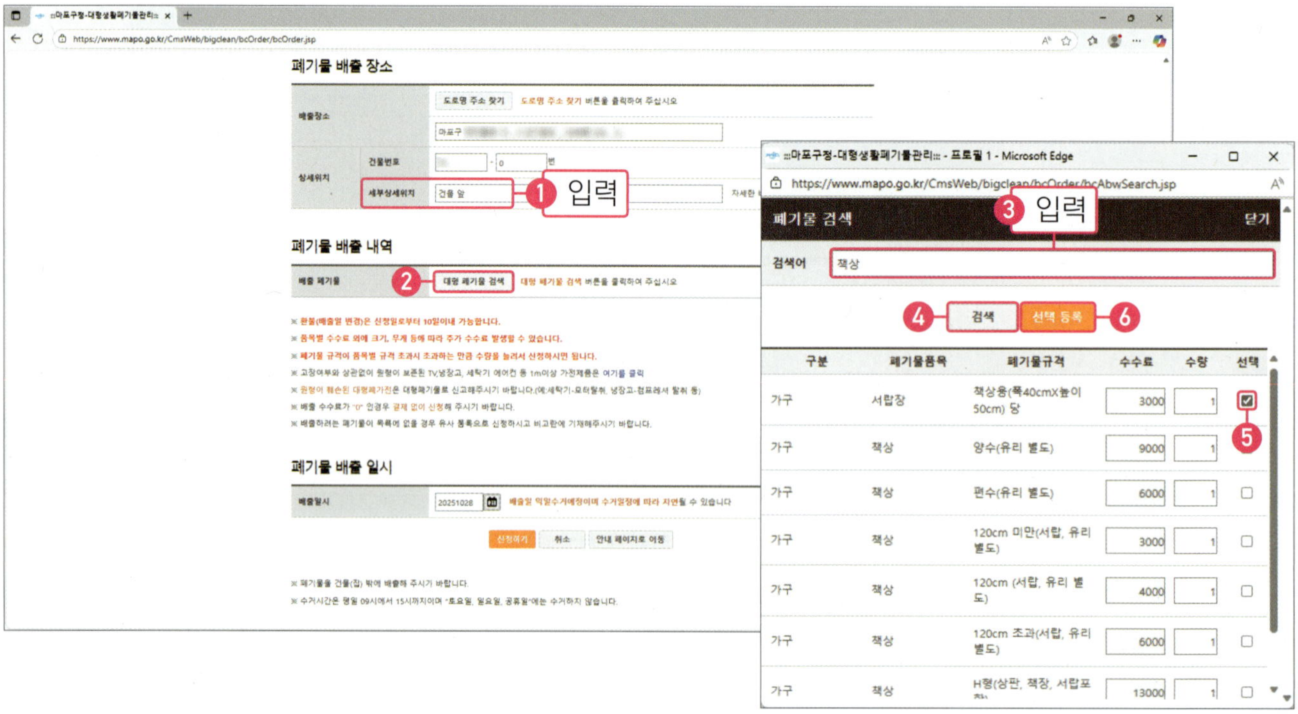

04 [폐기물 배출 일시]에서 📅을 클릭하여 배출할 날짜를 설정하고 [신청하기] 버튼을 클릭합니다.

05 폐기물 배출 신청 내용을 확인하고 수수료를 결제하기 위해 [대형폐기물 수수료 결제하기] 버튼을 클릭합니다.

06 결제 창이 나타나면 결제 방법을 선택합니다. 본문에서는 [가상계좌]를 클릭합니다. 입금할 은행을 선택합니다. 입금자명을 입력하고 이용 약관 동의에 체크한 후 [확인] 버튼을 클릭합니다.

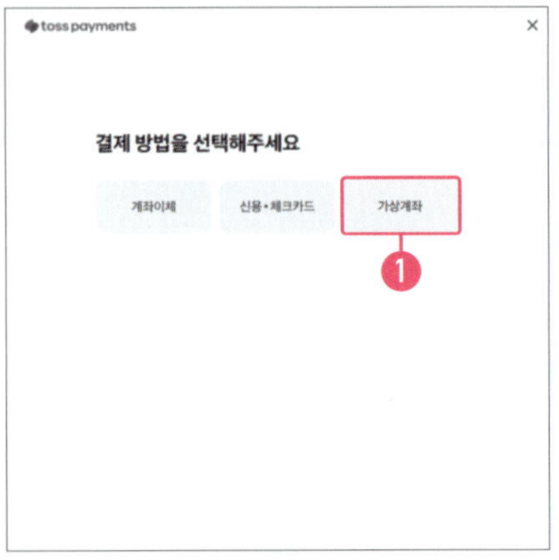

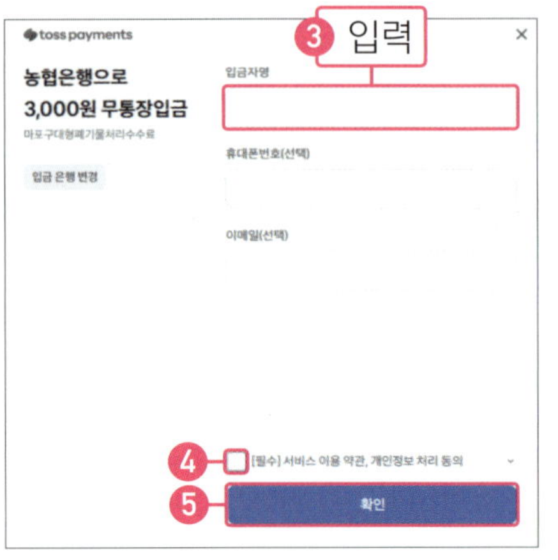

07 [결제 정보 내역]에서 '가상계좌번호'를 확인합니다. [신청내용확인] 버튼을 클릭한 후 신청인 정보를 확인합니다.

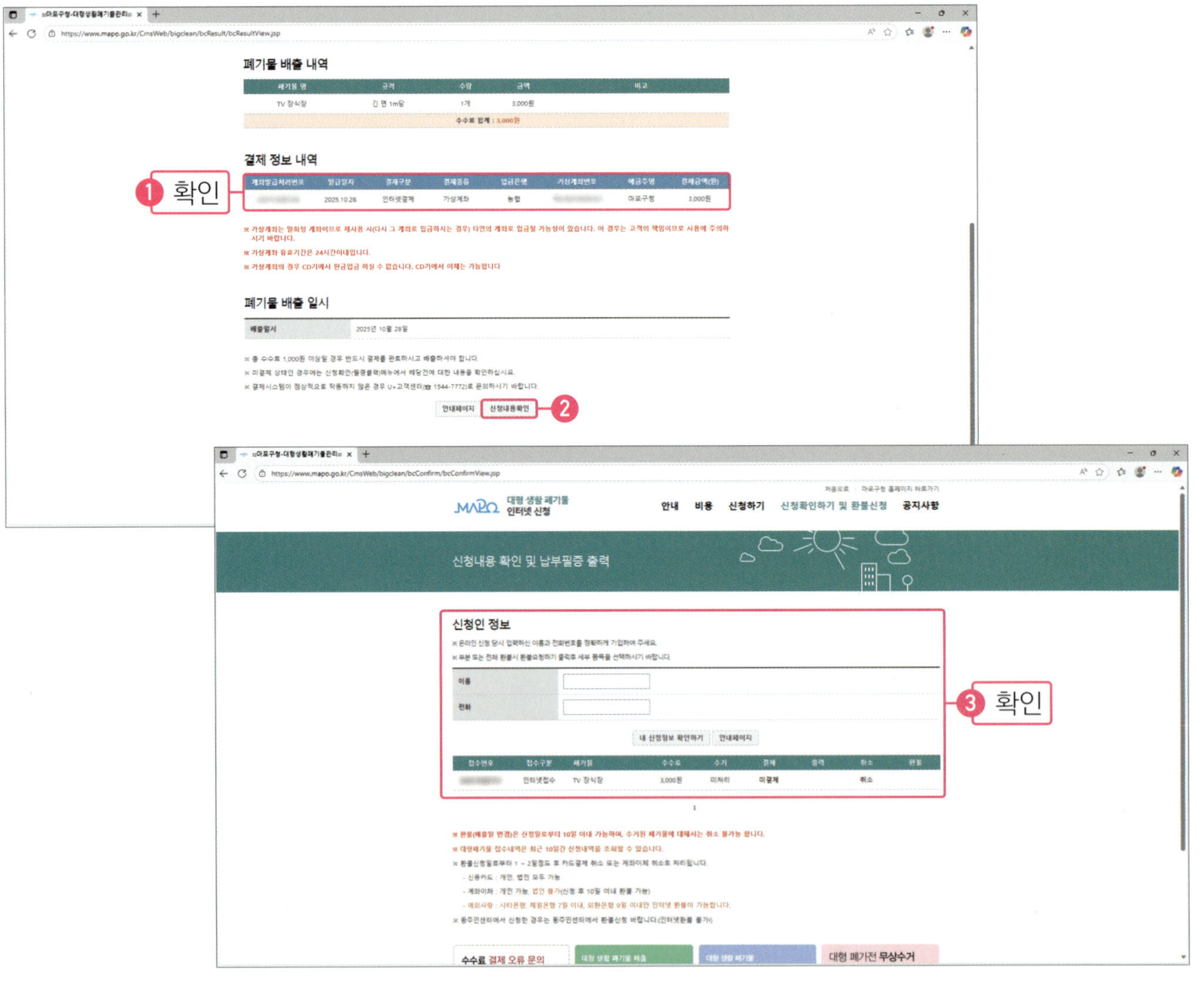

▶ 폐기물 배출 취소하기

01 폐기물 배출을 취소하려면 상단 메뉴의 [신청확인하기 및 환불신청]을 클릭한 후 [신청인 정보]에 이름과 전화번호를 입력하고 [내 신청정보 확인하기] 버튼을 클릭합니다.

02 결제 전이라면 [취소]를 클릭합니다. 신청을 취소한다는 메시지 창이 나타나면 [확인] 버튼을 클릭합니다.

응용력 키우기

01 정부24에서 사용자가 사는 지역의 지적도 등본을 발급받아 봅니다. 단, 축척은 '2000'으로 합니다.

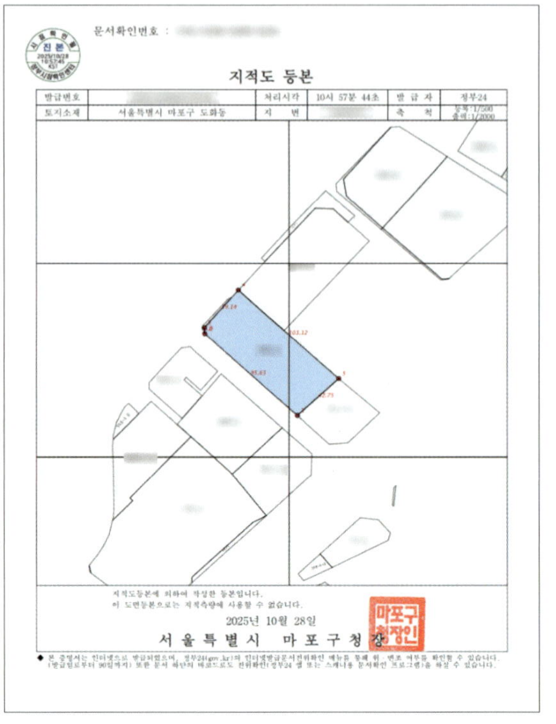

02 폐가전 방문수거 배출예약시스템에서 수거 신청을 해봅니다.

- 폐가전 : 세탁기
- 배출일시 : 현재 날짜에서 일주일 후 배출 요일인 화요일이나 목요일 중에서 선택

힌트 폐가전 배출예약시스템 사이트 : www.15990903.or.kr

06 이미지 편집하기

- 픽사베이
- 이미지 검색 및 다운로드
- iLoveIMG
- 이미지 편집

미/리/보/기

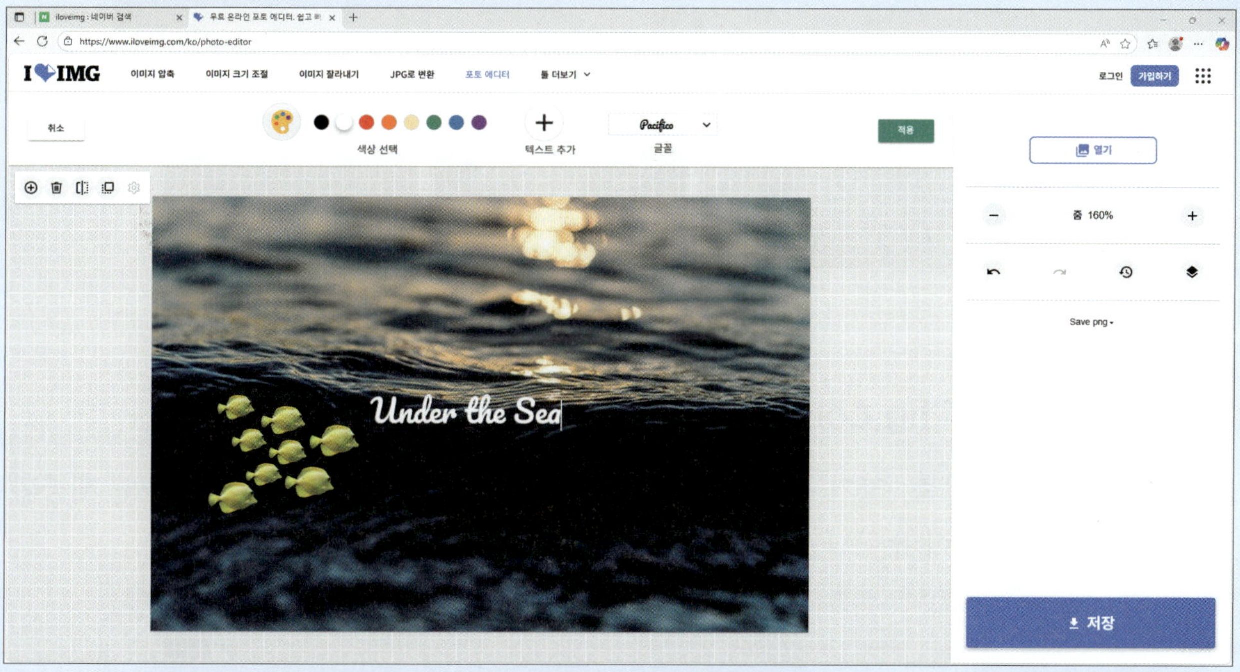

인터넷을 활용하면 다양한 고품질 이미지를 내려받을 수 있으며 별도의 프로그램 설치 없이도 온라인 편집 도구를 활용하여 편집할 수 있습니다. 이번 장에서는 무료 이미지를 다운로드하고 온라인에서 손쉽게 편집하는 방법을 알아보겠습니다.

01 이미지 수집 및 편집

▶ 픽사베이(pixabay.com)

'픽사베이'는 다양한 이미지와 동영상 등 고품질 콘텐츠를 무료로 제공하는 사이트입니다. 매일 새로운 자료가 업데이트되며 모든 콘텐츠를 자유롭게 다운로드하여 사용할 수 있습니다.

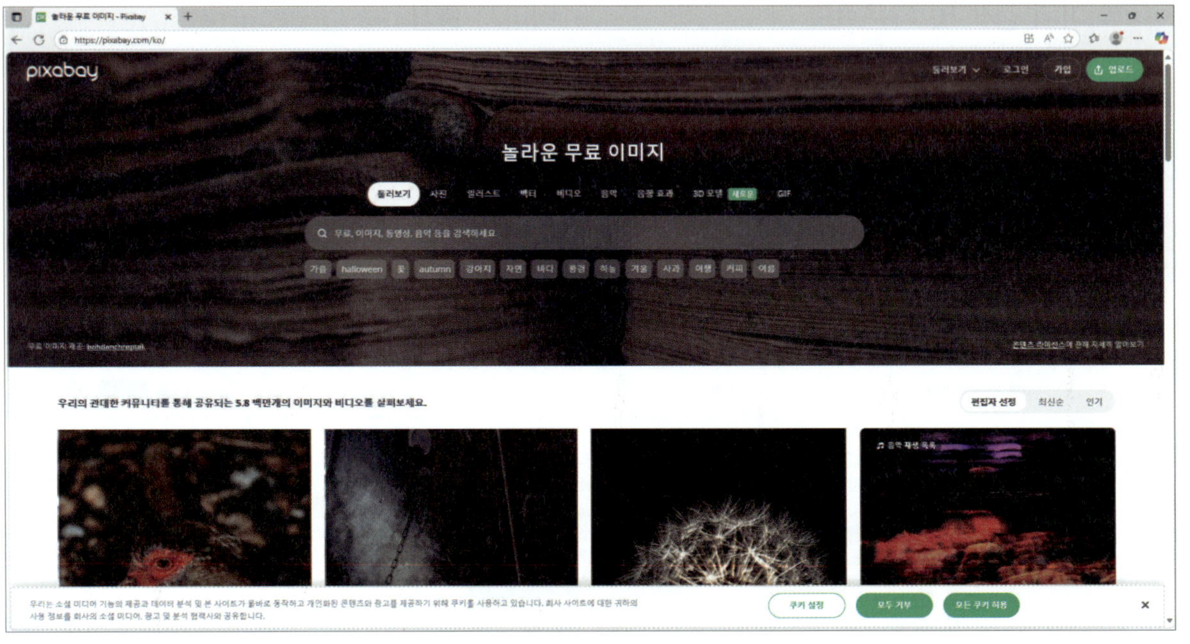

▶ iLoveIMG(iloveimg.com)

'iLoveIMG'는 이미지 압축, 크기 조절, 파일 형식 변환뿐 아니라 간단한 편집 기능도 제공합니다. 별도의 회원가입 없이 누구나 편리하게 사용할 수 있습니다.

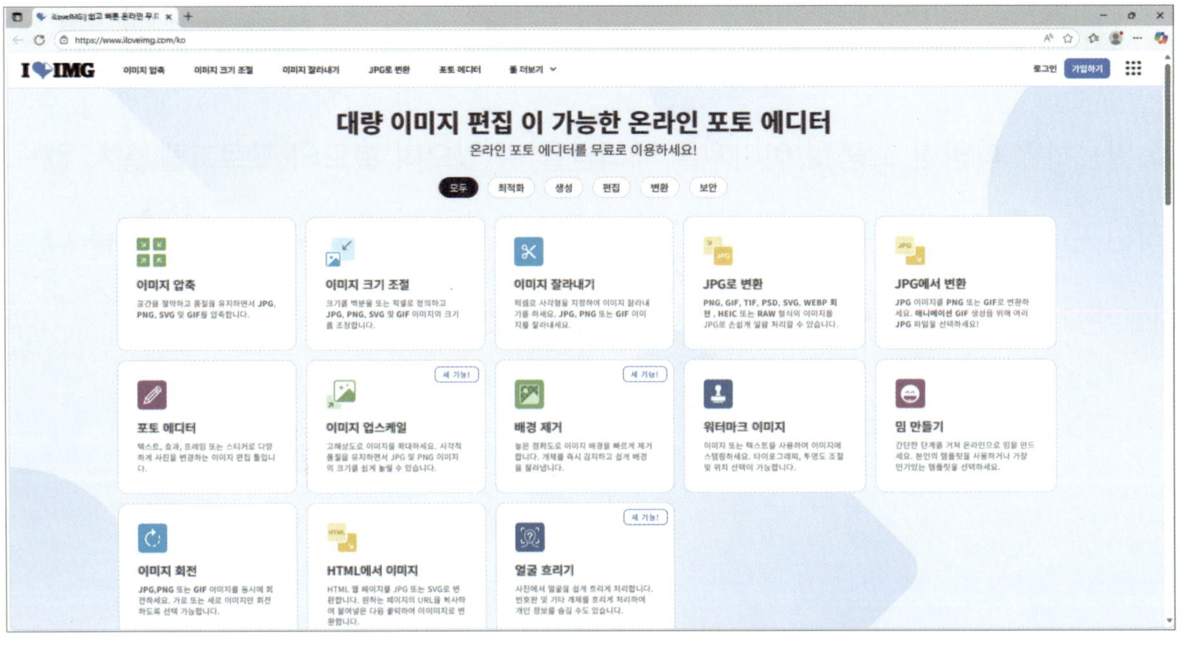

02 무료 이미지 다운로드하기

▶ 사진 파일 다운로드하기

01 네이버(www.naver.com)에 접속한 후 검색창에 '픽사베이'라고 입력하고 Enter 키를 누릅니다. 검색 결과에서 [Pixabay]를 클릭합니다.

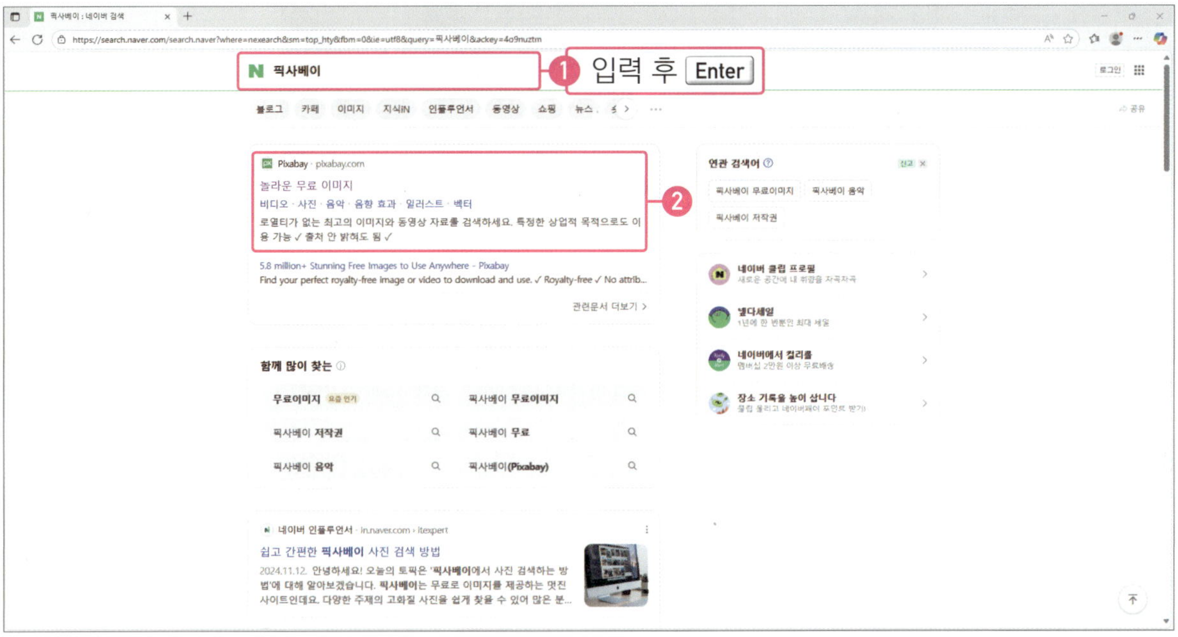

02 픽사베이 검색창에 '바다'라고 입력한 후 Enter 키를 누릅니다.

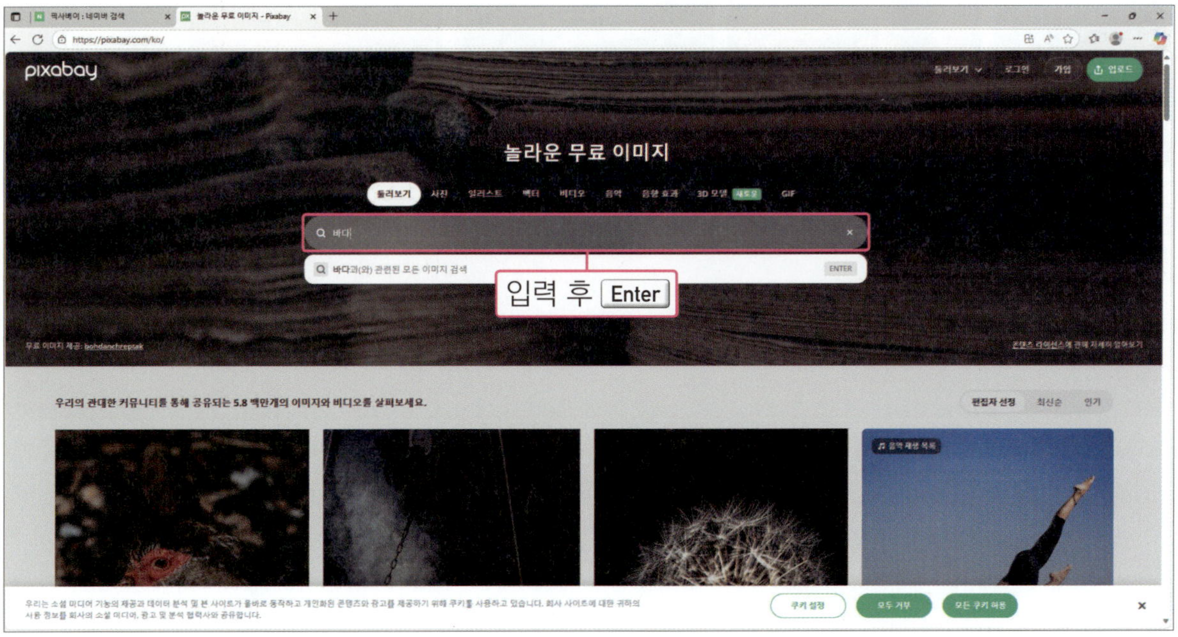

잠깐

사이트가 영어로 표시된다면 오른쪽 상단의 [Explore(둘러보기)]를 클릭한 후 [About(소개)]–[Language(언어)]–[한국어]를 클릭합니다.

03 바다와 관련된 이미지가 나타납니다. 마음에 드는 이미지를 선택합니다.

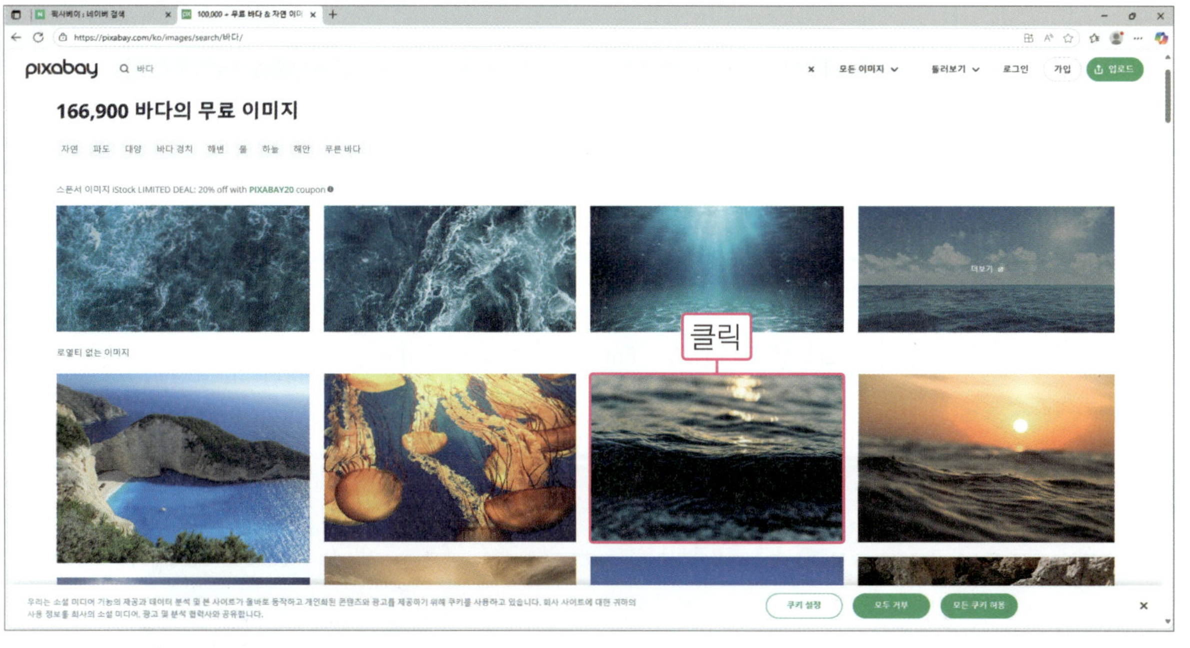

04 이어서 [다운로드] 버튼을 클릭합니다.

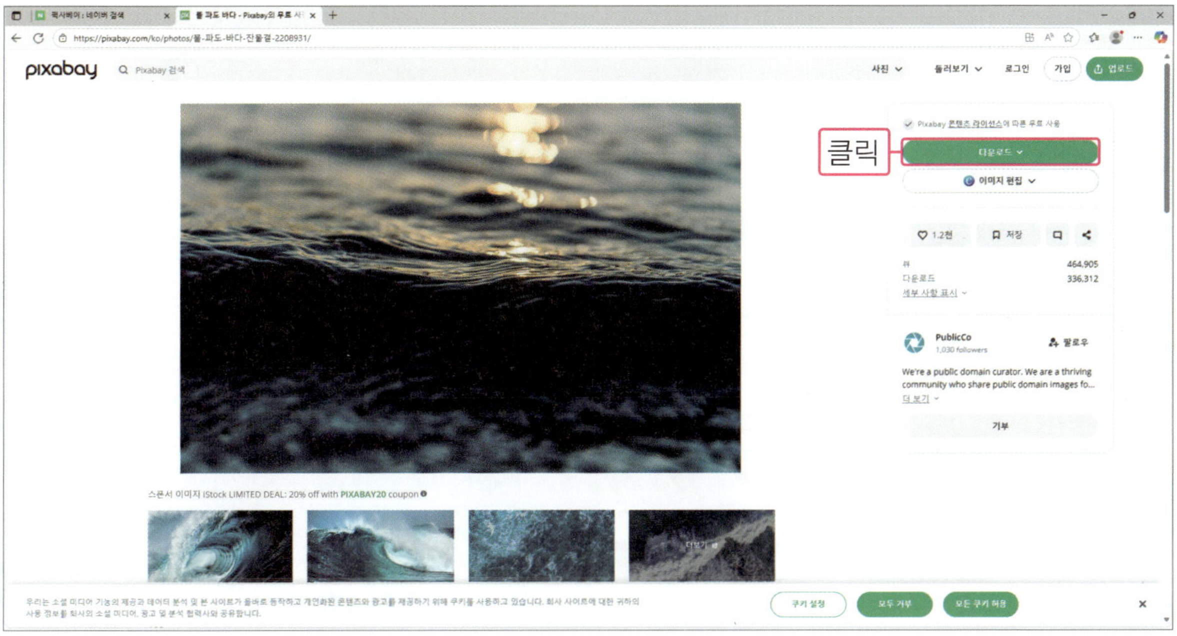

05 이미지 사이즈는 '640×426'을 선택하고 [다운로드] 버튼을 클릭합니다.

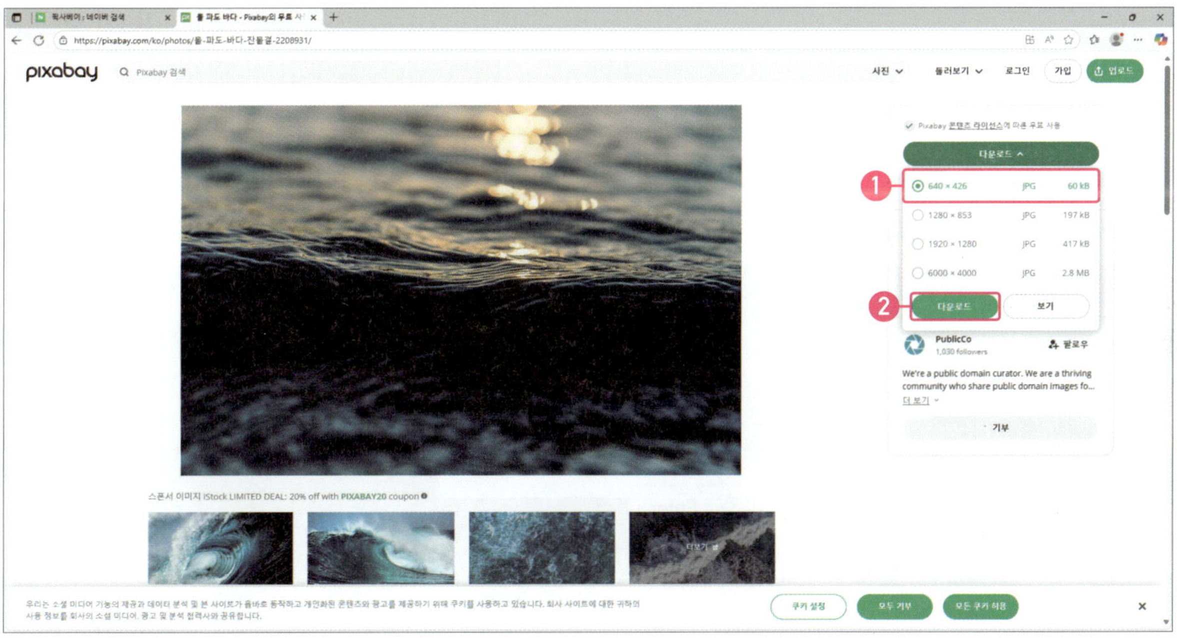

06 다운로드가 완료되면 팝업 창의 [파일 열기]를 클릭하여 이미지를 확인합니다.

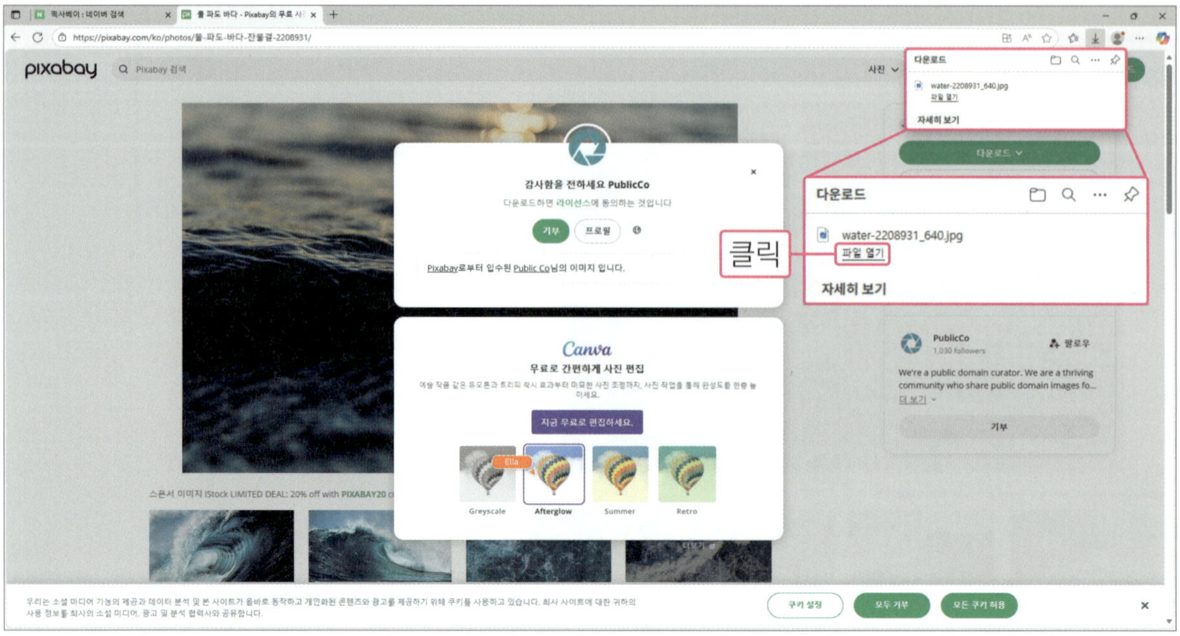

잠깐 저장한 이미지는 내 컴퓨터의 [다운로드] 폴더에 자동으로 저장됩니다.

▶ 일러스트 파일 다운로드하기

01 픽사베이 검색창에 '물고기'라고 입력한 후 Enter 키를 누릅니다.

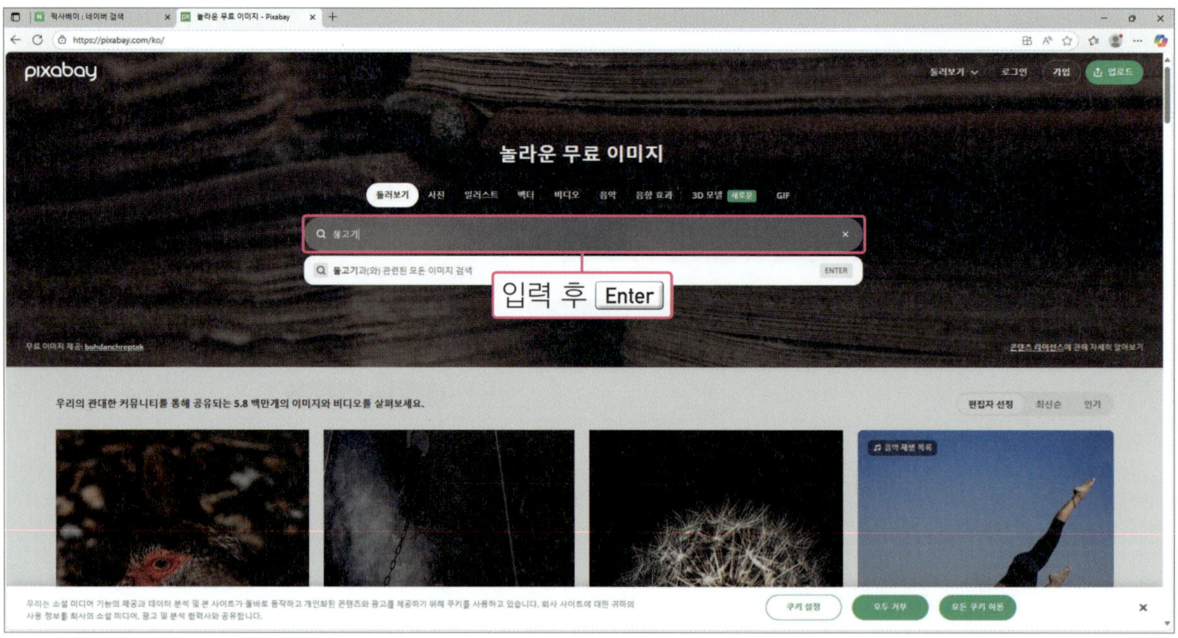

02 검색 결과 상단에서 '이미지 유형', '방향', '크기', '색상' 등을 설정하면 원하는 이미지를 빠르게 찾을 수 있습니다. [모든 이미지]를 클릭하여 [일러스트]를 선택합니다.

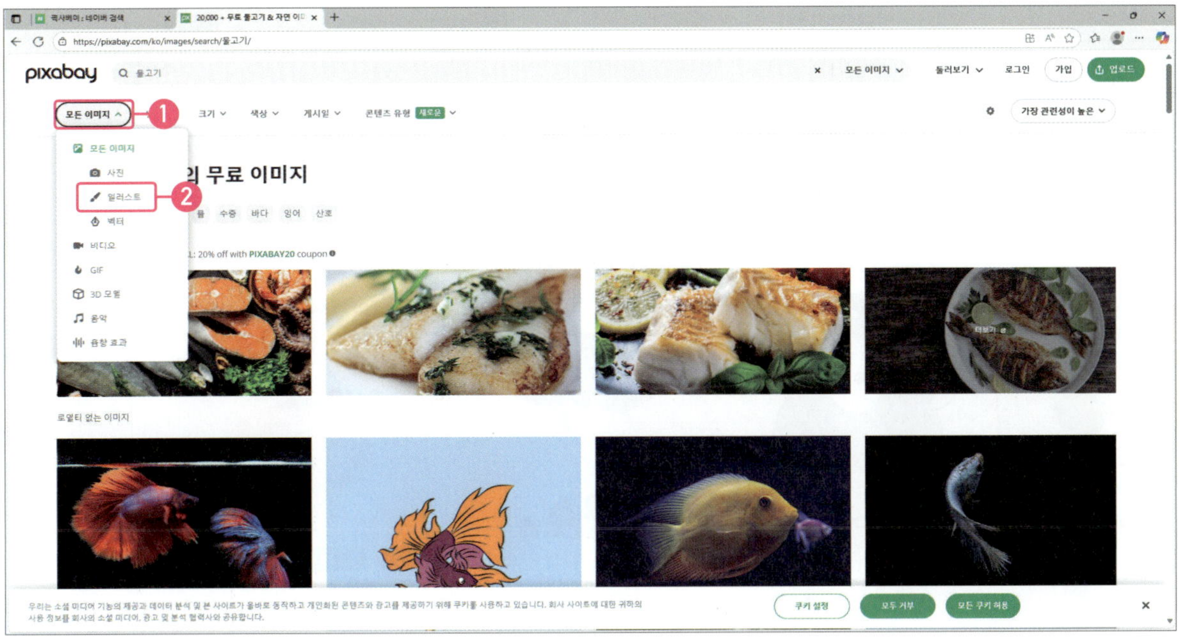

03 [색상]을 클릭하여 [투명 배경]에 체크한 후 [적용] 버튼을 클릭합니다.

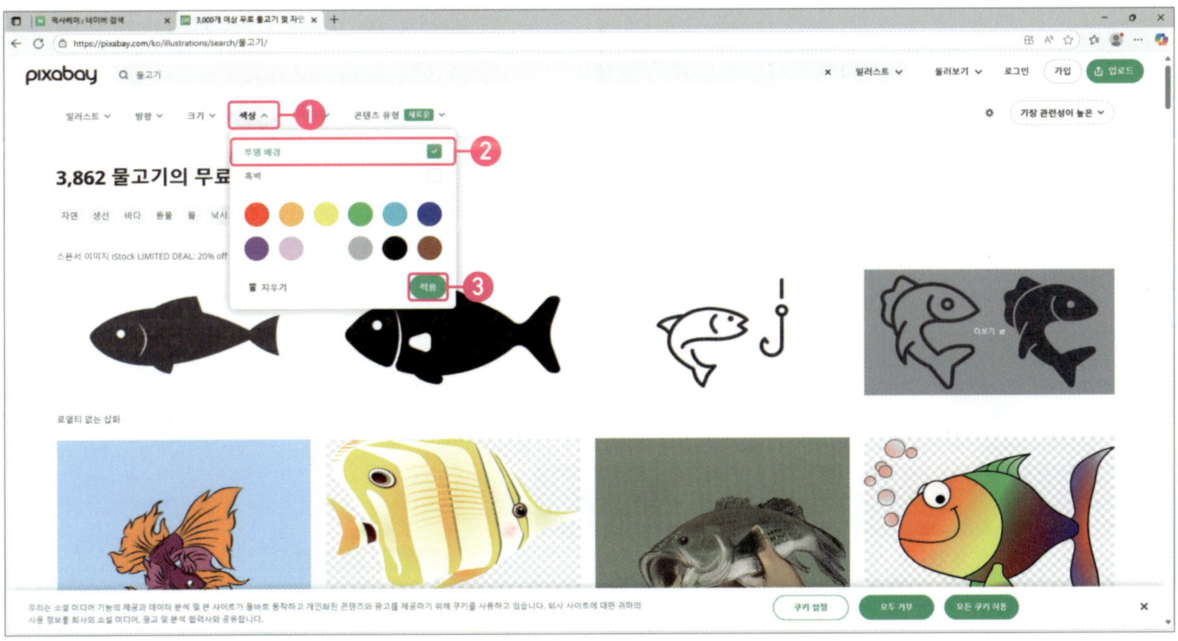

04 배경이 투명한 물고기 일러스트가 검색됩니다. 마음에 드는 이미지를 선택합니다.

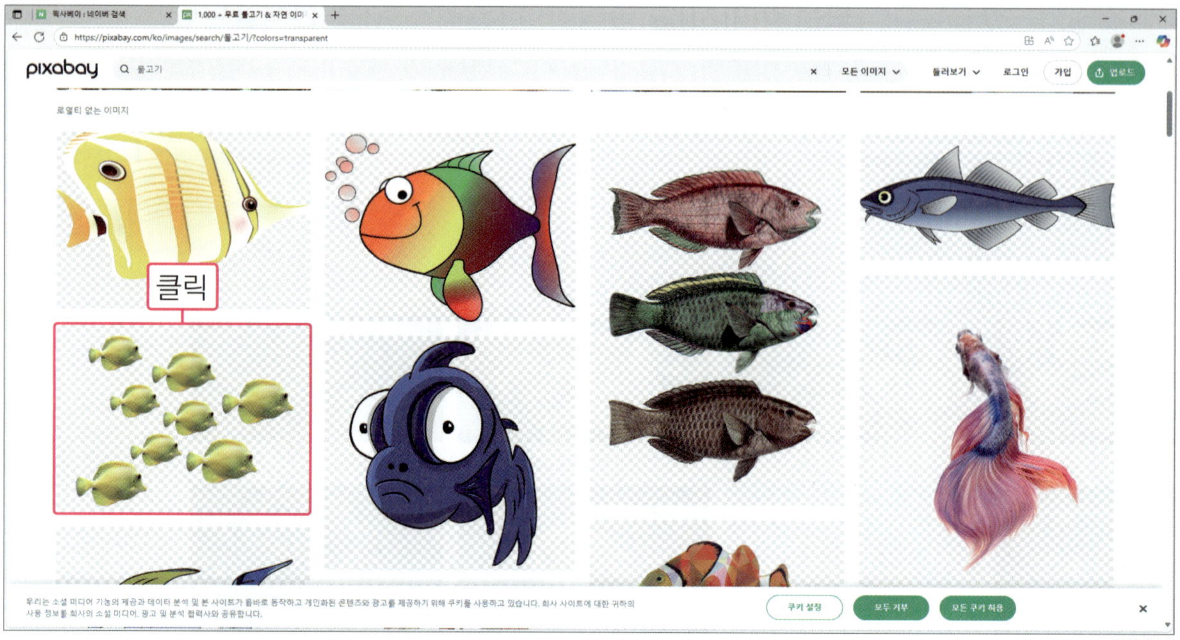

05 [다운로드] 버튼을 클릭합니다.

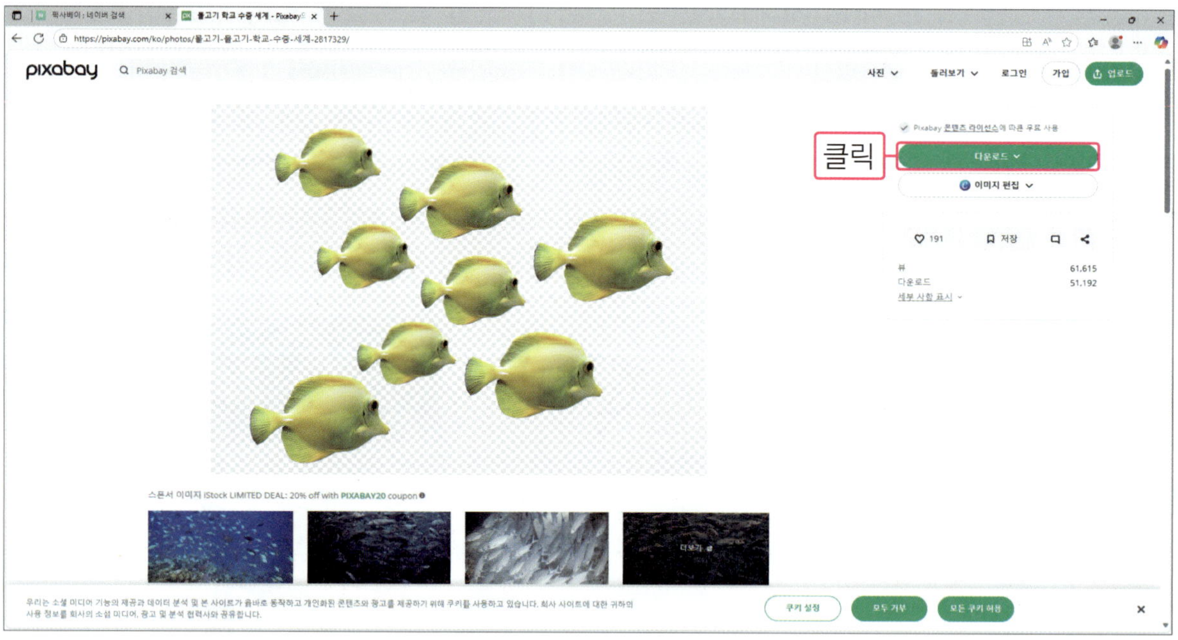

06 이미지 사이즈는 ‘640×477’을 선택하고 [다운로드] 버튼을 클릭합니다.

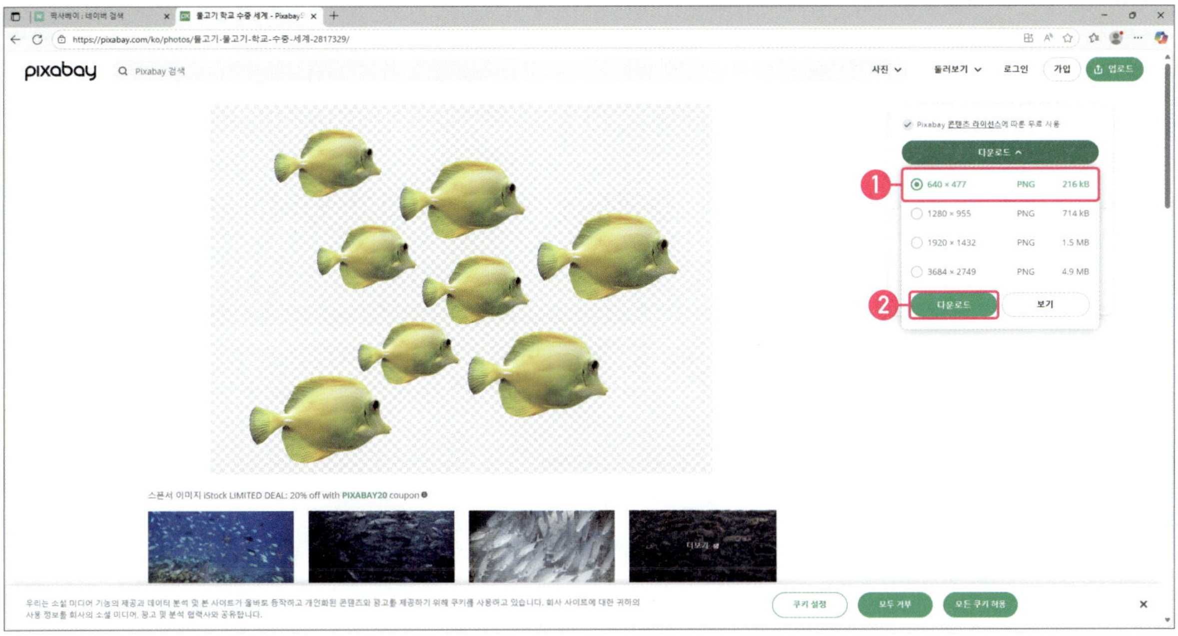

07 다운로드가 완료되면 팝업 창의 [파일 열기]를 클릭하여 이미지를 확인합니다.

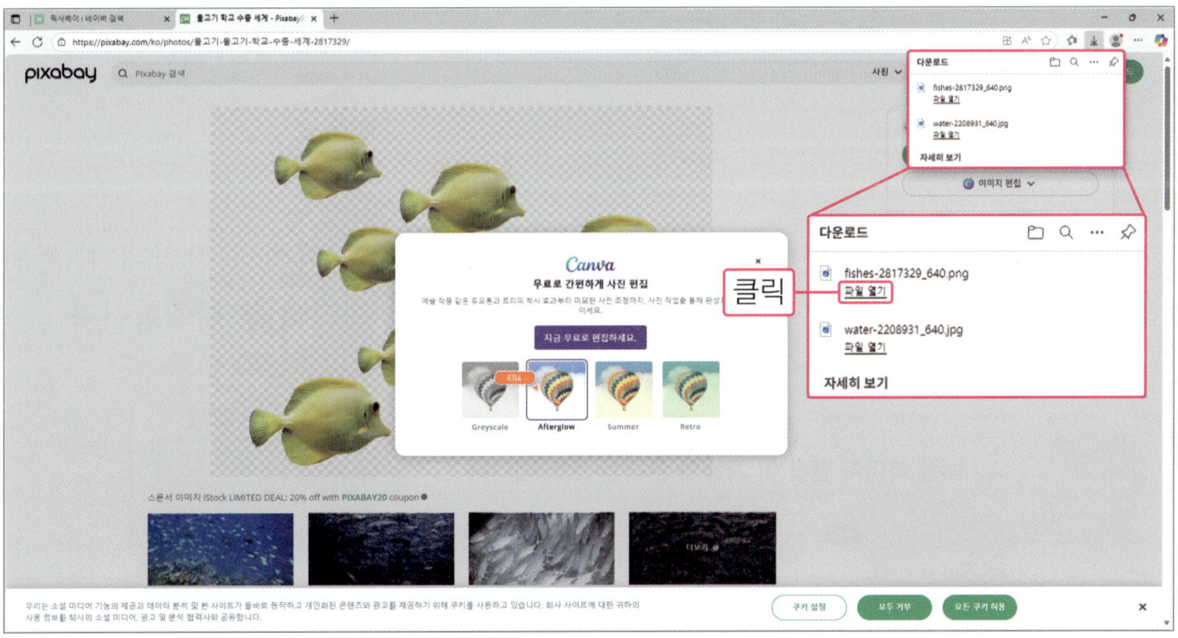

03 이미지 편집하기

▶ 이미지 편집하기

01 네이버(www.naver.com)에 접속한 후 검색창에 'iloveimg'라고 입력하고 Enter 키를 누릅니다. 검색 결과에서 [iLoveIMG]를 클릭합니다.

02 iLoveIMG 사이트에서는 '이미지 압축', '이미지 크기 조절', '이미지 잘라내기' 등의 기능을 실행할 수 있습니다. 이미지를 편집하기 위해 [포토 에디터]를 클릭합니다.

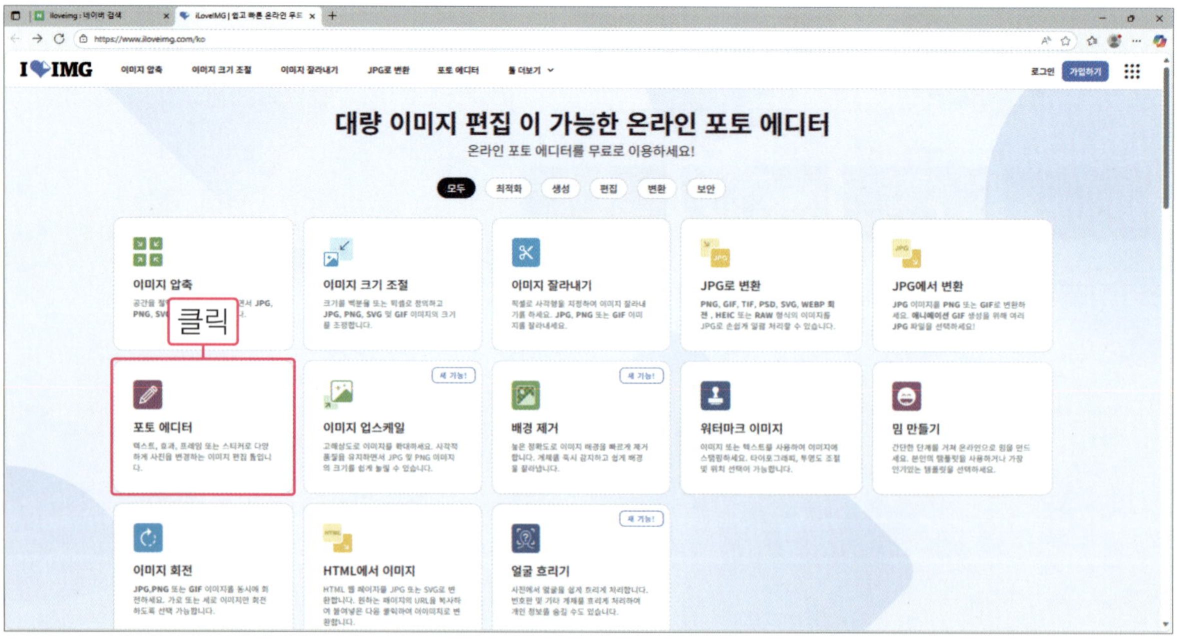

03 편집할 이미지를 불러오기 위해 [이미지 선택] 버튼을 클릭합니다.

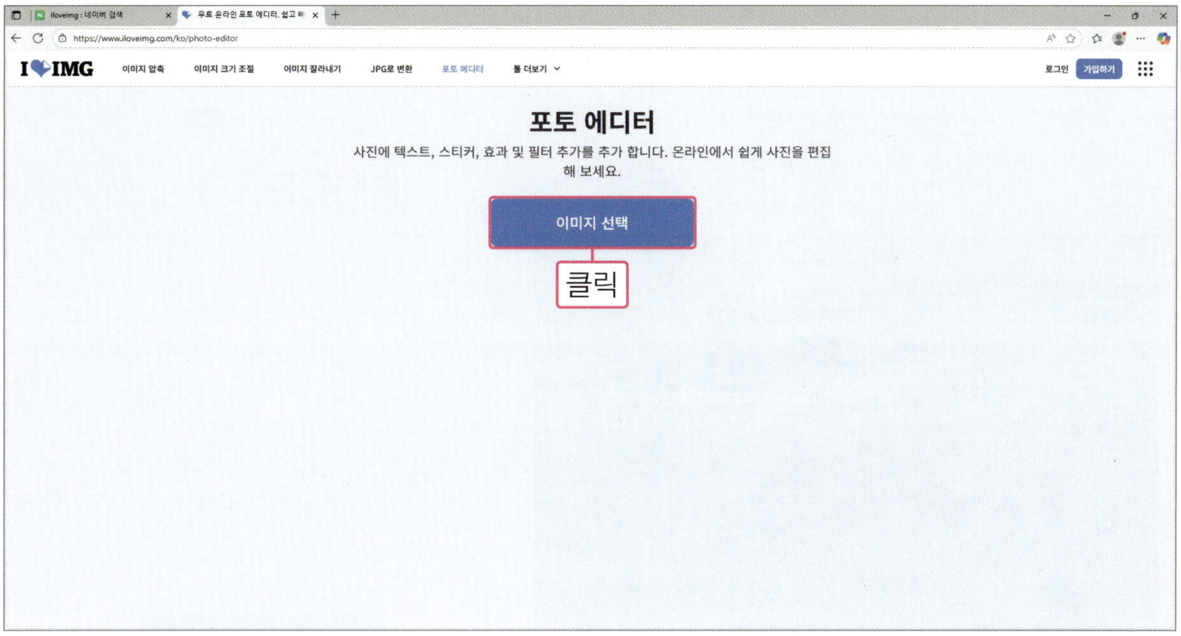

04 [열기] 대화상자가 나타나면 [다운로드] 폴더로 이동한 후 바다 이미지를 선택하고 [열기] 버튼을 클릭합니다.

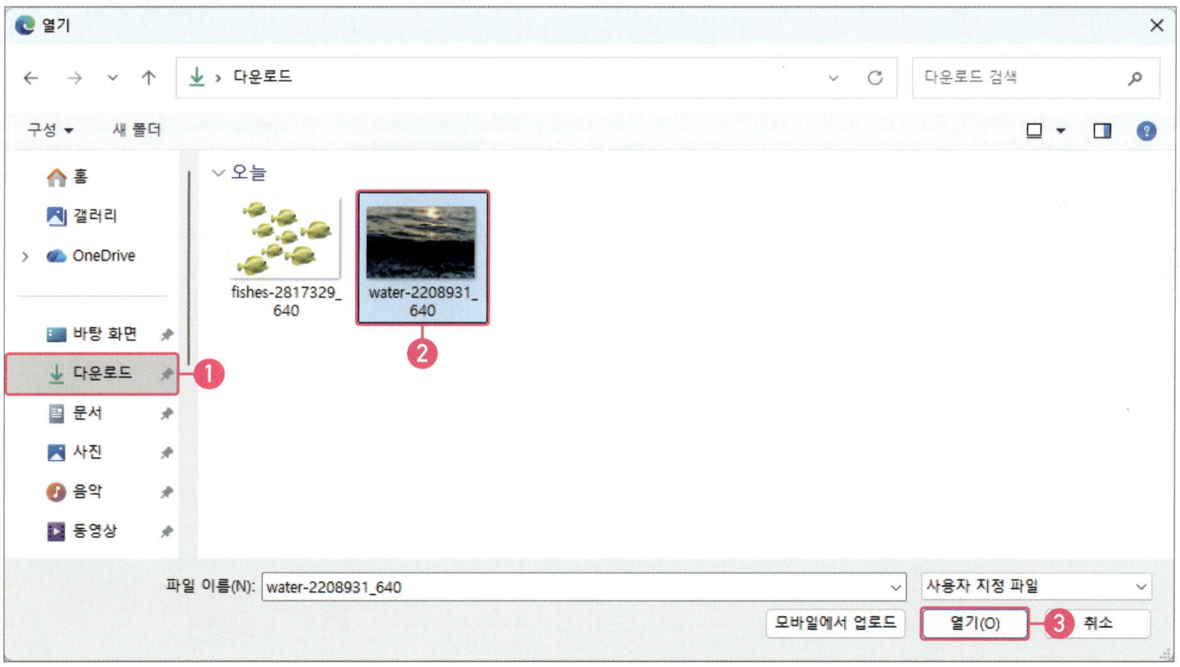

05 선택한 이미지가 작업창에 나타납니다. 새로운 이미지를 불러오기 위해 [열기] 버튼을 클릭합니다.

06 [열기] 대화상자가 나타나면 물고기 이미지를 선택하고 [열기] 버튼을 클릭합니다.

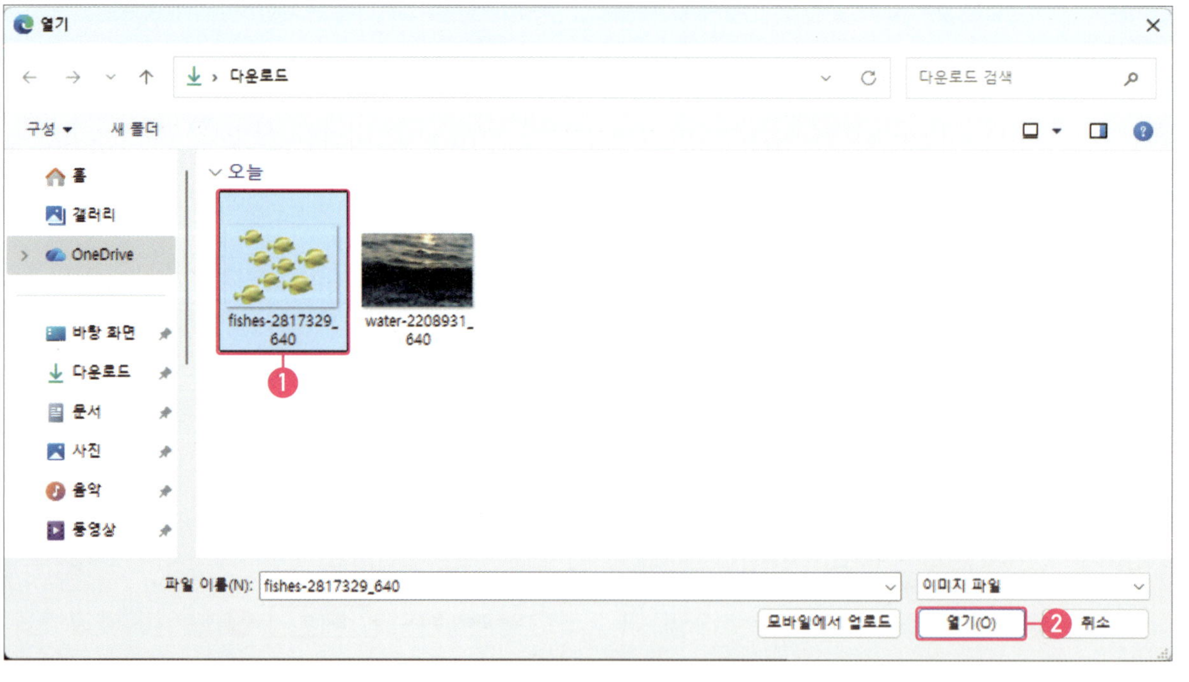

07 배경 이미지 위에 물고기 이미지가 나타납니다. 물고기 이미지의 크기 조절점을 드래그하여 작게 조절합니다.

08 물고기 이미지를 드래그하여 원하는 위치로 이동합니다.

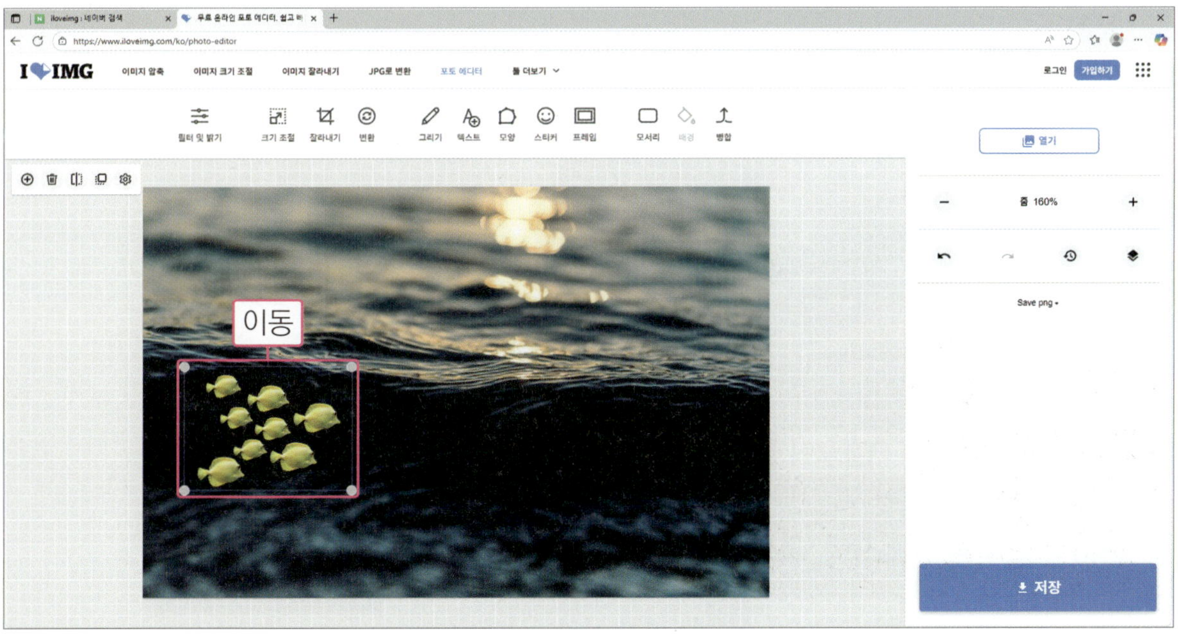

09 텍스트를 추가하기 위해 상단 메뉴에서 [텍스트]를 클릭합니다.

10 상단에 텍스트 도구 모음이 나타나면 [텍스트 추가]를 클릭합니다. 텍스트 상자가 나타나면 텍스트 상자를 더블 클릭합니다.

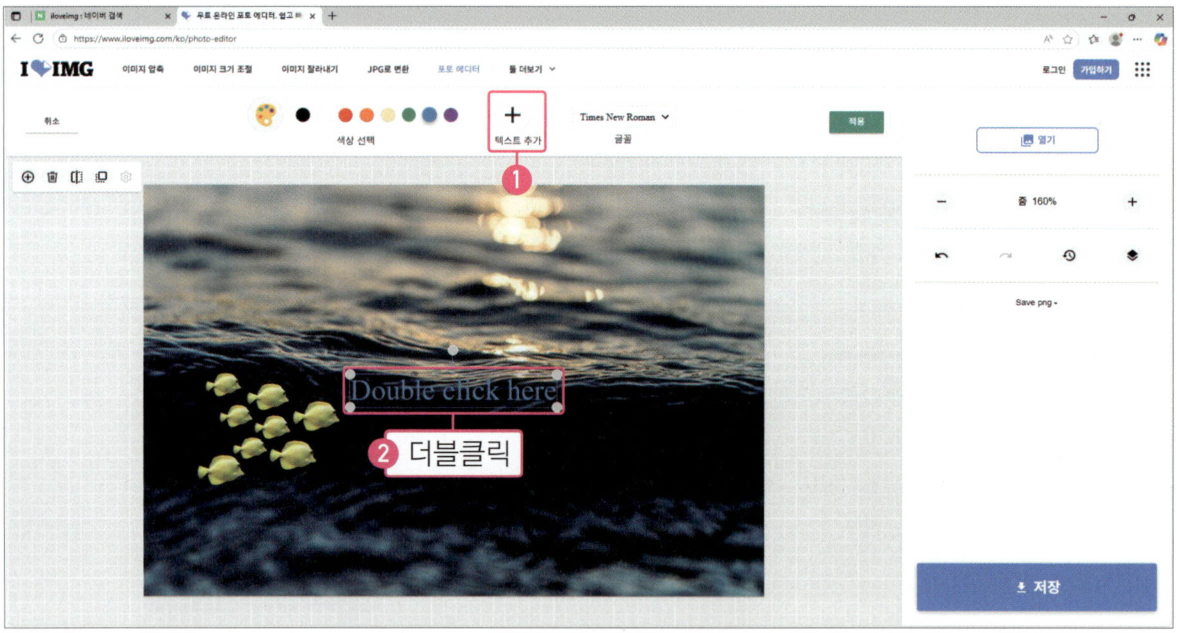

11 텍스트 상자 안의 텍스트를 드래그하여 블록으로 설정한 후 'Under the Sea'라고 입력하고 [색상 선택]에서 흰색을 클릭합니다.

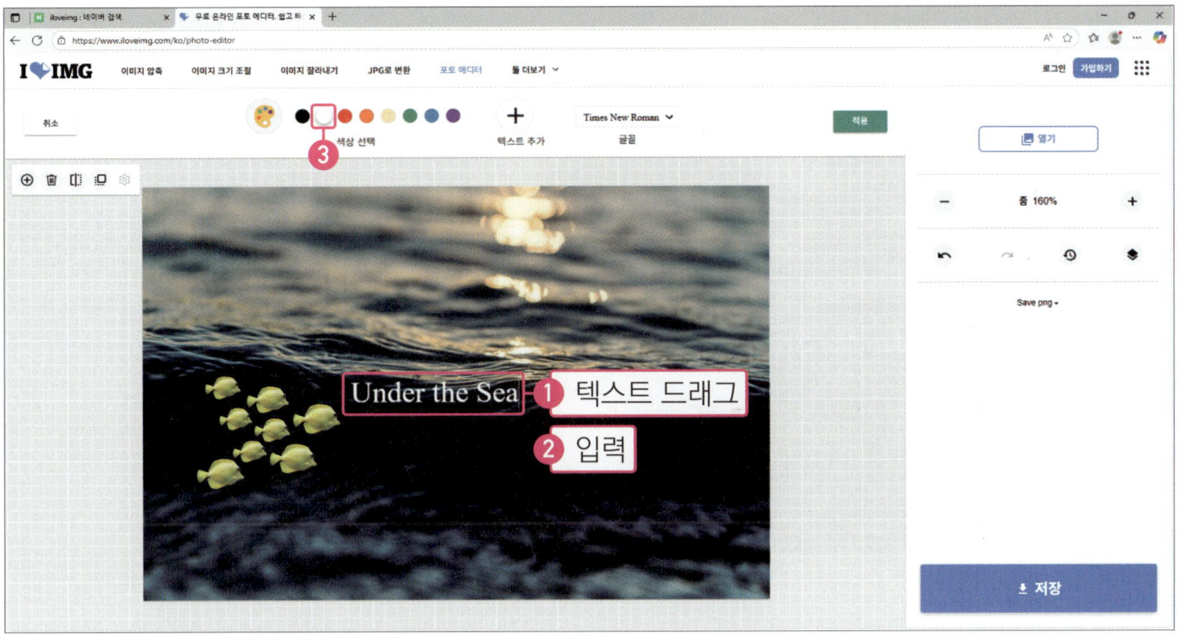

12 글꼴을 변경하기 위해 [글꼴]의 'Times New Roman'을 클릭한 후 [Hand Writing]–[Pacifico]를 선택합니다.

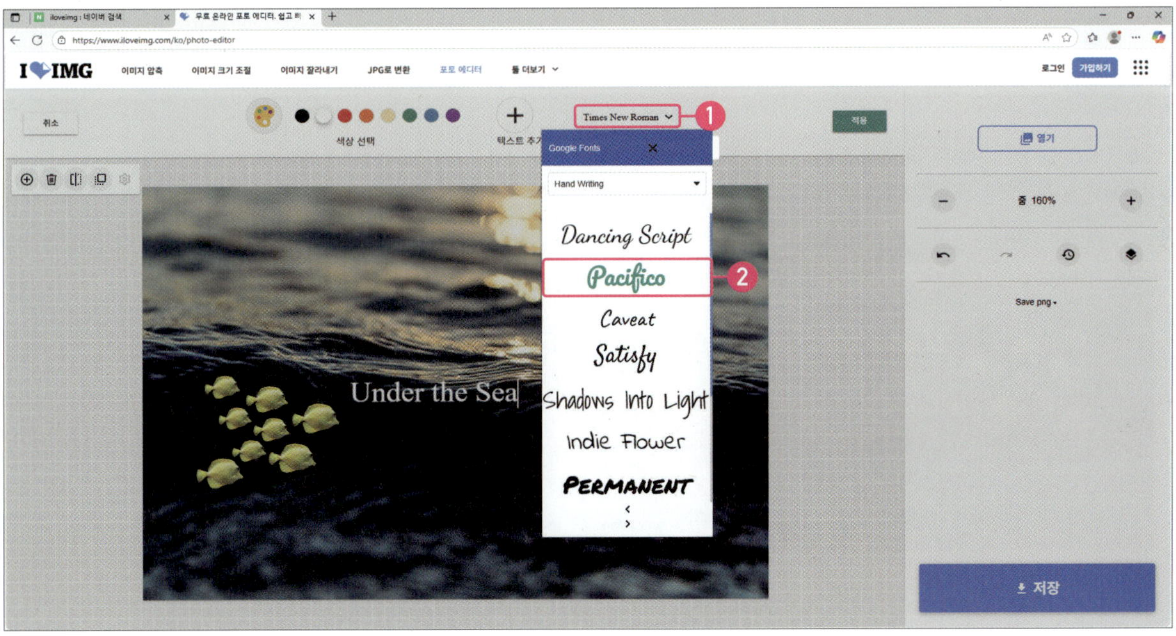

13 변경 사항을 적용하기 위해 [적용] 버튼을 클릭합니다.

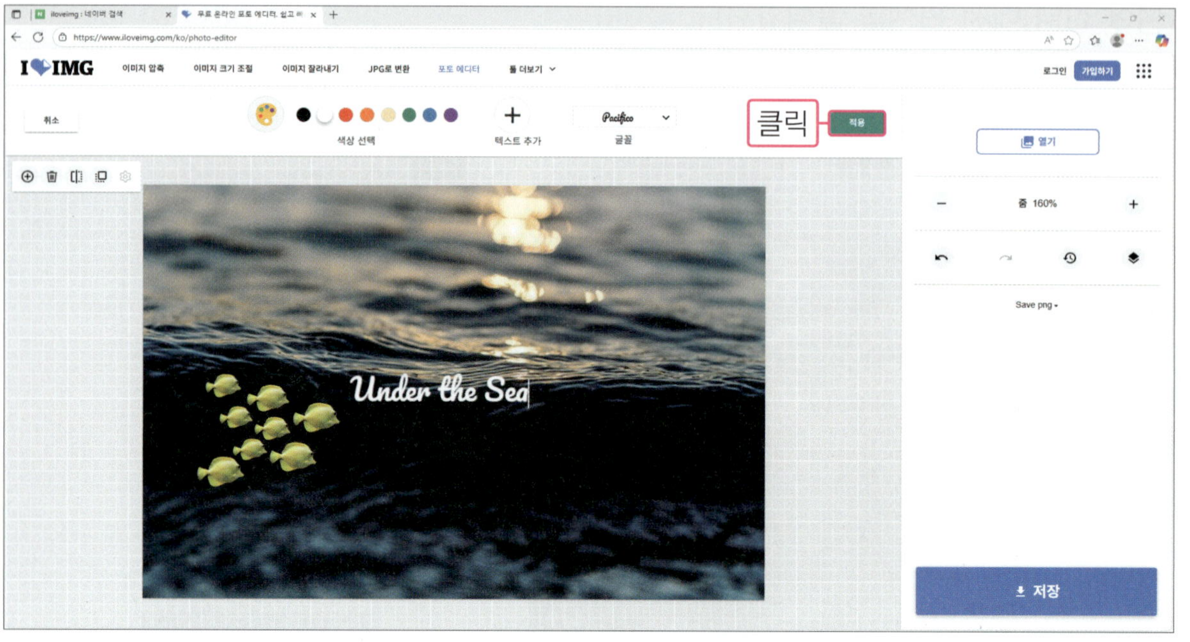

14 [저장] 버튼을 클릭합니다. 다운로드가 완료되면 팝업 창의 [파일 열기]를 클릭하여 이미지를 확인합니다.

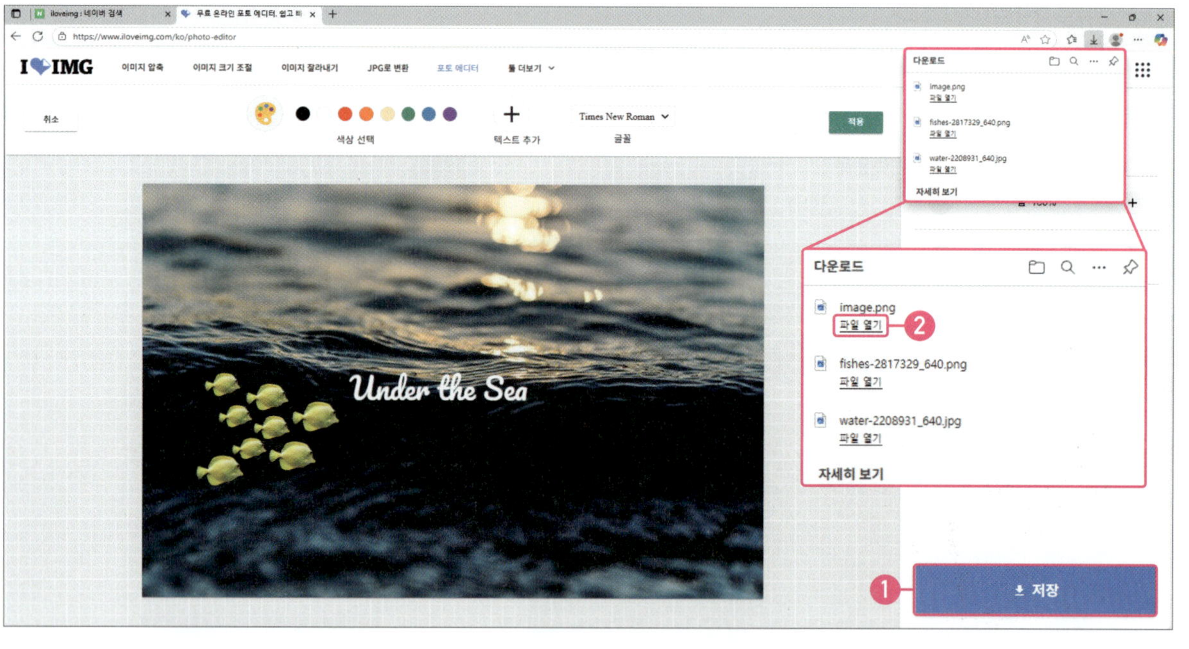

응용력 키우기

01 픽사베이에서 마음에 드는 '강아지' 일러스트를 찾은 후 다운로드해 봅니다.

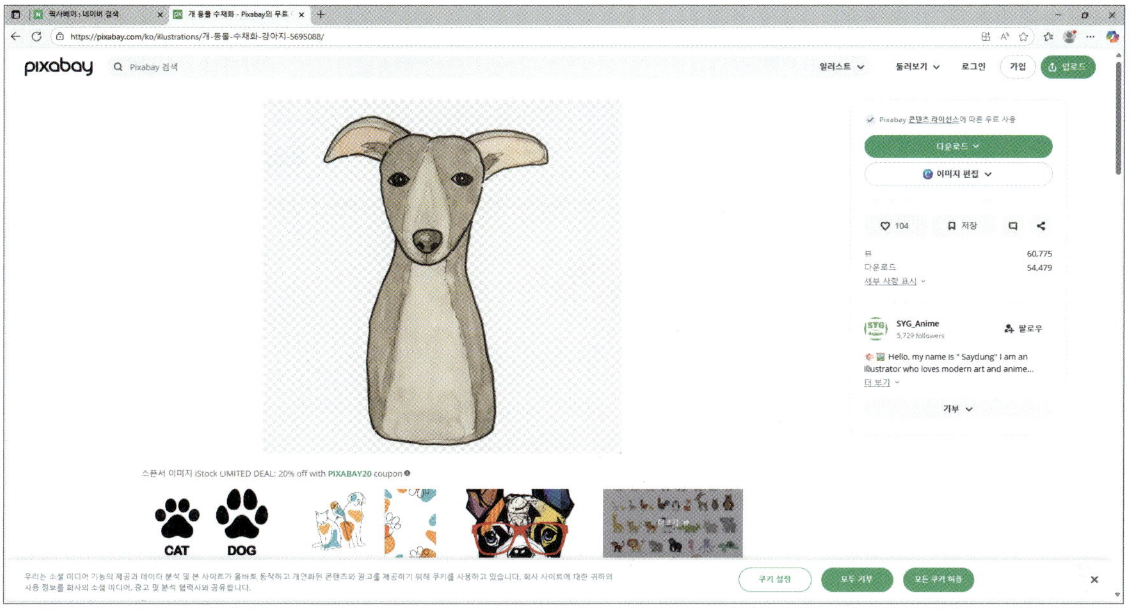

02 픽사베이에서 마음에 드는 '풍경' 사진을 찾은 후 다운로드해 봅니다.

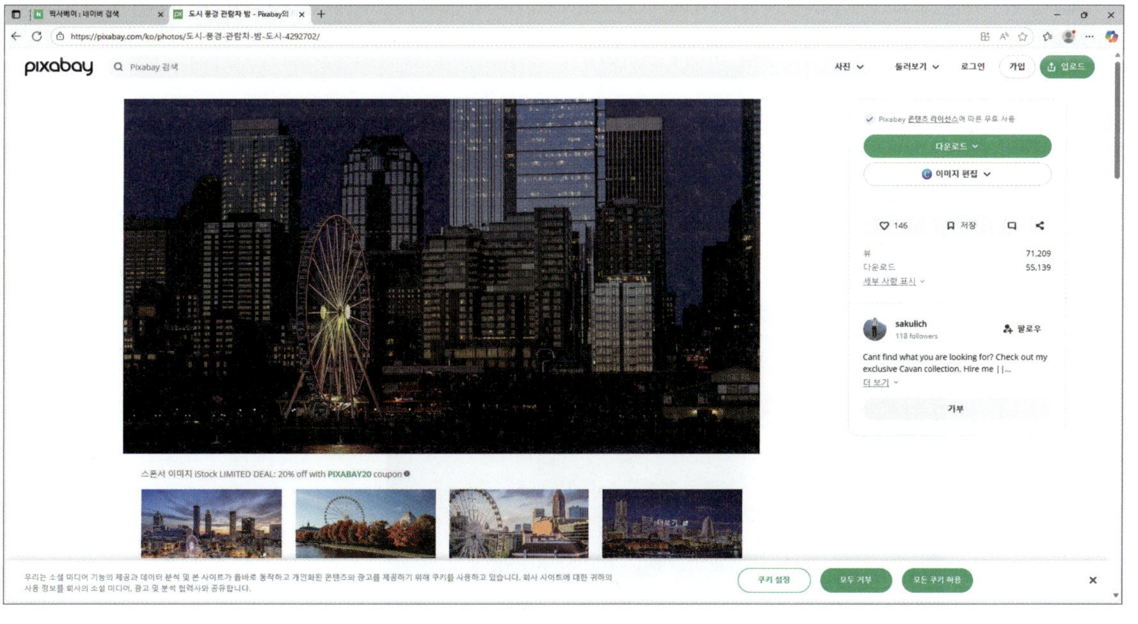

03 **01**에서 다운로드한 강아지 이미지를 iLoveIMG에서 불러온 후 다음처럼 텍스트를 배치하고 저장해 봅니다.

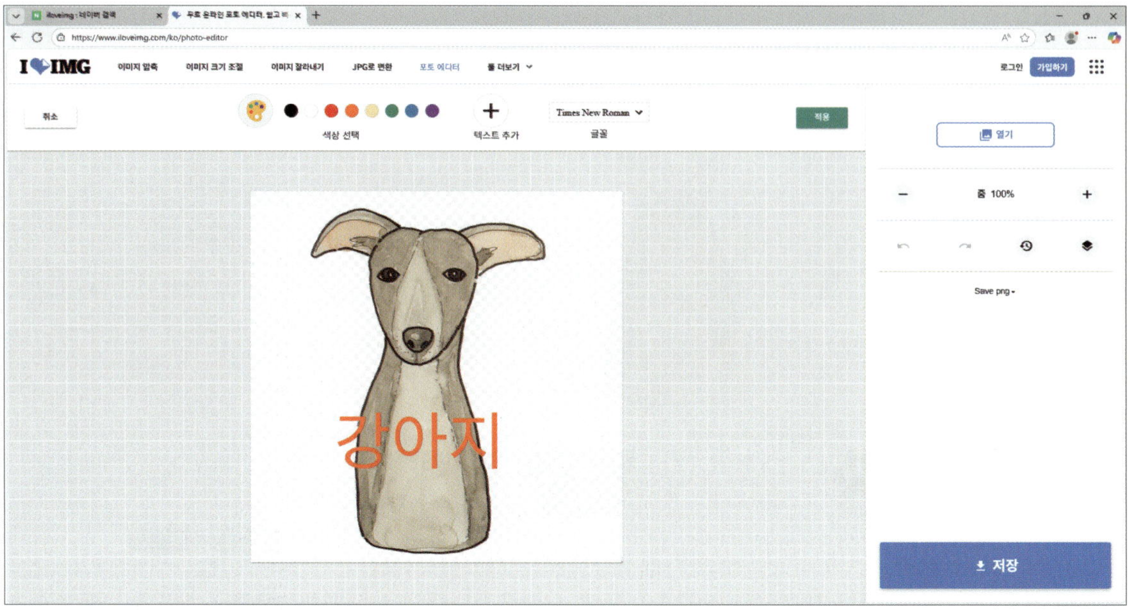

04 **02**에서 다운로드한 풍경 이미지를 iLoveIMG에서 불러온 후, **03**에서 작업한 이미지를 불러와서 다음처럼 배치하고 저장해 봅니다.

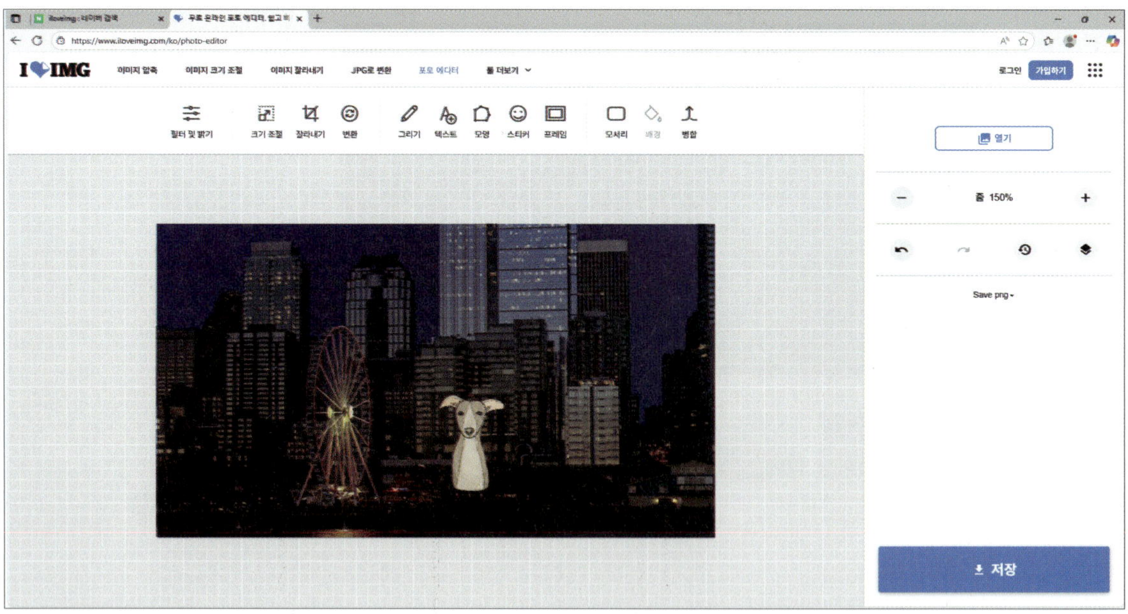

07 프로그램 설치하기

- 무료 소프트웨어
- 프로그램 설치
- 반디집
- 파일 압축 및 압축 해제

미/리/보/기

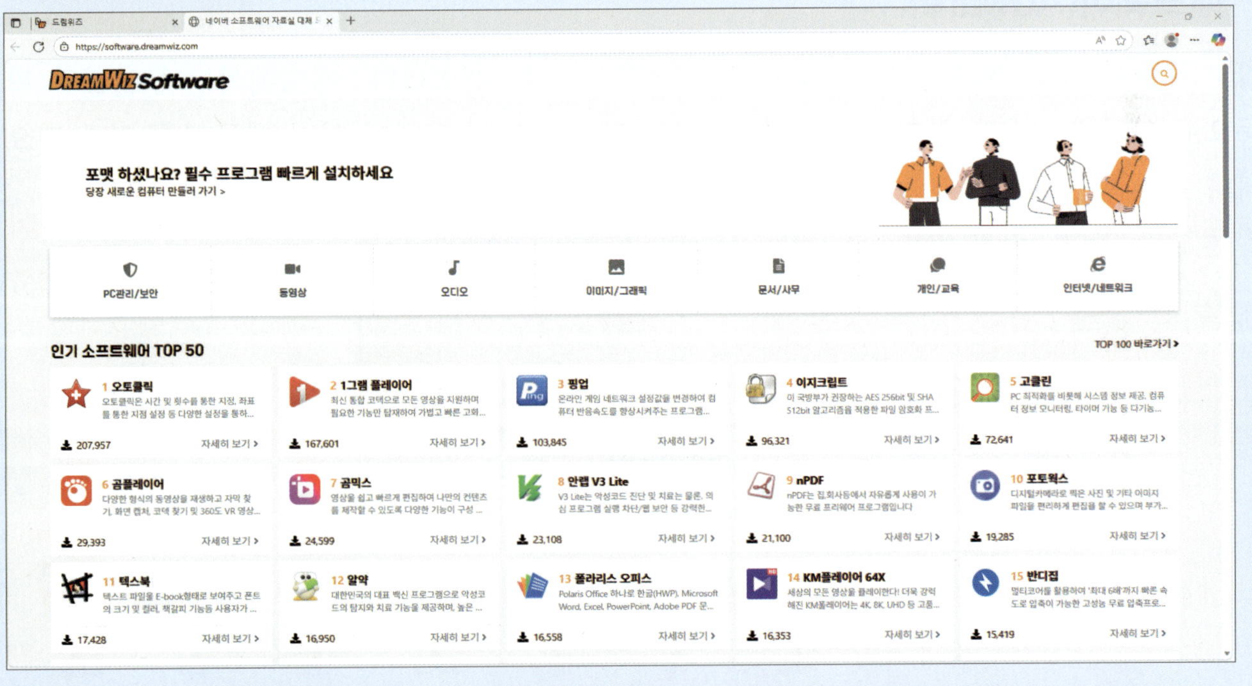

인터넷에서는 다양한 정보뿐만 아니라 컴퓨터를 더욱 편리하고 효율적으로 사용할 수 있는 프로그램을 구할 수 있습니다. 이번 장에서는 압축 관련 프로그램을 무료로 다운로드하여 내 PC에 설치하고 활용하는 방법을 알아보겠습니다.

01 무료 소프트웨어

▶ 프리웨어(Freeware)

프리웨어는 개발자가 대가 없이 무료로 배포하는 소프트웨어입니다. 모든 기능을 제한 없이 사용할 수 있으며 일부는 실행 시 배너나 광고를 표시하기도 합니다.

▶ 셰어웨어(Shareware)

셰어웨어는 사용 기간이나 일부 기능에 제한을 두고 무료로 배포하는 소프트웨어입니다. 일정 기간이 지난 후에도 계속 사용하거나 제한된 기능을 모두 사용하려면 정식 구매가 필요합니다.

▶ 애드웨어(Adware)

광고를 보는 것을 전제로 무료 사용이 허용되는 프로그램입니다. 애드웨어는 무분별한 광고 등으로 인터넷 사용을 불편하게 하거나, 개인 정보 노출의 위험이 있기 때문에 주의가 필요합니다.

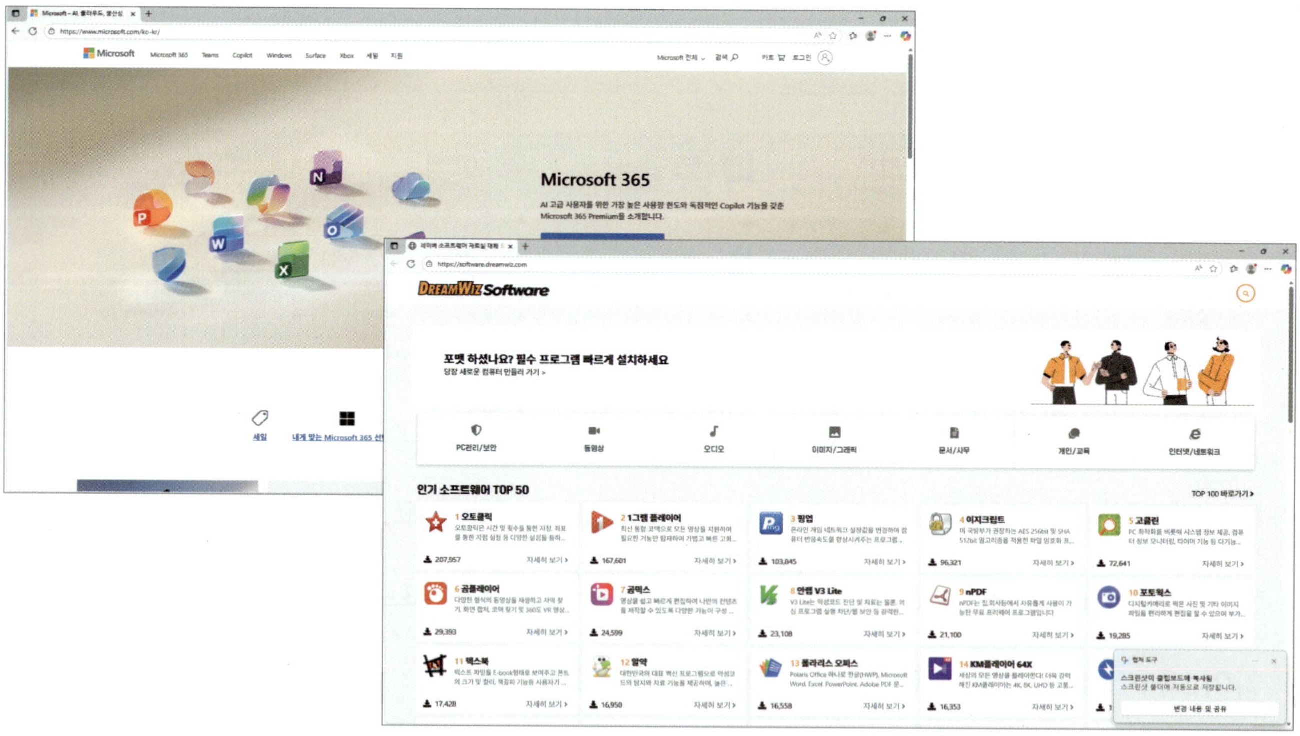

02 프로그램 설치하기

▸ 드림위즈 자료실 접속하기

01 네이버(www.naver.com)에 접속한 후 검색창에 '드림위즈'라고 입력하고 Enter 키를 누릅니다. 검색 결과에서 [드림위즈]를 클릭합니다.

02 드림위즈 사이트에 접속한 후 상단 메뉴에서 [자료실]을 클릭합니다.

03 오른쪽 상단의 ⓠ을 클릭하여 검색하거나 아래쪽의 카테고리를 선택하여 원하는 소프트웨어를 찾을 수 있습니다.

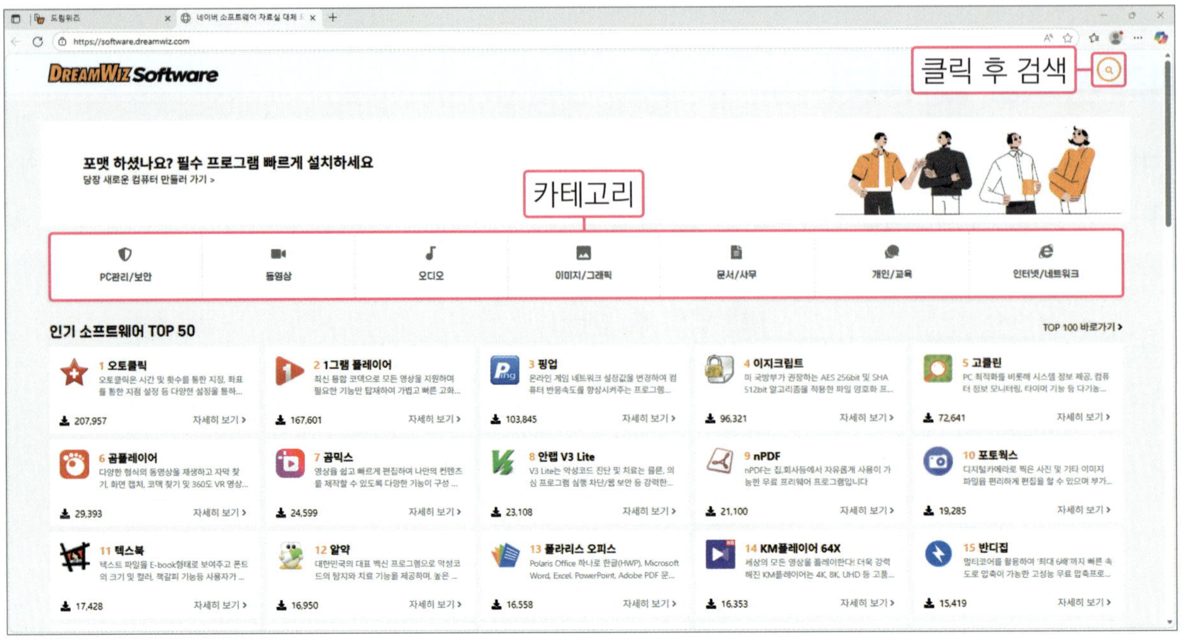

▶ 반디집 설치하기

01 카테고리에서 [PC관리/보안]을 클릭합니다.

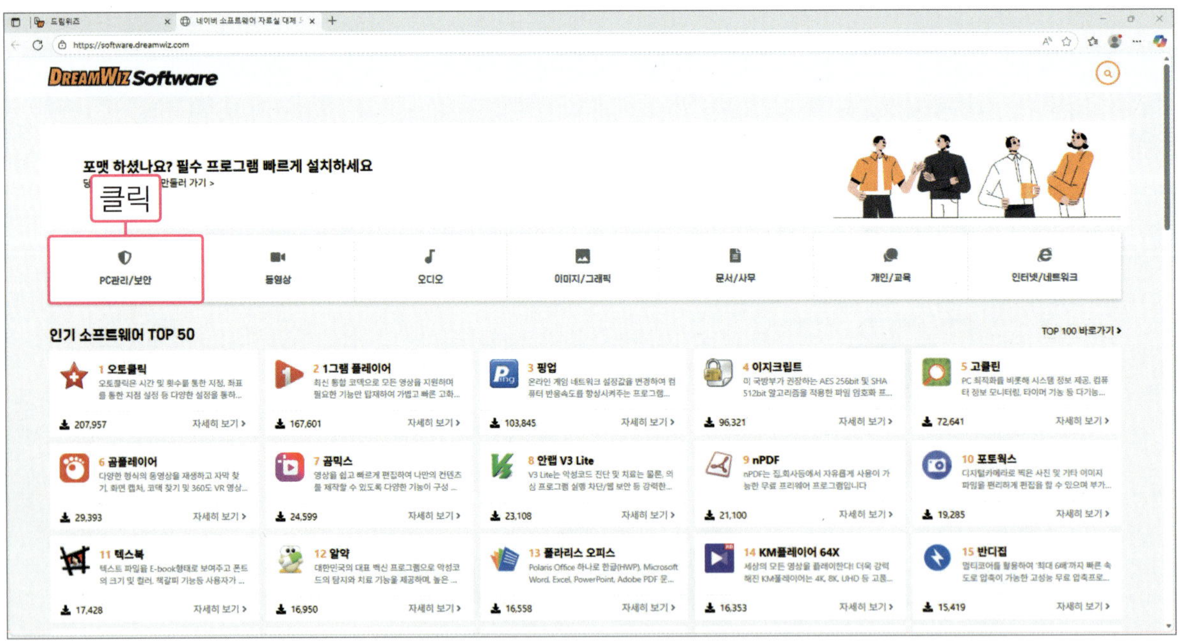

02 PC관리/보안과 관련된 소프트웨어들이 나타납니다. [반디집]을 클릭합니다.

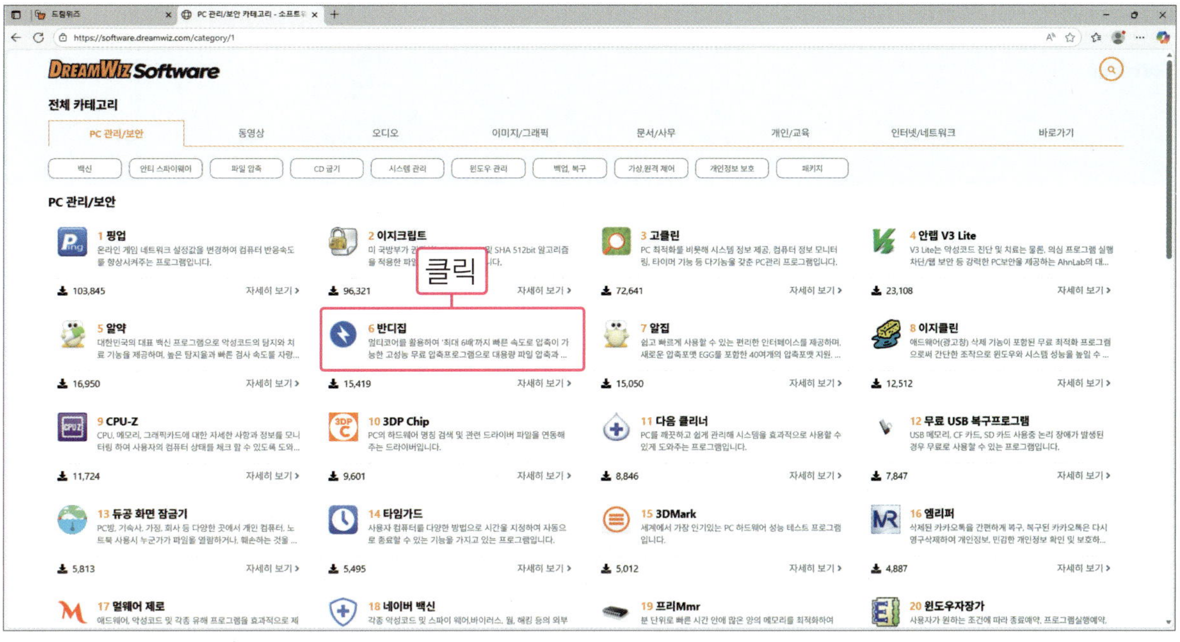

03 소프트웨어에 대한 버전, 용량, 사용범위, 지원 OS, 다운로드 수 등의 정보를 확인할 수 있습니다. [다운로드] 버튼을 클릭합니다.

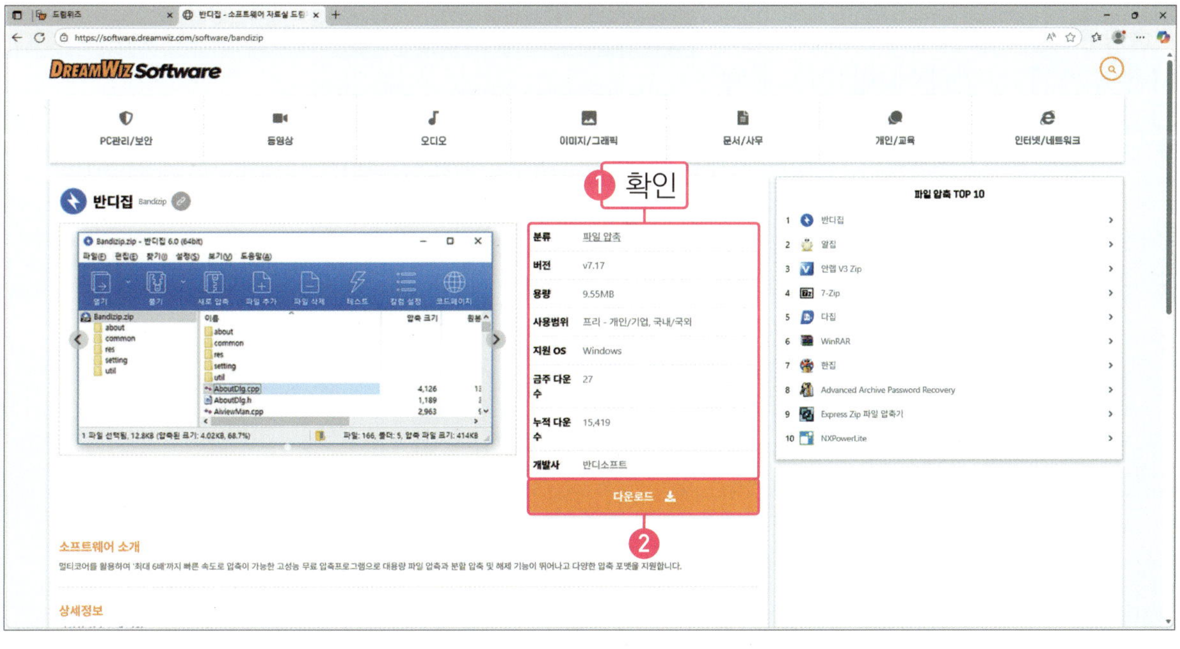

04 다운로드가 완료되면 팝업 창의 [파일 열기]를 클릭합니다.

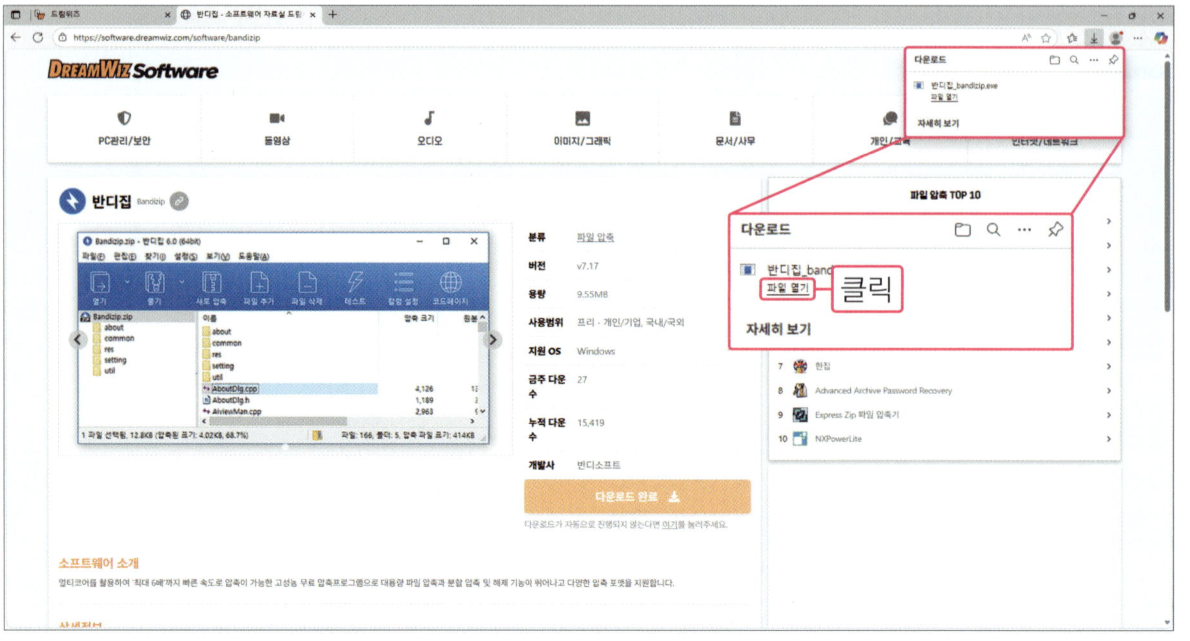

05 디바이스 변경에 대한 허용 유무를 묻는 메시지가 나타나면 [예] 버튼을 클릭합니다.

06 프로그램을 다운로드하려면 드림위즈 이용약관에 동의해야 합니다. [동의 설치] 버튼을 클릭합니다.

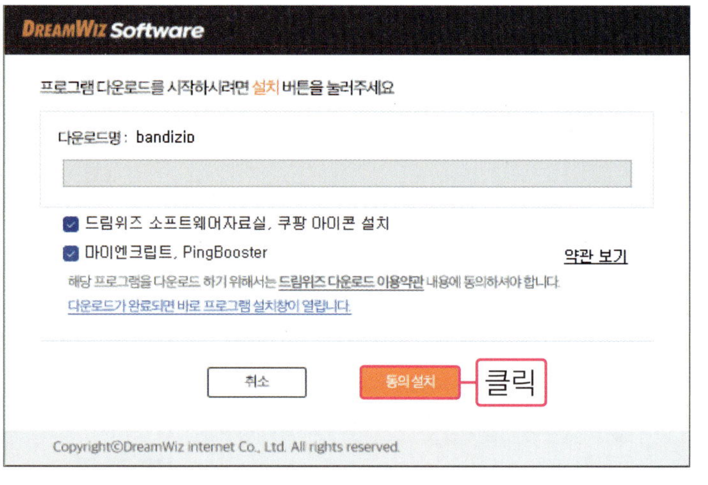

07 반디집 설치 창과 함께 최신 버전의 설치 파일을 확인하기 위한 홈페이지 방문 알림 창이 나타나면 [예] 버튼을 클릭합니다.

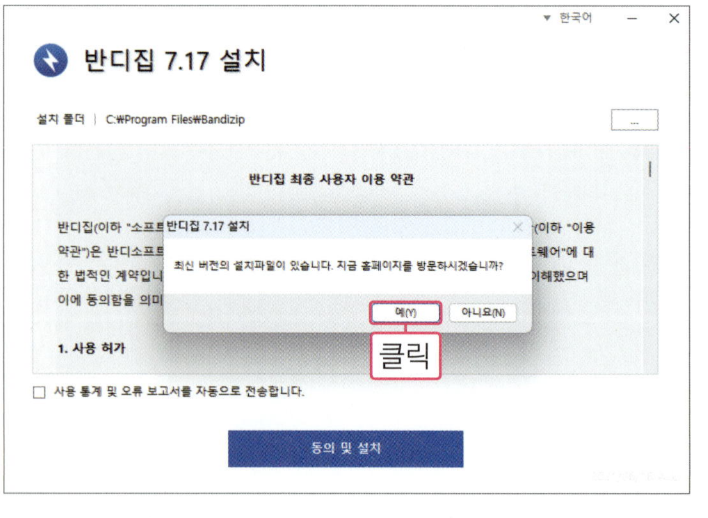

08 반디집 공식 홈페이지가 나타납니다. [무료 다운로드] 버튼을 클릭한 후 다운로드가 완료되면 팝업 창의 [파일 열기]를 클릭합니다.

09 디바이스 변경에 대한 허용 유무를 묻는 메시지가 나타나면 [예] 버튼을 클릭합니다.

10 설치 창이 나타나면 [무료 에디션]을 클릭합니다. '반디집 최종 사용자 이용 약관'을 읽어 본 후 [동의 및 설치] 버튼을 클릭합니다. 설치가 완료되면 [닫기] 버튼을 클릭합니다.

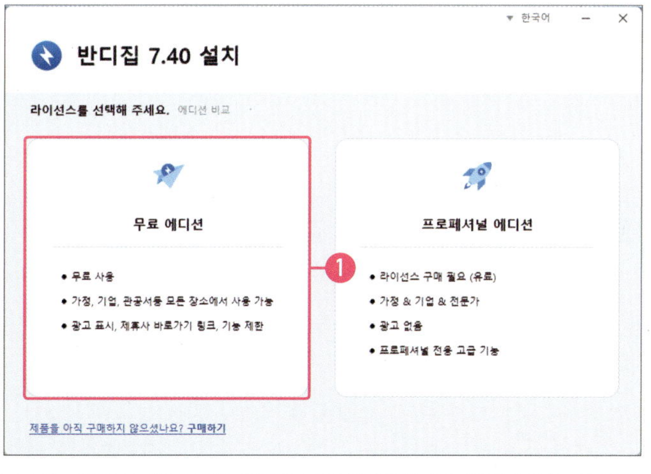

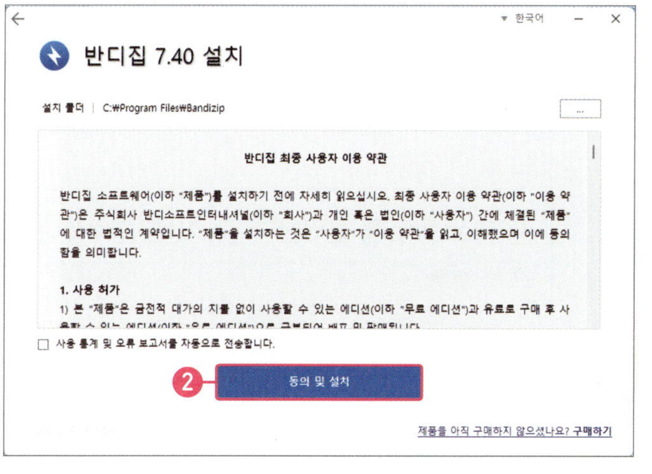

11 반디집 프로그램이 실행됩니다.

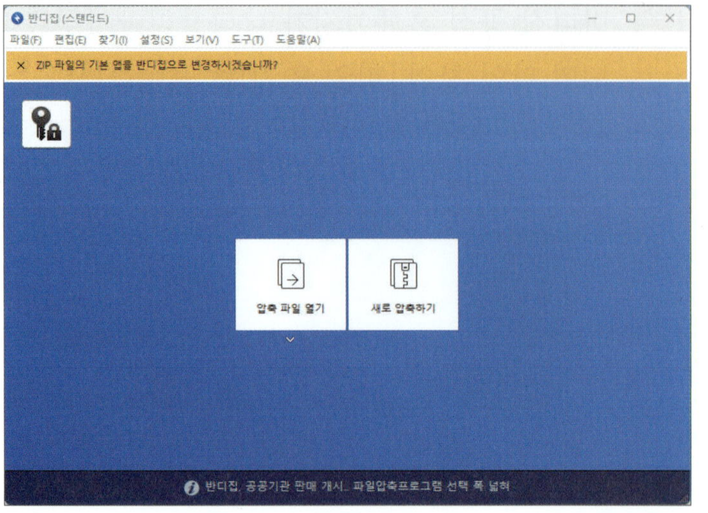

잠깐

반디집 제거하기

❶ [시작(⊞)] 버튼을 클릭한 후 '제어판'을 검색하여 앱을 실행합니다. [프로그램]-[프로그램 제거]를 클릭합니다.

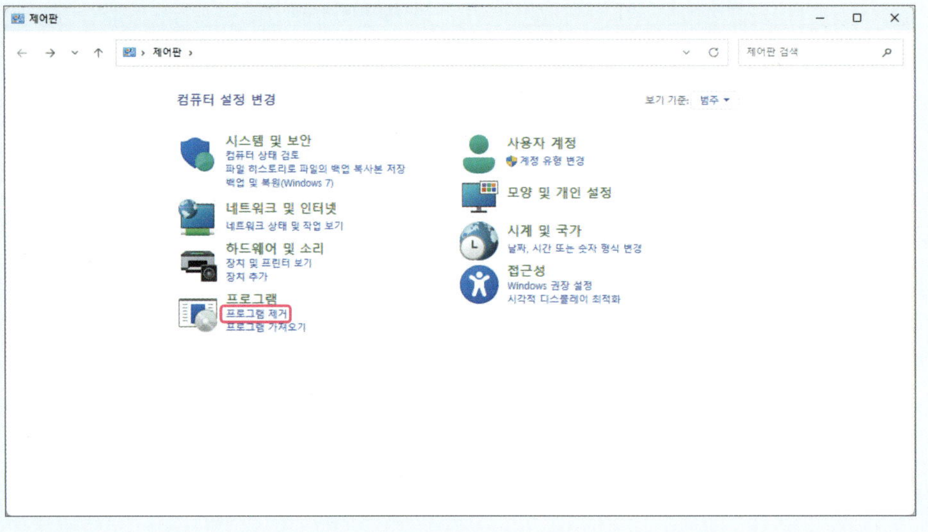

❷ 'Bandizip'을 클릭한 후 [제거]를 클릭합니다. 다른 프로그램을 제거할 때도 같은 방법으로 진행합니다.

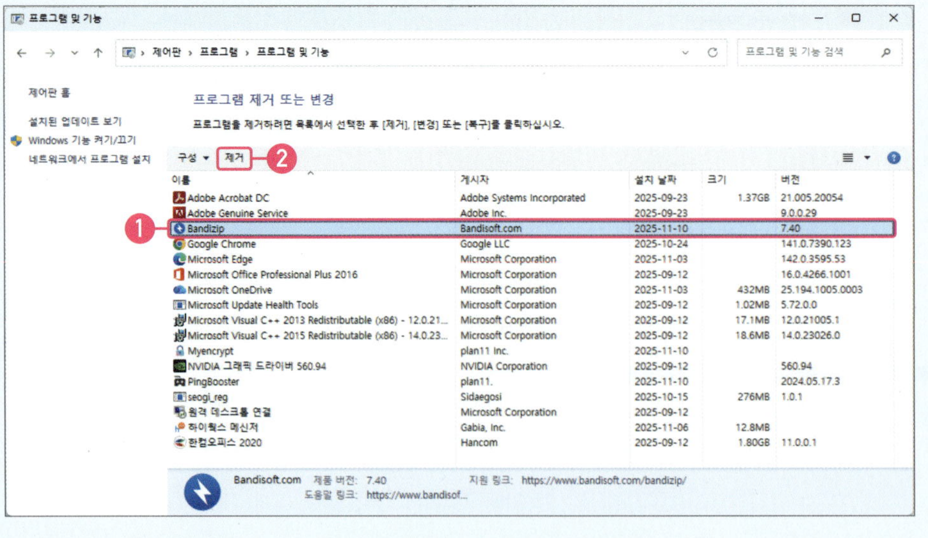

03 반디집 활용하기

▶ 반디집으로 파일 압축하기 1

01 **06장 이미지 편집하기**에서 [다운로드] 폴더에 다운로드한 파일 중 압축할 파일을 선택하고 마우스 오른쪽 버튼을 클릭합니다. 바로 가기 메뉴에서 [반디집]–[Downloads.zip으로 압축하기]를 클릭합니다.

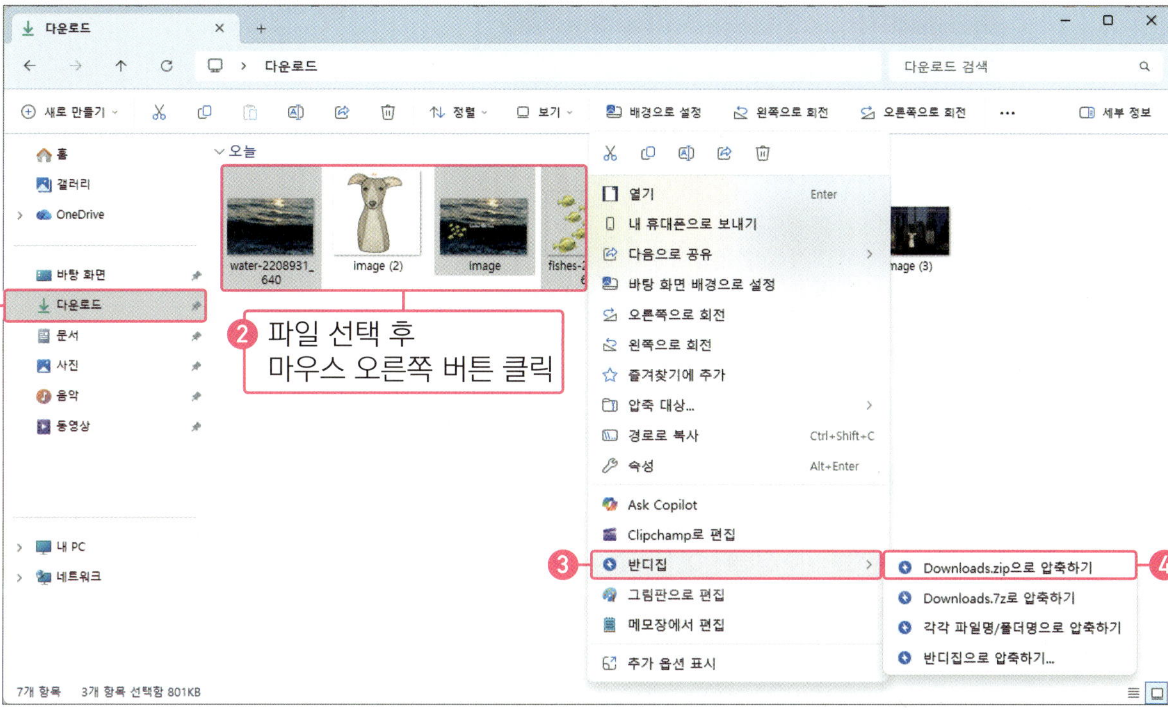

잠깐

두 개 이상의 파일 선택 방법

- 방법 1 : 파일을 드래그하여 선택합니다.

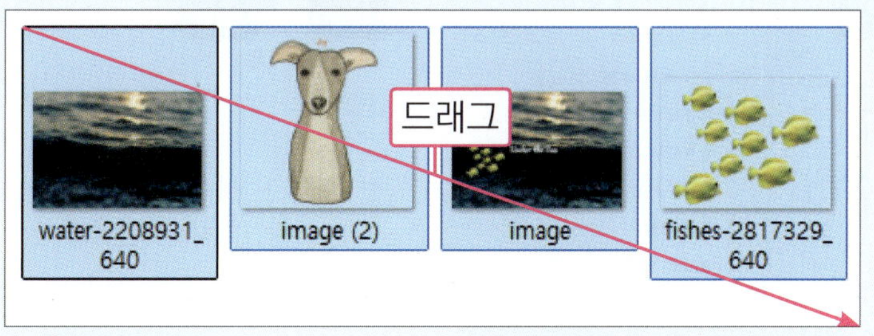

- 방법 2 : 키보드의 Ctrl 키를 누른 채 파일을 하나씩 클릭하여 선택합니다.

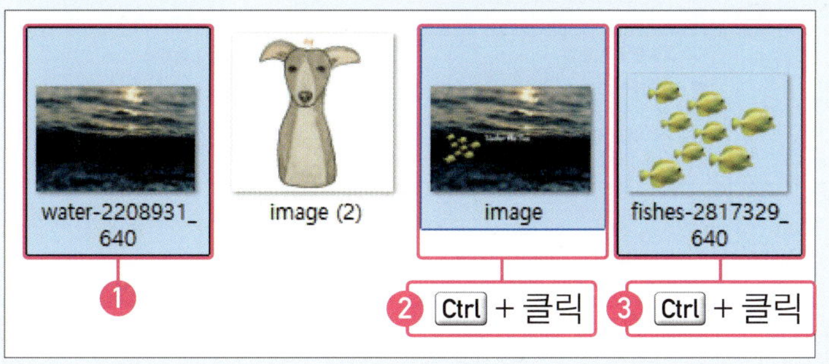

02 '100% 압축하기' 창에 압축 작업을 완료하였다는 메시지가 나타나면 [닫기] 버튼을 클릭합니다. 압축 파일 'Downloads'가 생성된 것을 확인합니다.

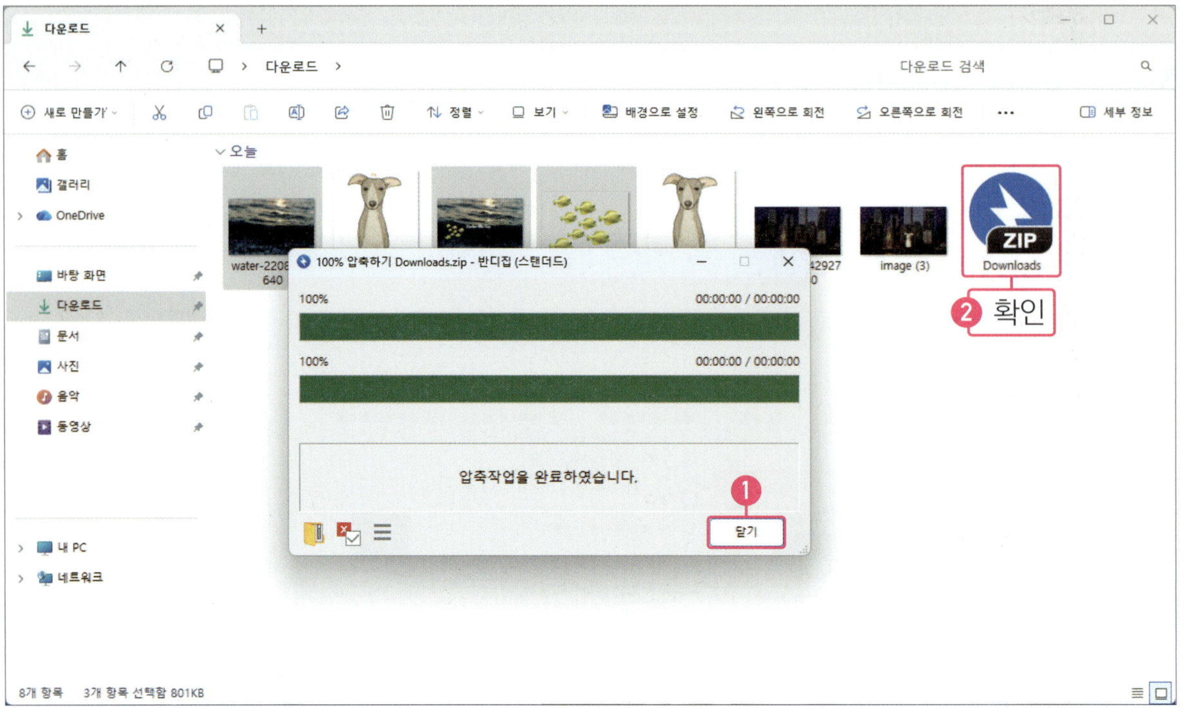

▶ 반디집으로 파일 압축하기 2

01 [다운로드] 폴더에서 압축할 파일을 선택하고 마우스 오른쪽 버튼을 클릭합니다. 바로 가기 메뉴에서 [반디집]–[반디집으로 압축하기]를 클릭합니다.

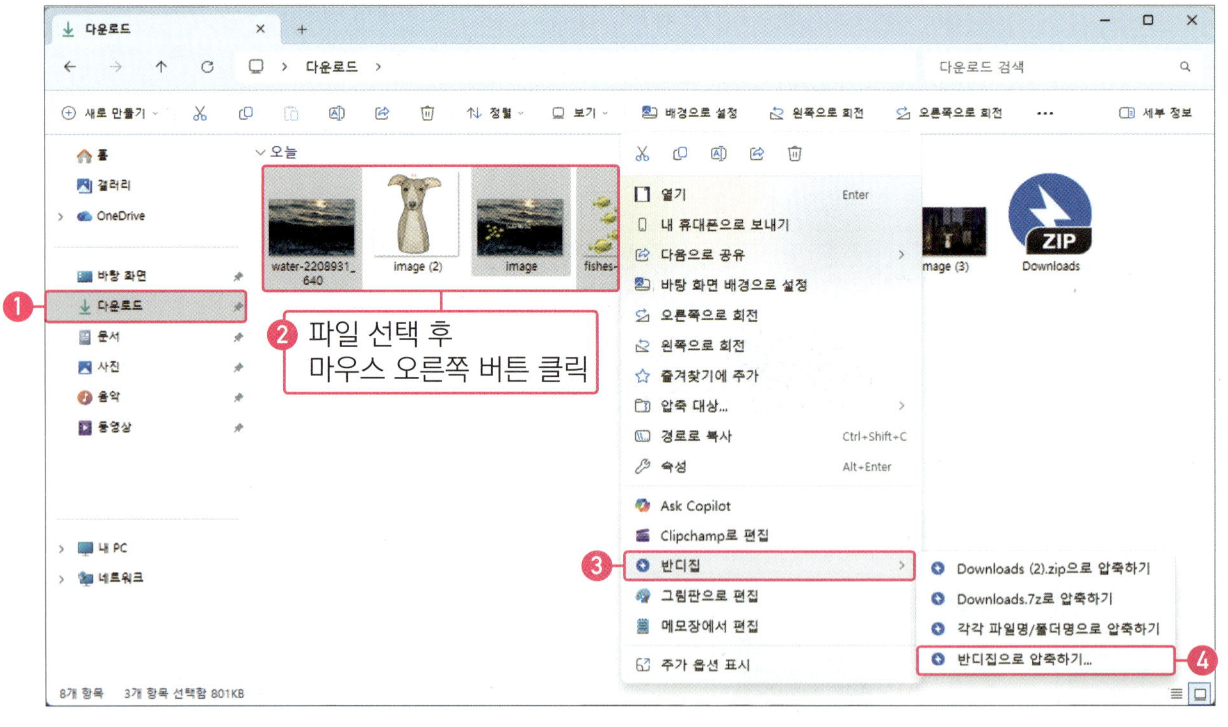

02 '새로 압축' 창이 나타나면 저장 경로를 변경하기 위해 [...]을 클릭합니다. [파일 선택] 대화상자가 나타나면 [사진] 폴더에 [파일 이름]은 '바다'라고 입력한 후 [저장] 버튼을 클릭합니다. '새로 압축' 창의 [압축 시작] 버튼을 클릭합니다.

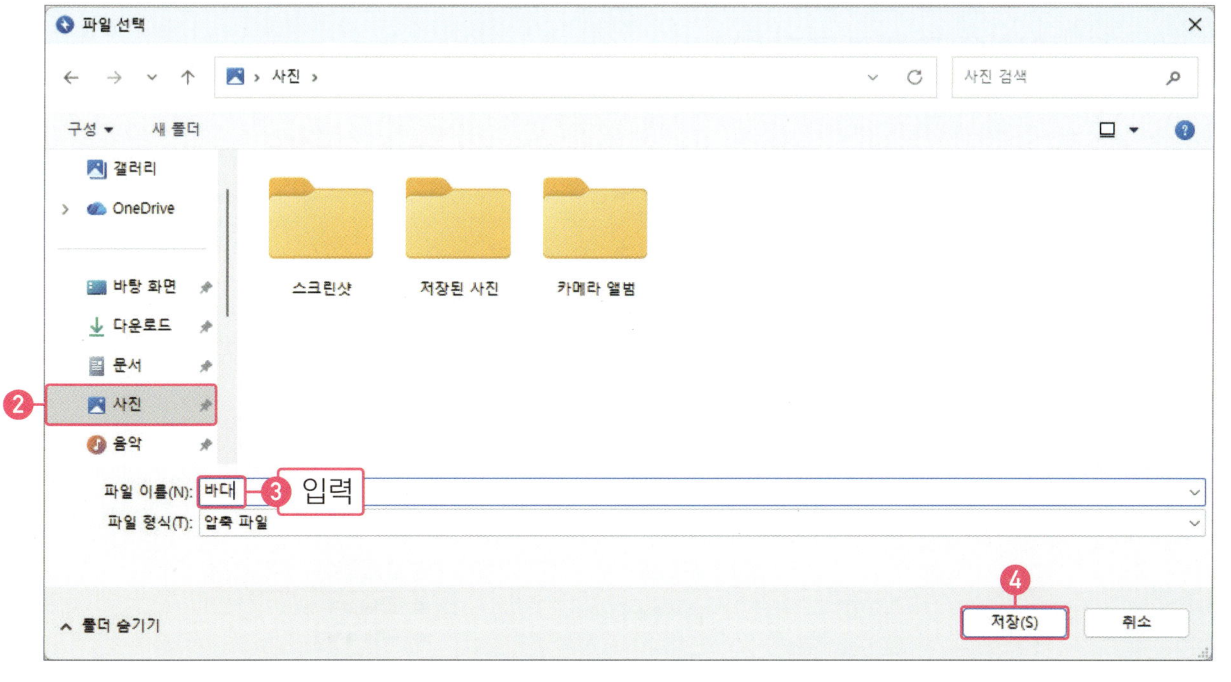

03 '100% 압축하기' 창에 압축 작업을 완료하였다는 메시지가 나타나면 [닫기] 버튼을 클릭합니다. [사진] 폴더를 열어 압축 파일 '바다'가 생성된 것을 확인합니다.

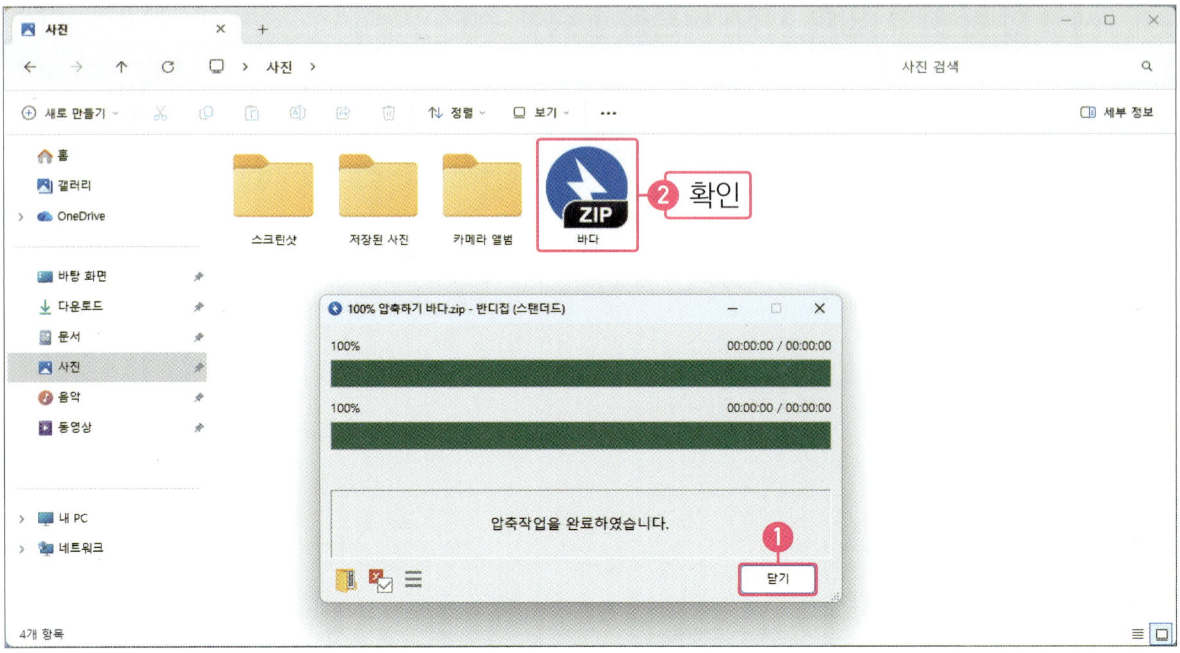

▶ 반디집으로 파일 압축 풀기 1

01 [사진] 폴더에서 '바다' 압축 파일을 마우스 오른쪽 버튼으로 클릭합니다. 바로 가기 메뉴에서 [반디집]–[여기에 풀기]를 클릭합니다.

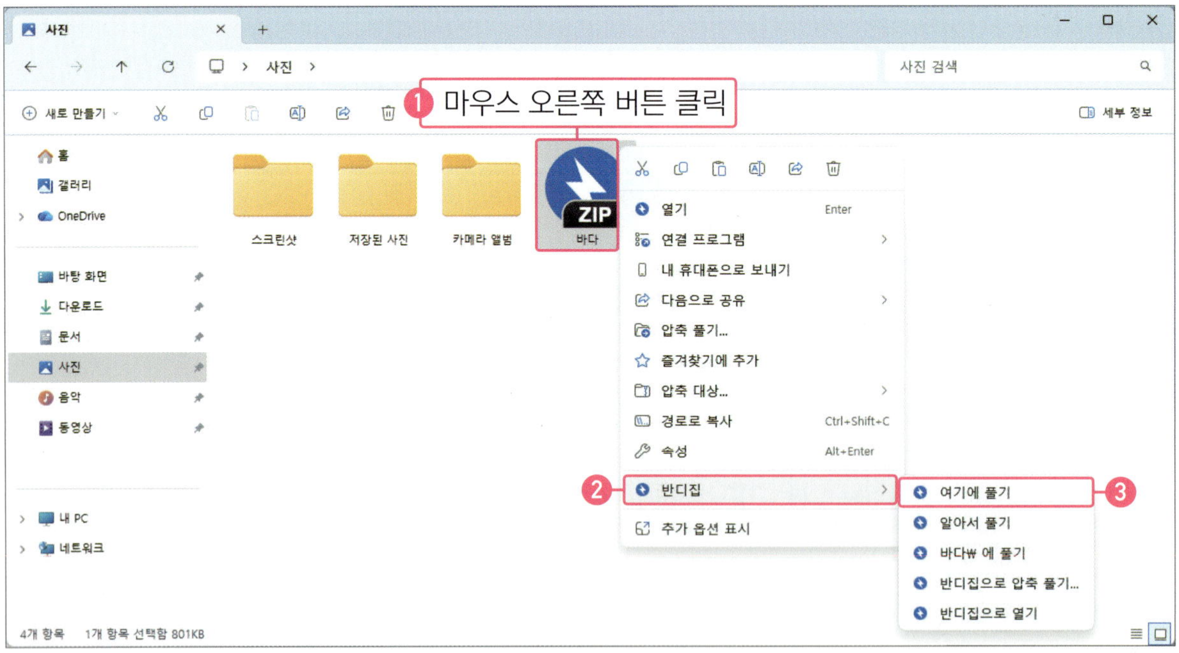

02 '100% 압축 풀기' 창에 압축 풀기에 성공하였다는 메시지가 나타나면 [닫기] 버튼을 클릭합니다. 압축되어 있던 파일들이 해제된 것을 확인할 수 있습니다.

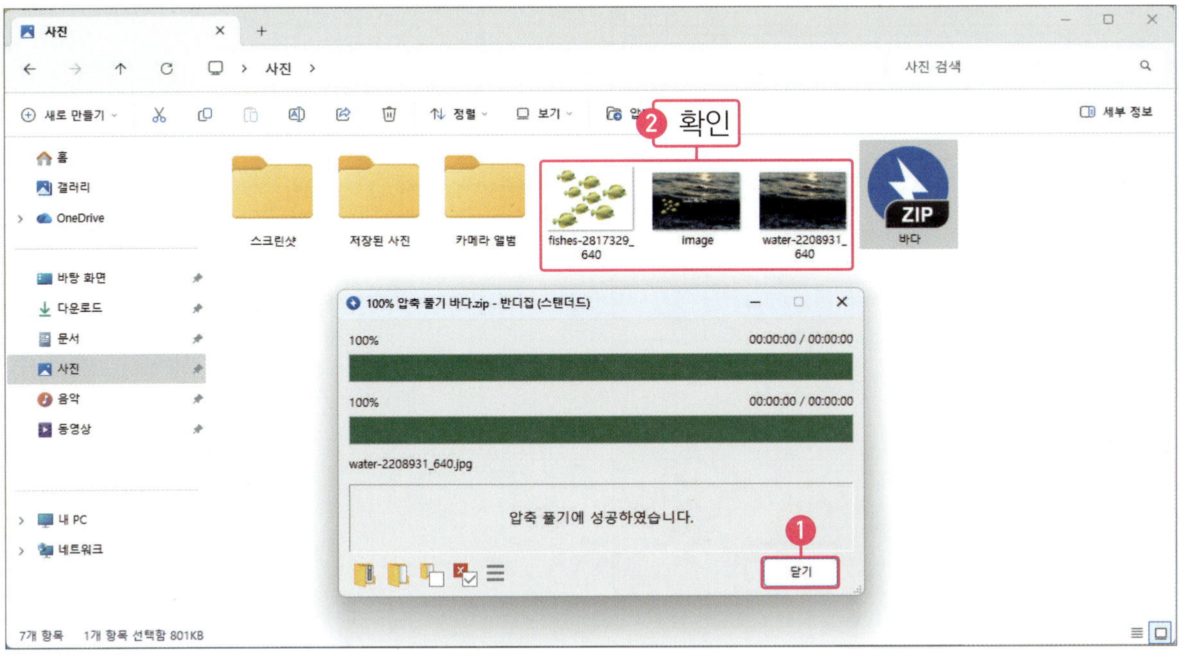

▶ 반디집으로 파일 압축 풀기 2

01 [사진] 폴더에서 '바다' 압축 파일을 마우스 오른쪽 버튼으로 클릭합니다. 바로 가기 메뉴에서 [반디집]–[반디집으로 압축 풀기]를 클릭합니다.

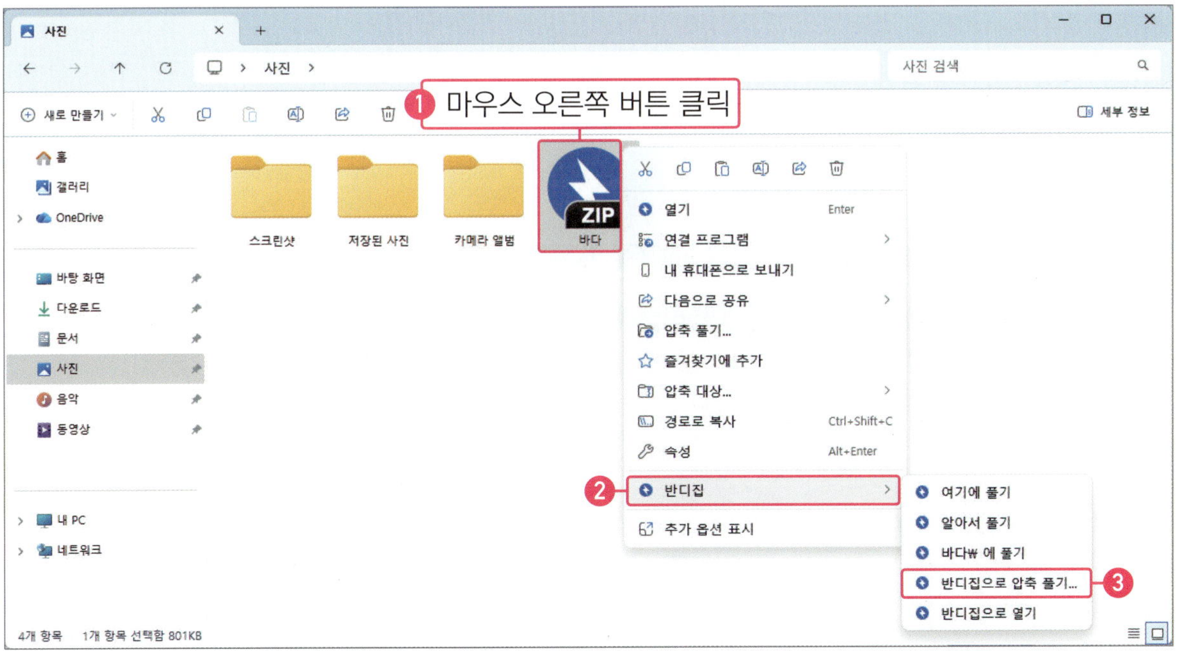

02 '압축 풀 폴더 선택' 창이 나타나면 [문서] 폴더를 선택한 후 [확인] 버튼을 클릭합니다.

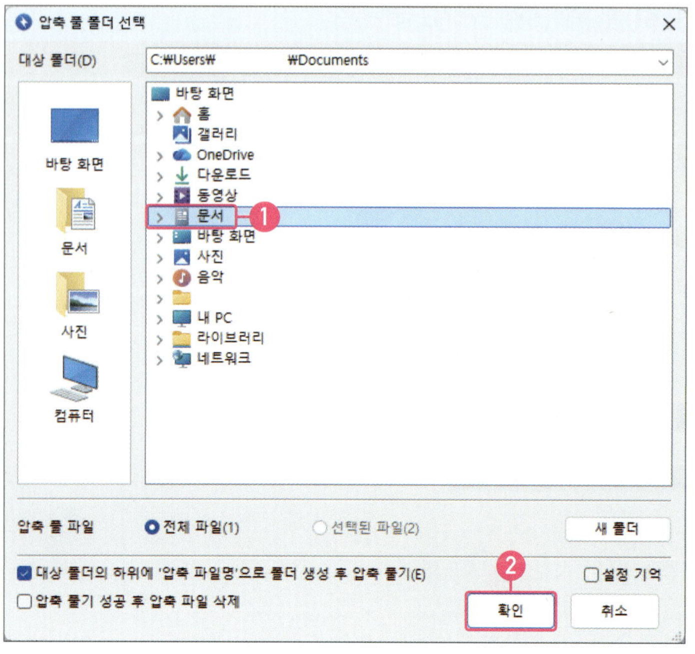

03 '100% 압축 풀기' 창에 압축 풀기에 성공하였다는 메시지가 나타나면 [닫기] 버튼을 클릭합니다. [문서] 폴더를 열면 압축이 해제된 [바다] 폴더를 확인할 수 있습니다.

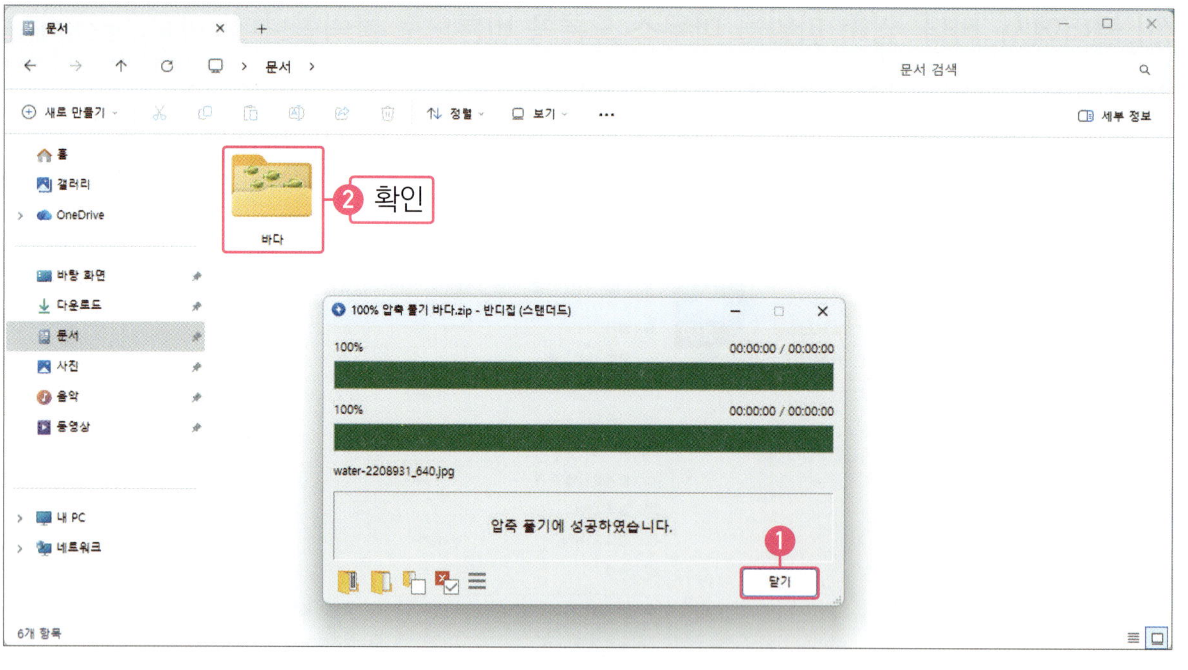

응용력 키우기

01 드림위즈 자료실의 [인터넷/네트워크] 카테고리에서 '네이버 웨일 브라우저'를 찾아봅니다.

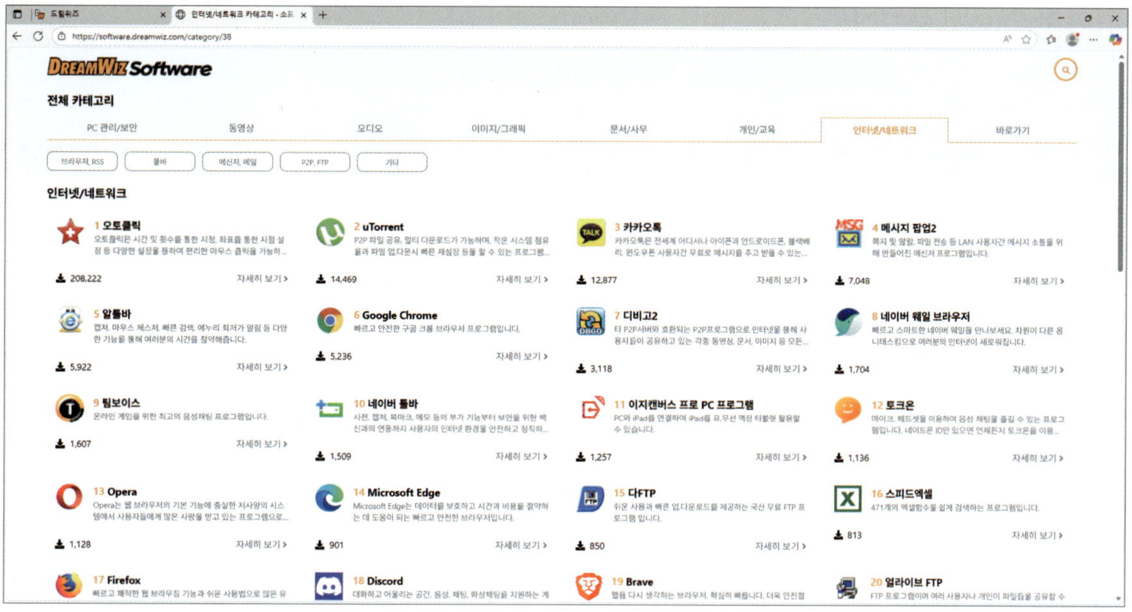

02 드림위즈 자료실에서 이미지 편집 프로그램인 'PhotoScape'를 찾아서 다운로드한 후 내 컴퓨터에 설치해 봅니다.

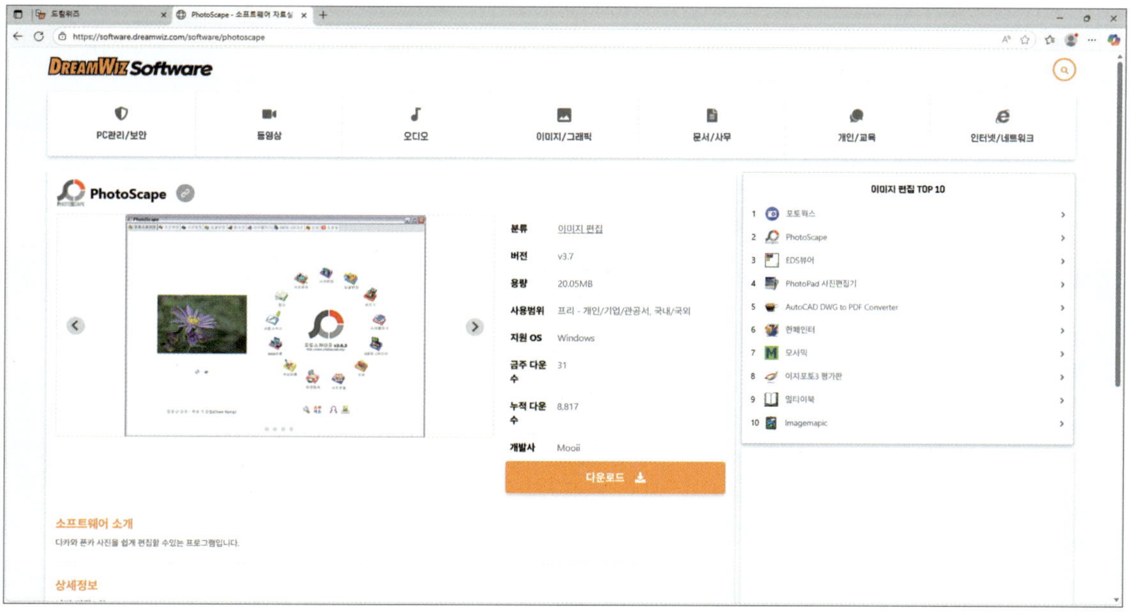

힌트

드림위즈 자료실의 [이미지/그래픽] 카테고리에서 찾아보거나 오른쪽 상단의 🔍를 클릭하여 'PhotoScape'를 검색합니다.

03 [다운로드] 폴더에서 압축할 파일을 선택하고, 반디집을 활용해 [바탕 화면]에 '내파일' 압축 파일을 저장해 봅니다.

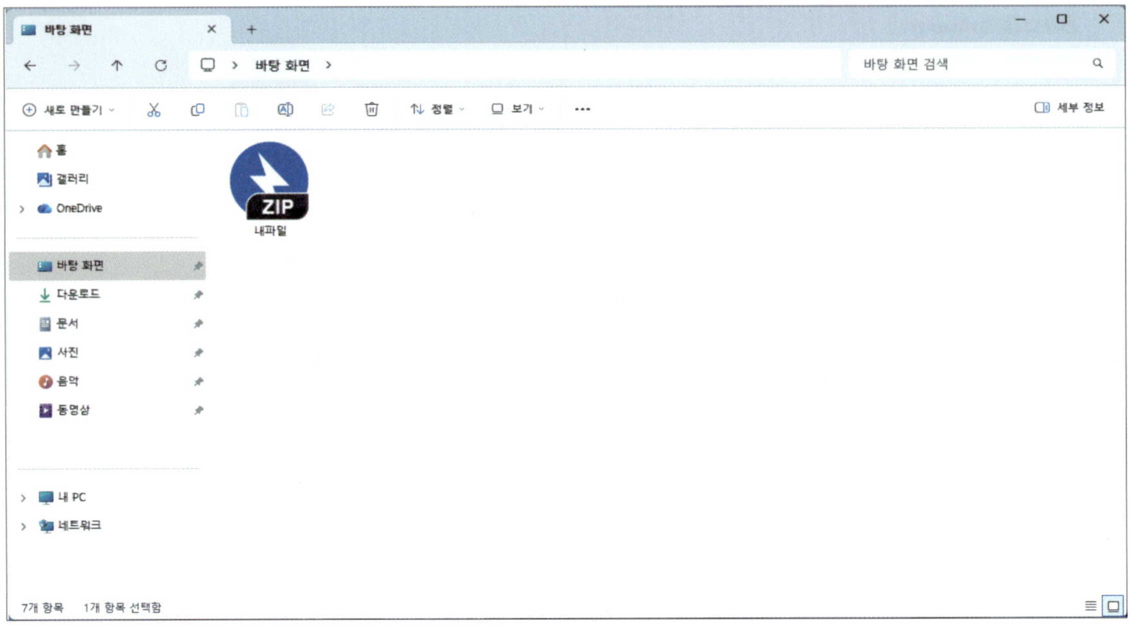

04 **03**에서 만든 '내파일' 압축 파일을 [바탕 화면]에 압축을 풀어봅니다.

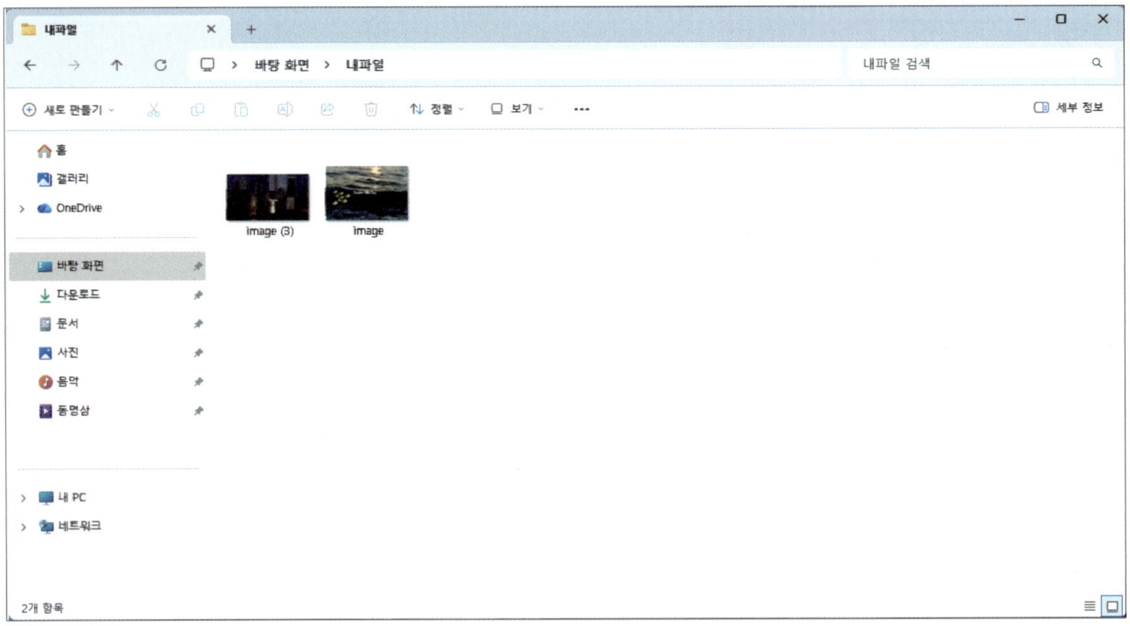

08 동영상 서비스 활용하기

- 네이버TV
- 유튜브
- 채널 구독
- 크롬 웹 브라우저

미/리/보/기

인터넷을 이용할 수 있는 웹 브라우저에는 '마이크로소프트 엣지'를 비롯해 '구글 크롬', '애플 사파리' 등이 있습니다. 이번 장에서는 이러한 웹 브라우저를 이용해 동영상 스트리밍 서비스에 접속하고, 원하는 콘텐츠를 구독하여 시청하는 방법을 살펴보겠습니다.

01 동영상 스트리밍 서비스

스트리밍이란 음악이나 동영상 파일을 컴퓨터에 내려받지 않고 인터넷에 연결된 상태에서 바로 재생하는 방식을 말합니다. 동영상 스트리밍 서비스에서 원하는 채널을 구독해두면 새 동영상이 업로드될 때마다 알림을 받고 편리하게 시청할 수 있습니다.

▶ 네이버TV(tv.naver.com)

'네이버TV'는 네이버에서 운영하는 동영상 스트리밍 서비스로, 다양한 동영상을 시청하고 공유할 수 있습니다. 드라마, 예능, 스포츠, 라이브 방송 등 폭넓은 콘텐츠를 제공하며 신뢰도 높은 공식 동영상도 시청할 수 있습니다.

▶ 유튜브(youtube.com)

'유튜브'는 누구나 채널을 만들고 동영상을 업로드할 수 있는 대표적인 글로벌 스트리밍 플랫폼입니다. 다양한 동영상을 시청할 수 있지만, 불특정 다수가 콘텐츠를 올리는 구조이므로 신뢰할 수 있는 동영상을 선택해 시청하는 것이 중요합니다.

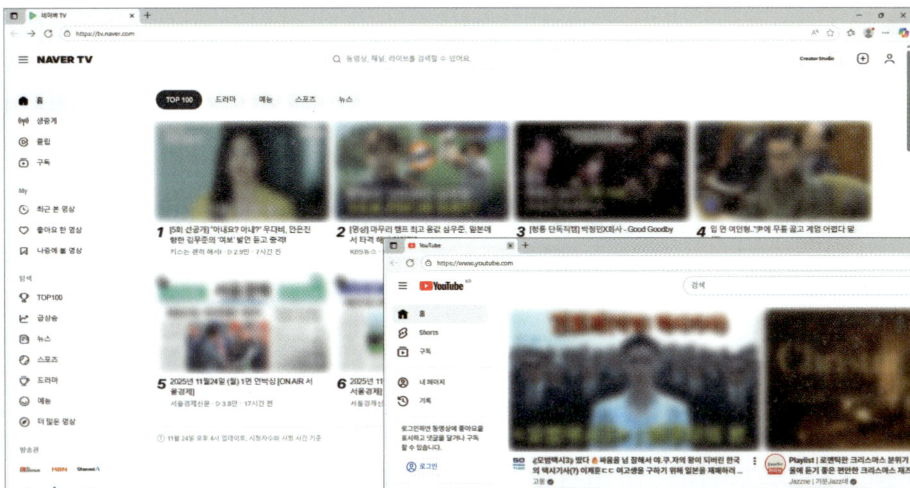

▲ 네이버TV

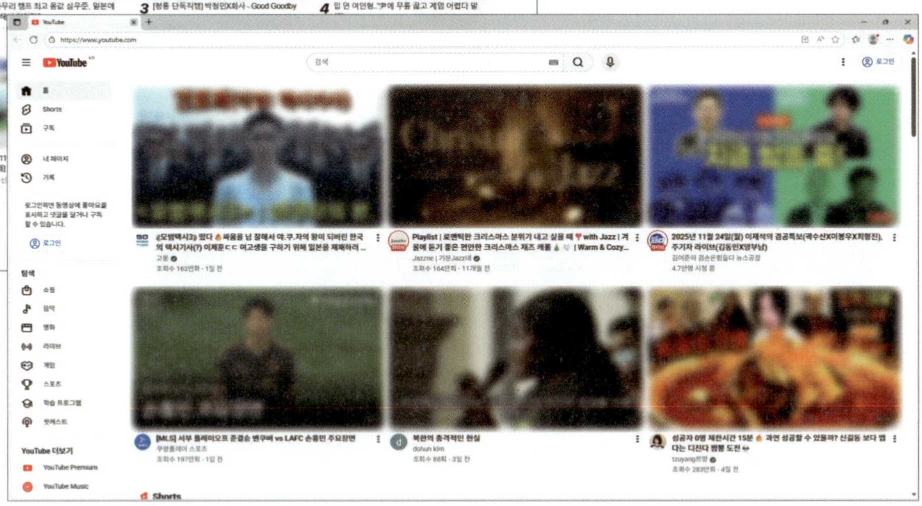

▲ 유튜브

02 네이버TV에서 구독하기

01 네이버(www.naver.com)에 접속한 후 [NAVER 로그인] 버튼을 클릭하여 로그인합니다. 검색창 아래 ⋯을 클릭합니다.

02 [네이버TV]를 클릭합니다.

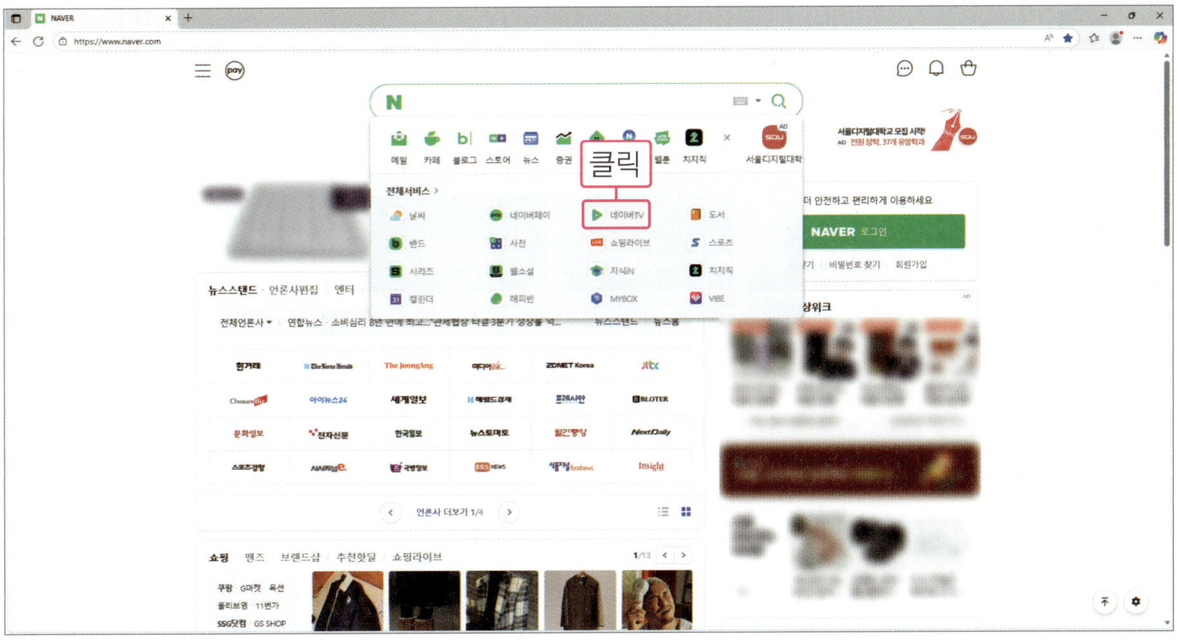

03 네이버TV 검색창에서 찾고자 하는 검색어를 입력합니다. 본문에서는 '시대에듀'를 입력한 후 Enter 키를 누릅니다. 관련된 채널과 동영상이 검색되면 해당 채널을 선택합니다.

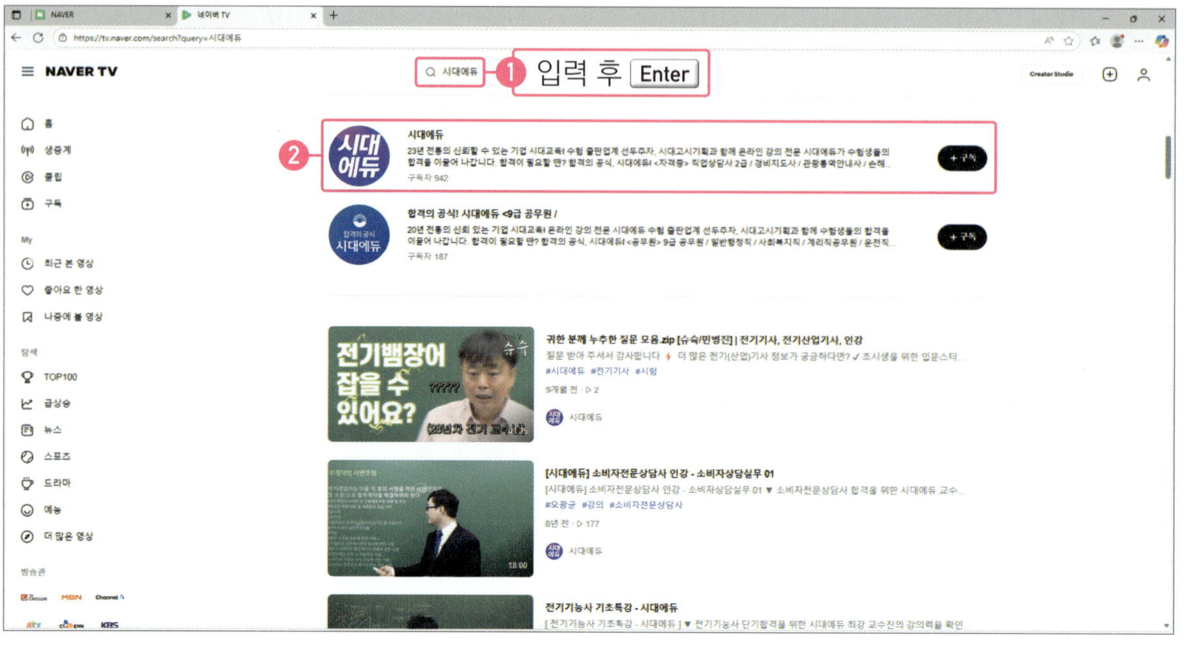

04 해당 채널에 등록된 동영상들이 나타납니다. 보고 싶은 동영상을 클릭합니다.

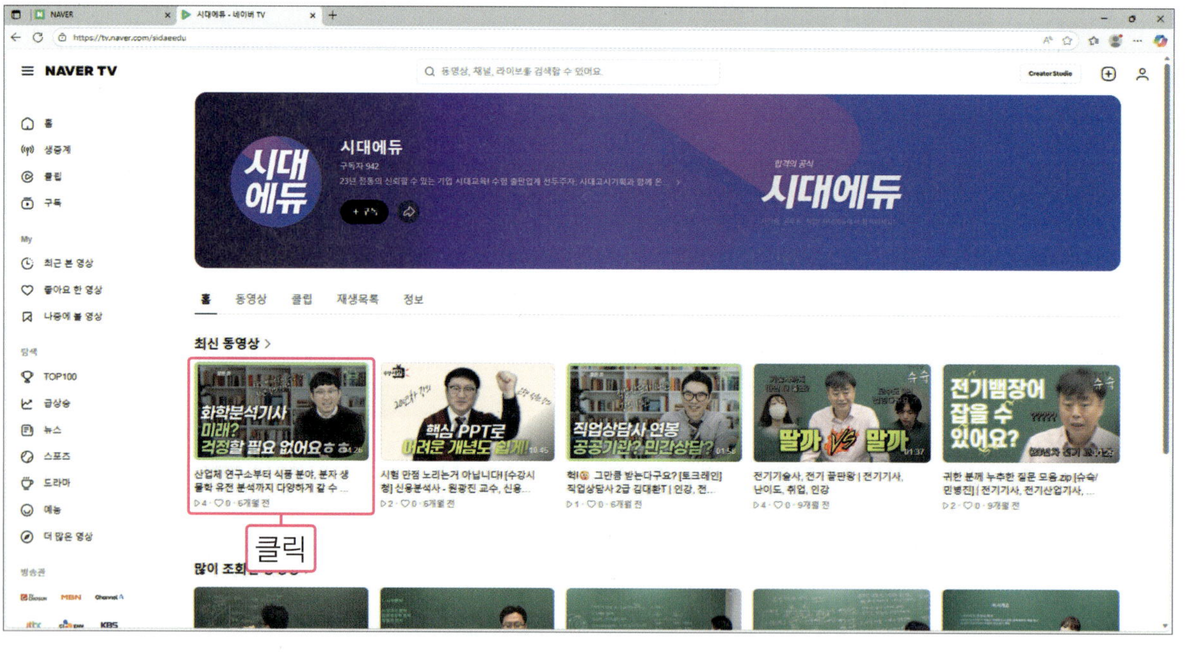

05 동영상이 재생됩니다. 업로드된 다른 동영상들을 확인한 후 마음에 들면 [구독] 버튼을 클릭합니다.

06 [구독] 버튼이 [구독 중]으로 변경됩니다. 같은 방법으로 다른 채널도 구독하여 봅니다.

07 이번에는 네이버TV 홈 화면으로 이동하여 왼쪽 메뉴 중 [구독]을 클릭합니다.

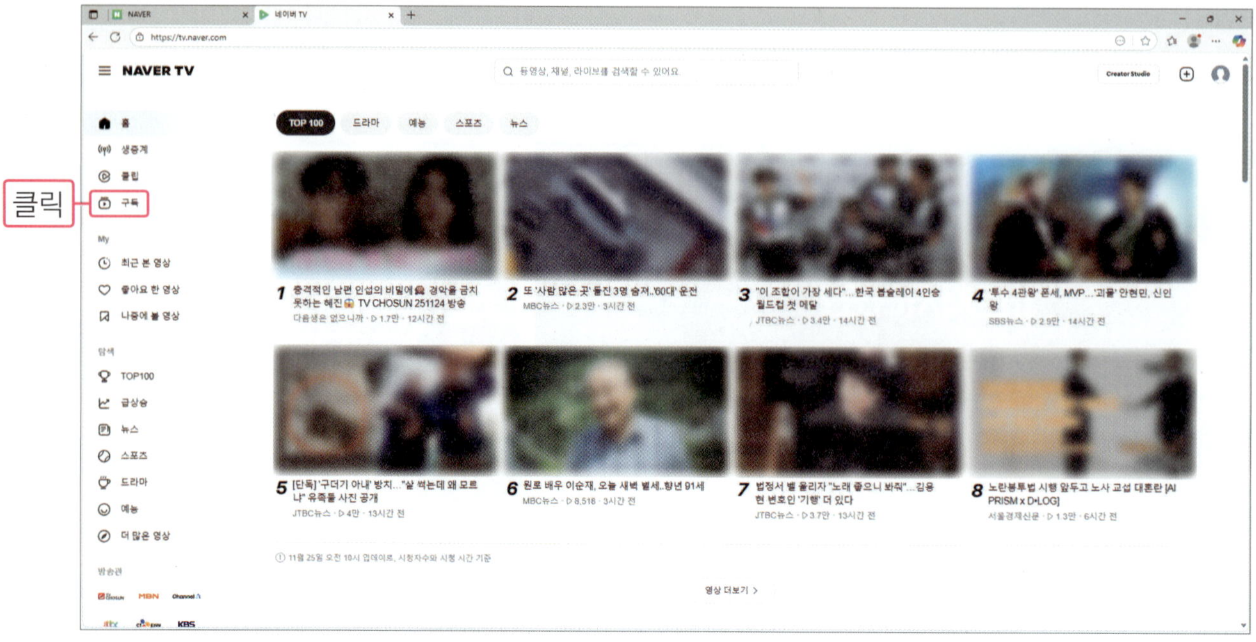

08 구독한 채널의 최신 업데이트 동영상이 나타납니다. 원하는 동영상을 선택해 시청할 수 있습니다.

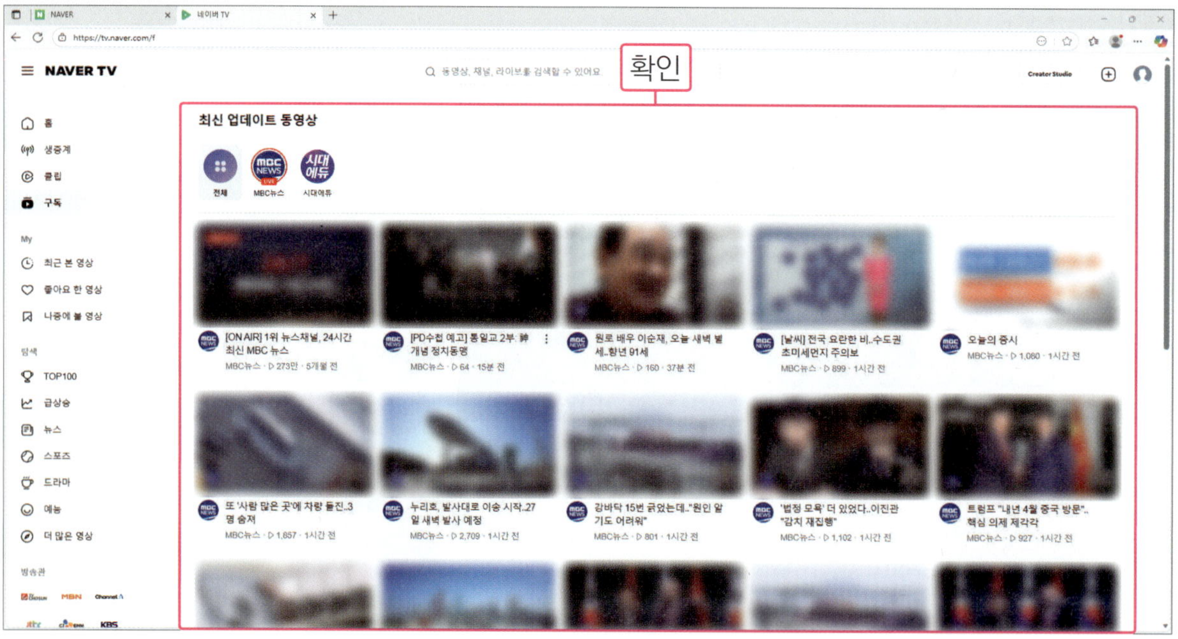

03 유튜브에서 구독하기

▶ 크롬 웹 브라우저 설치하기

01 네이버(www.naver.com)에 접속한 후 검색창에 '크롬'이라고 입력하고 Enter 키를 누릅니다. 검색 결과에서 [Chrome 웹브라우저]를 클릭합니다.

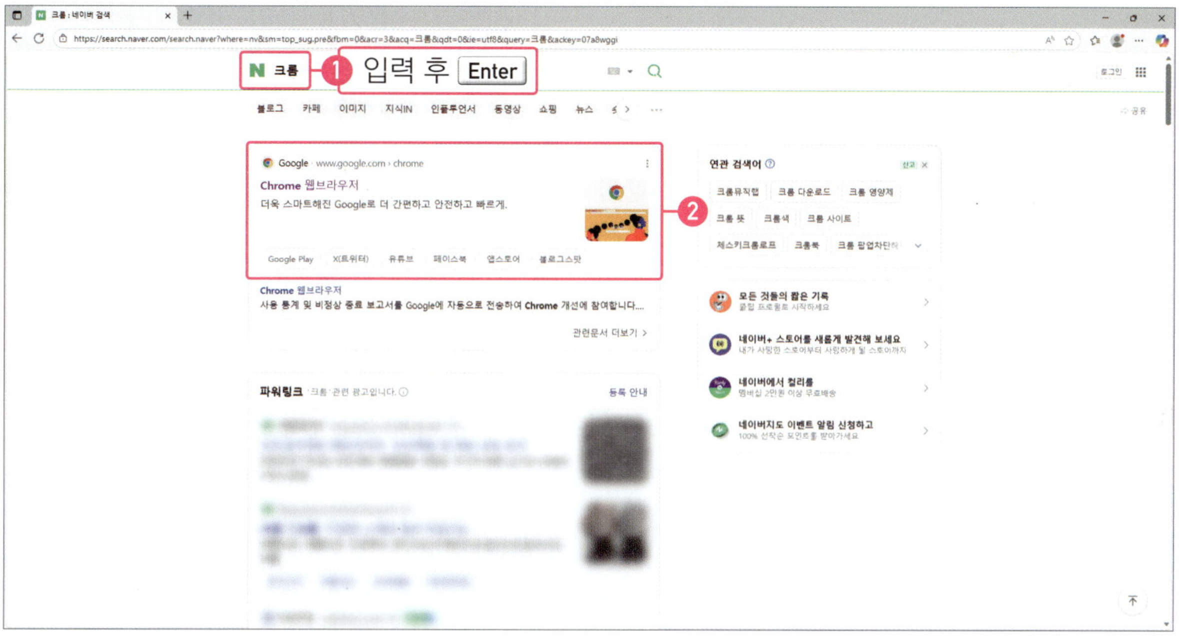

02 [Chrome 다운로드] 버튼을 클릭합니다.

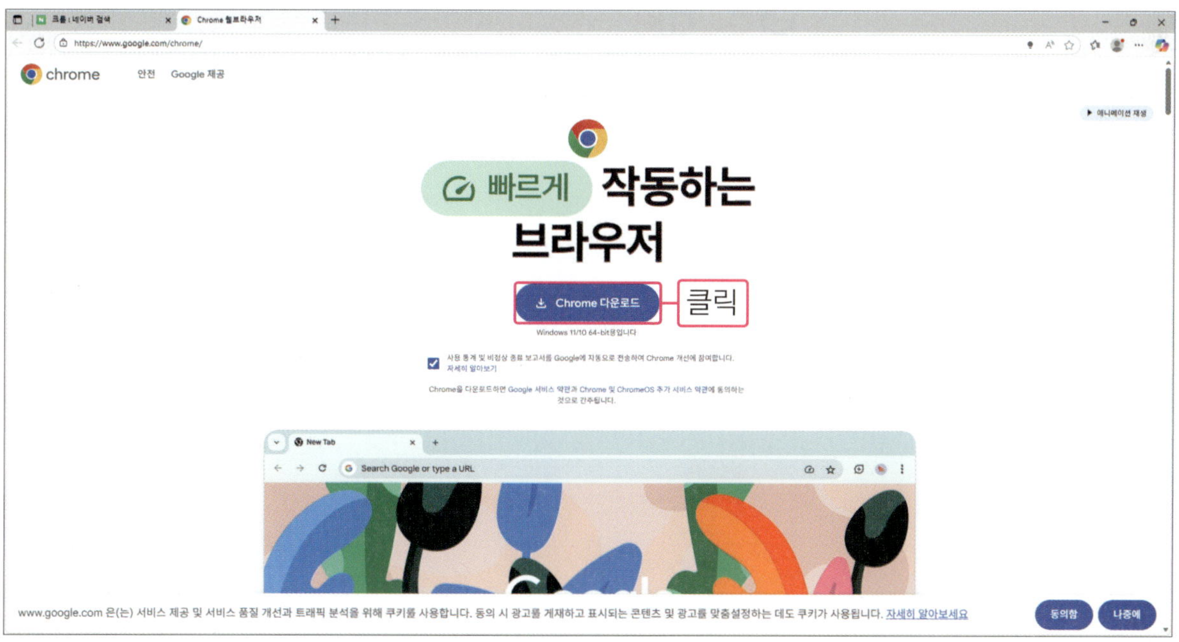

03 다운로드가 완료되면 팝업 창의 [파일 열기]를 클릭합니다.

04 설치 파일의 다운로드가 진행되고 자동으로 설치 창이 나타나 설치가 진행됩니다.

05 설치가 완료되면 크롬 웹 브라우저가 자동으로 실행됩니다.

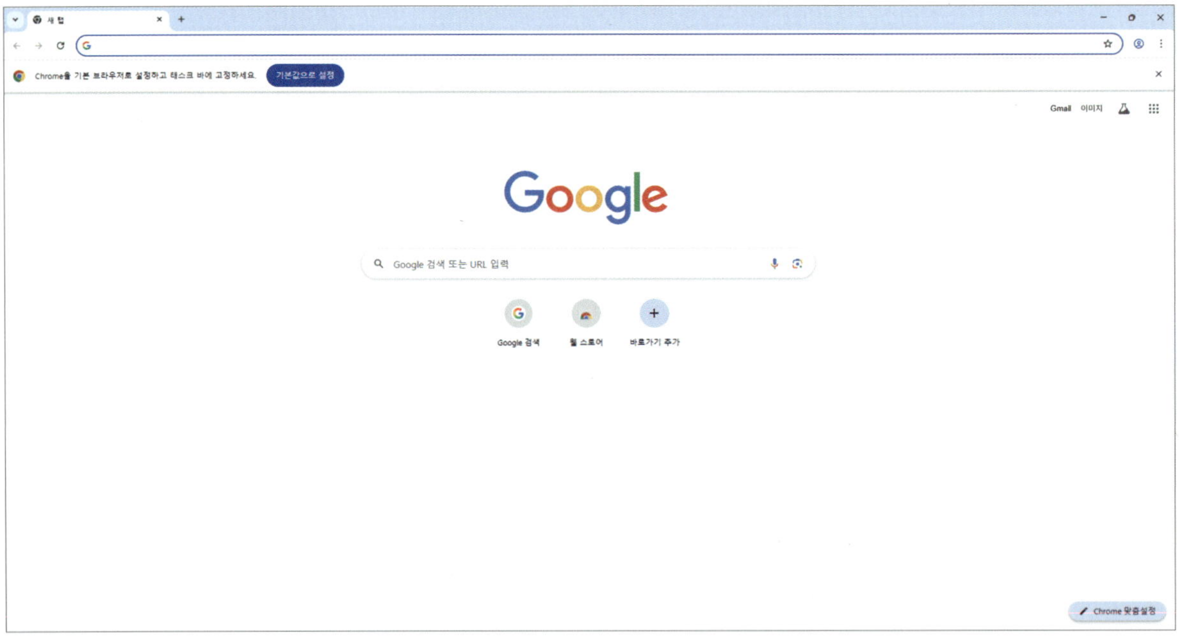

잠깐

크롬의 화면 구성

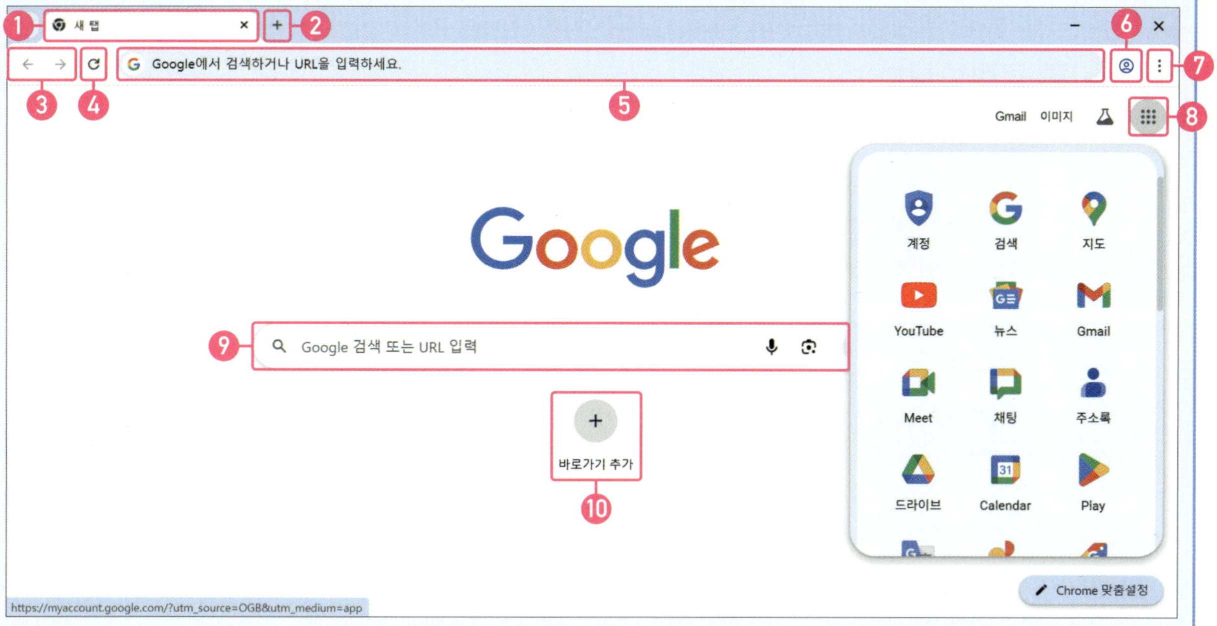

❶ 페이지 탭 : 현재 열려 있는 웹 페이지의 제목이 표시됩니다.
❷ 새 탭 : 현재 열려 있는 탭은 그대로 두고 새 탭을 엽니다.
❸ 뒤로/앞으로 : 방문했던 이전 웹 페이지나 다음 웹 페이지로 이동합니다.
❹ 새로고침 : 현재 웹 페이지를 다시 불러옵니다.
❺ 주소 표시줄 : URL을 입력하여 사이트에 접속할 수도 있고, 검색어를 입력하여 검색할 수도 있습니다.
❻ 프로필 : 구글 계정으로 로그인하면 북마크와 설정이 동기화되어 모든 기기에서 동일하게 크롬을 사용할 수 있습니다.
❼ 설정 : 크롬 맞춤 설정 및 제어 메뉴가 있습니다.
❽ Google 앱 : 구글에서 제공하는 여러 가지 앱을 모아둔 곳입니다.
❾ 검색창 : 검색어를 입력하거나 URL을 입력하여 검색합니다.
❿ 바로가기 추가 : 바로 접속할 수 있는 사이트의 이름과 URL을 입력하여 추가할 수 있습니다.

▸ 유튜브에서 구독하기

01 크롬에서 검색창에 '유튜브'라고 입력하고 [Enter] 키를 누릅니다. 검색 결과에서 [YouTube]를 클릭합니다.

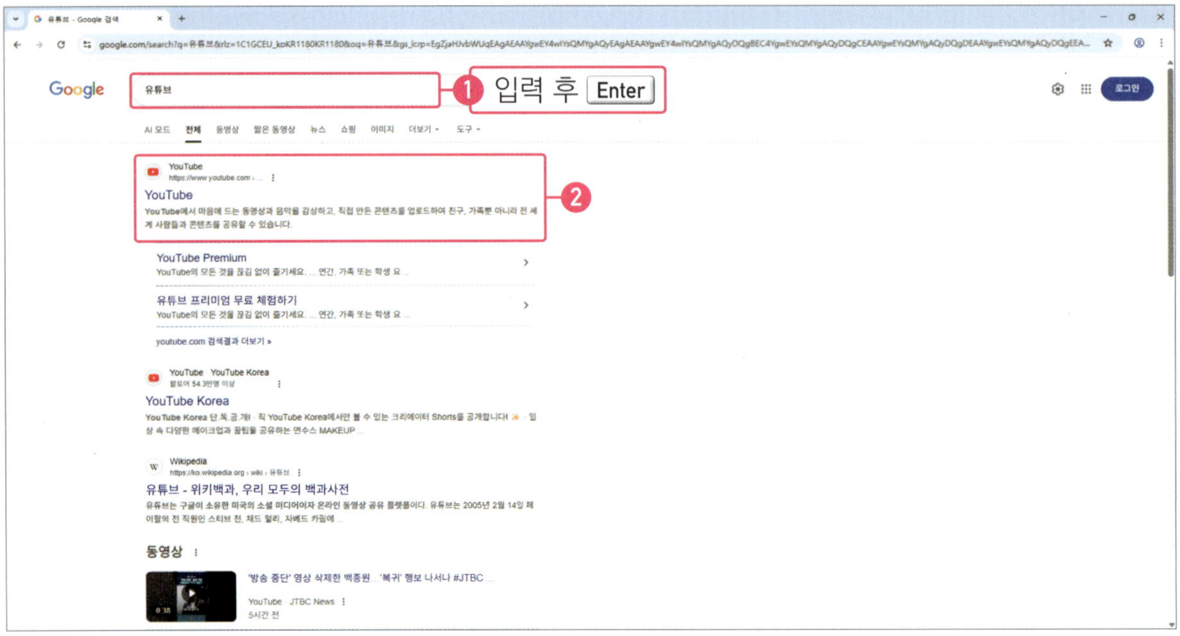

02 오른쪽 상단의 [로그인] 버튼을 클릭합니다.

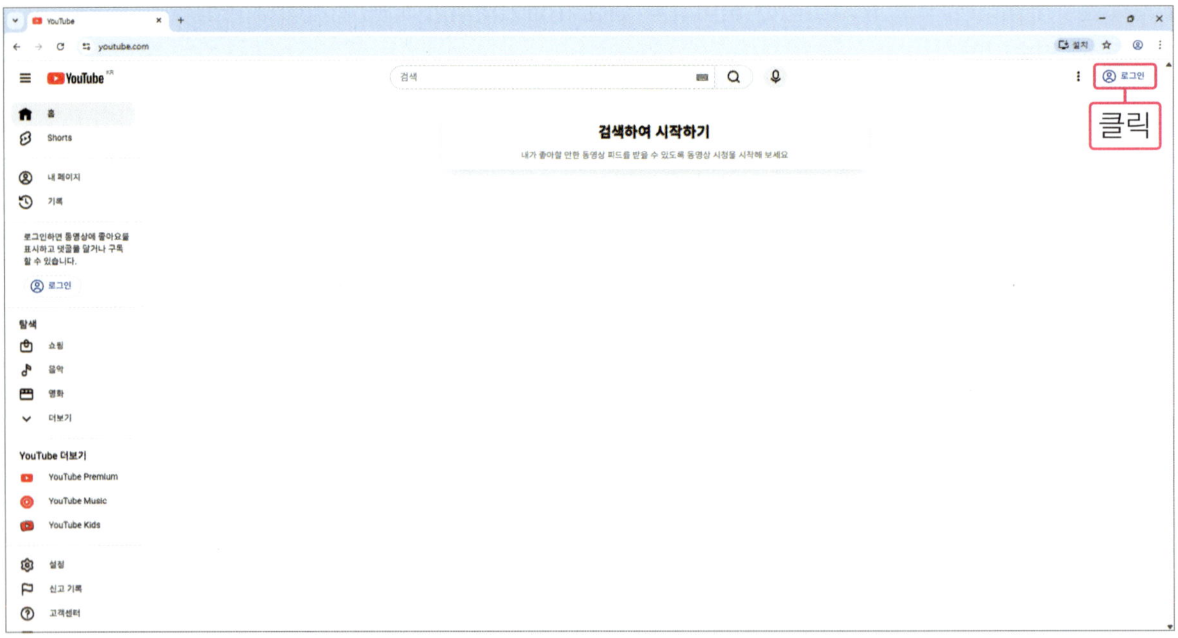

03 로그인 페이지가 나타나면 구글 이메일이나 휴대전화를 입력하고 [다음] 버튼을 클릭합니다. 비밀번호를 입력한 후 [다음] 버튼을 클릭합니다.

> **잠깐**
> 비밀번호를 입력한 후 추가 정보 입력을 요구하는 경우가 있습니다. 추가 정보를 입력하거나 [건너뛰기] 버튼을 클릭하여 유튜브로 돌아갑니다.

04 유튜브의 검색창에서 찾고자 하는 검색어를 입력합니다. 본문에서는 '시대인IT'를 입력한 후 Enter 키를 누릅니다. 관련된 채널과 동영상이 검색되면 해당 채널을 선택합니다.

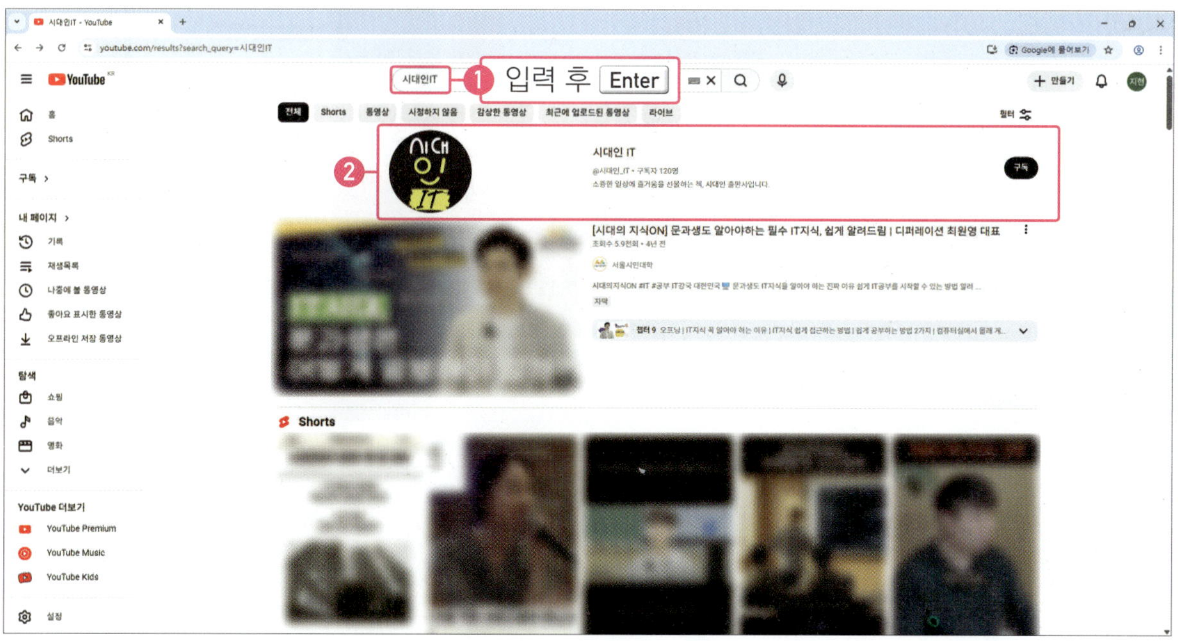

05 해당 채널에 등록된 동영상들이 나타납니다. 보고 싶은 동영상을 클릭합니다.

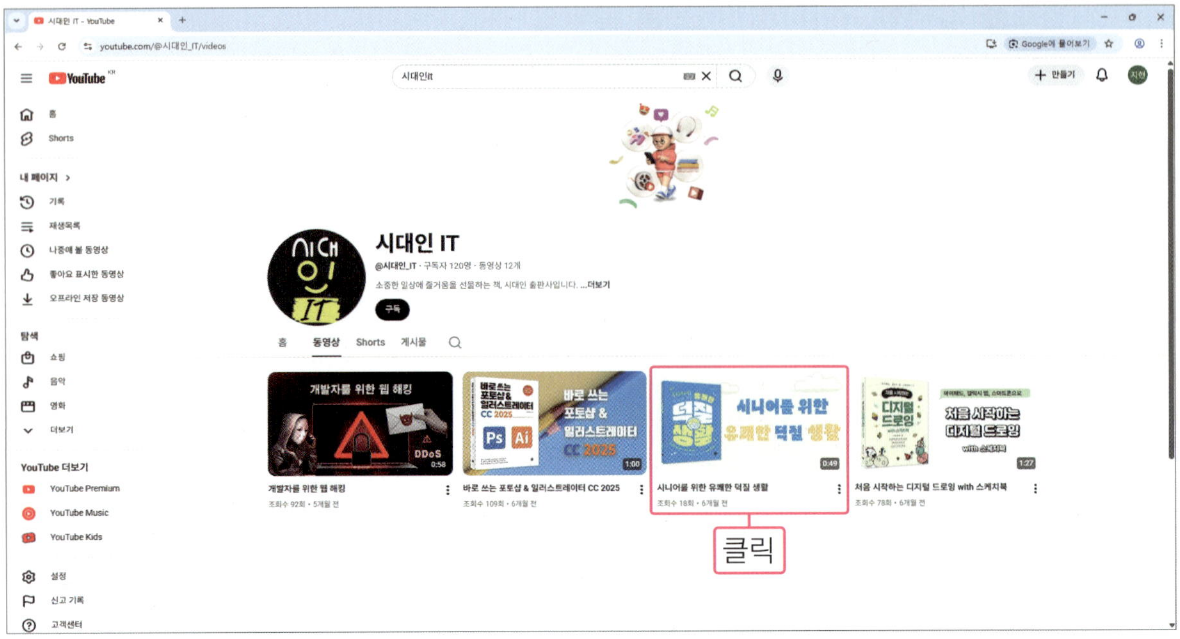

06 광고가 있는 경우 광고가 재생된 후 영상이 재생됩니다. 해당 영상을 제공하는 채널에서 업데이트되는 더 많은 영상을 보려면 [구독] 버튼을 클릭합니다.

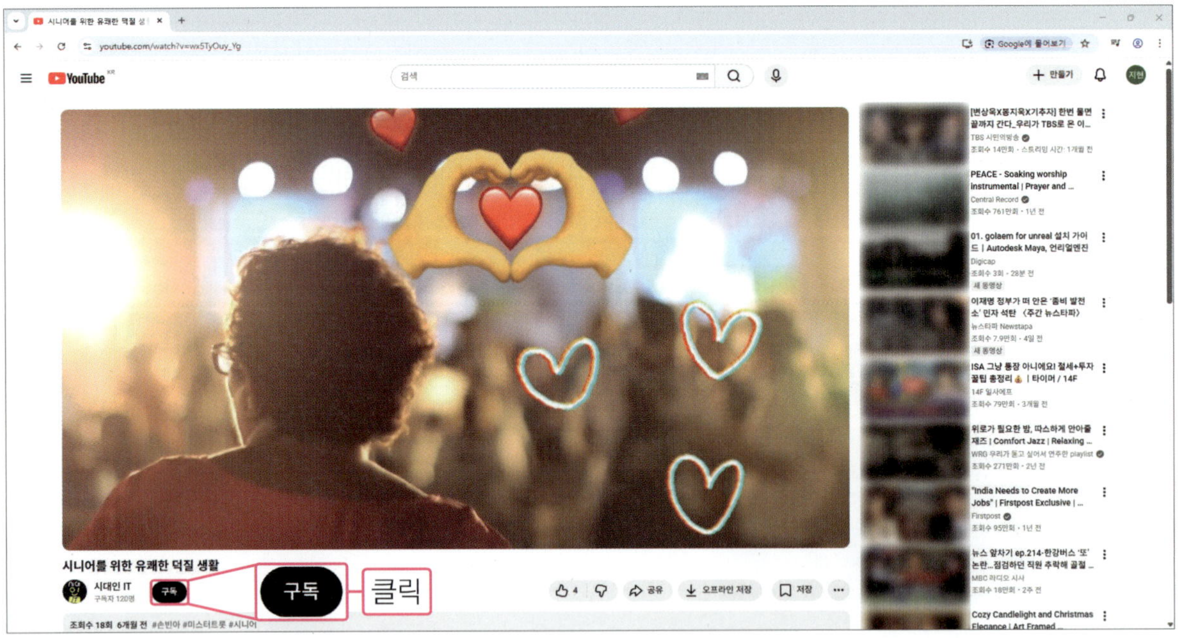

잠깐 유료 서비스 유튜브 프리미엄에 가입하면 동영상을 광고 없이 볼 수 있으며, 다운로드할 수도 있습니다.

07 [구독] 버튼이 🔔 아이콘으로 변경됩니다. 같은 방법으로 다른 채널도 구독하여 봅니다.

08 유튜브 홈 화면으로 이동하면 왼쪽 메뉴 중 [구독]에 추가한 채널 목록이 나타납니다.

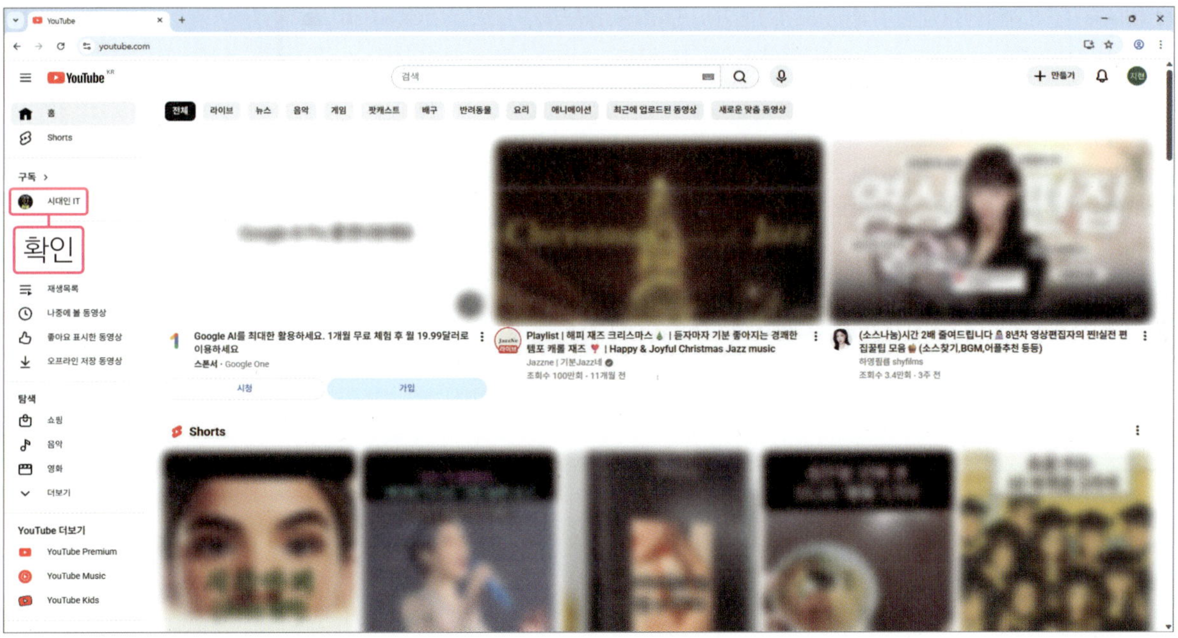

잠깐

유튜브 구독 정보 비공개로 설정하기

• 유튜브의 구독 정보는 관심사나 취향은 물론, 거주 지역까지 유추할 수 있는 단서가 될 수 있으므로 비공개로 설정해 두는 것이 좋습니다.

• 왼쪽 메뉴에서 [설정]을 클릭한 후 [공개 설정 범위]를 선택합니다. [구독]–[내 구독정보 모두 비공개]를 클릭하여 '허용'으로 설정합니다.

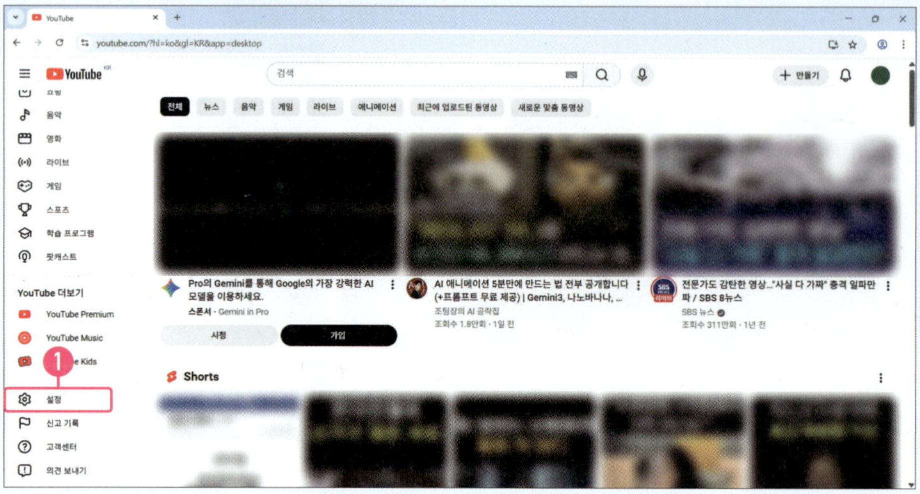

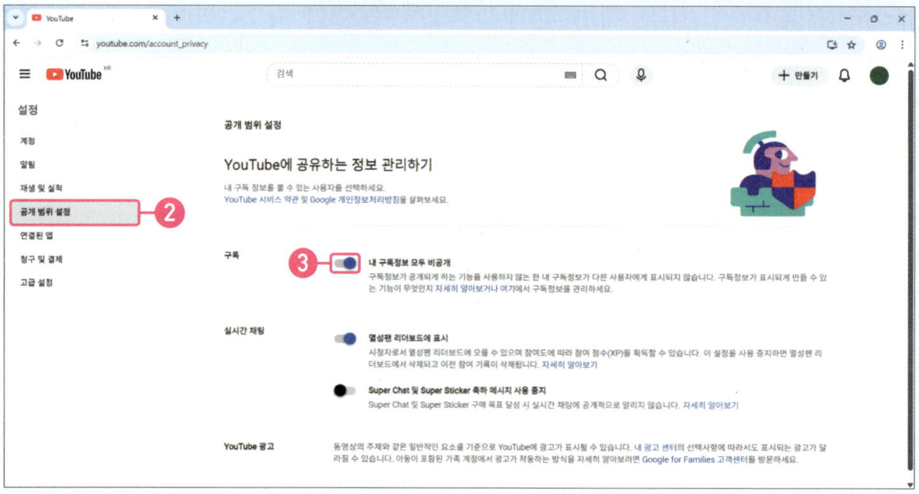

응용력 키우기

01 네이버TV의 왼쪽 메뉴 중 [탐색]-[스포츠]에서 지금 인기 1위인 동영상을 구독해 봅니다.

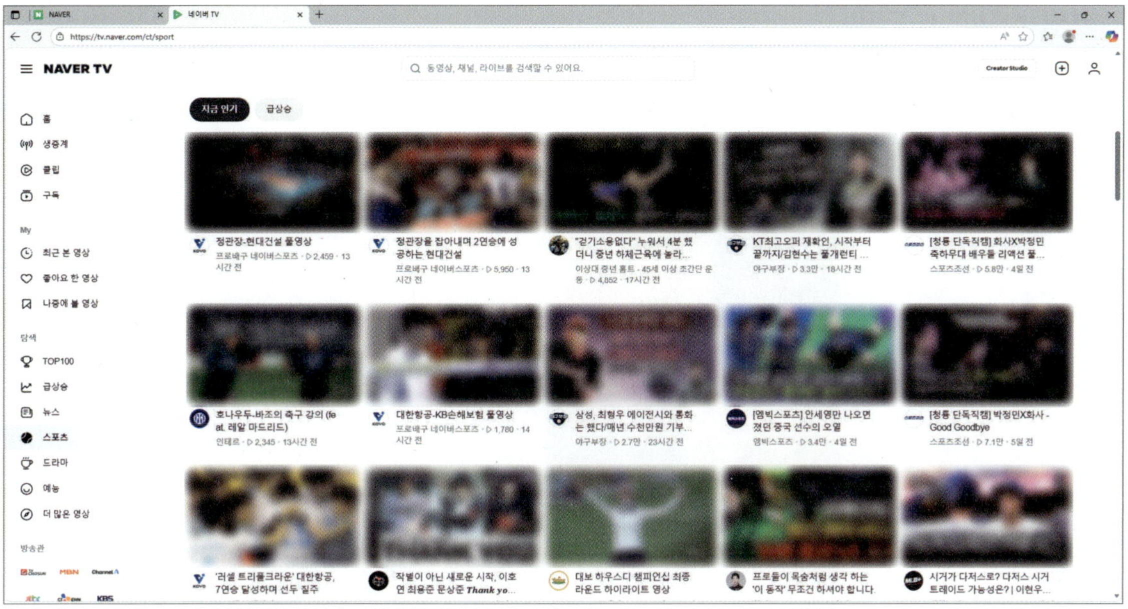

02 네이버TV에서 '인터넷 활용'으로 검색한 동영상 중 보고 싶은 동영상을 구독하고 '좋아요' 해 봅니다.

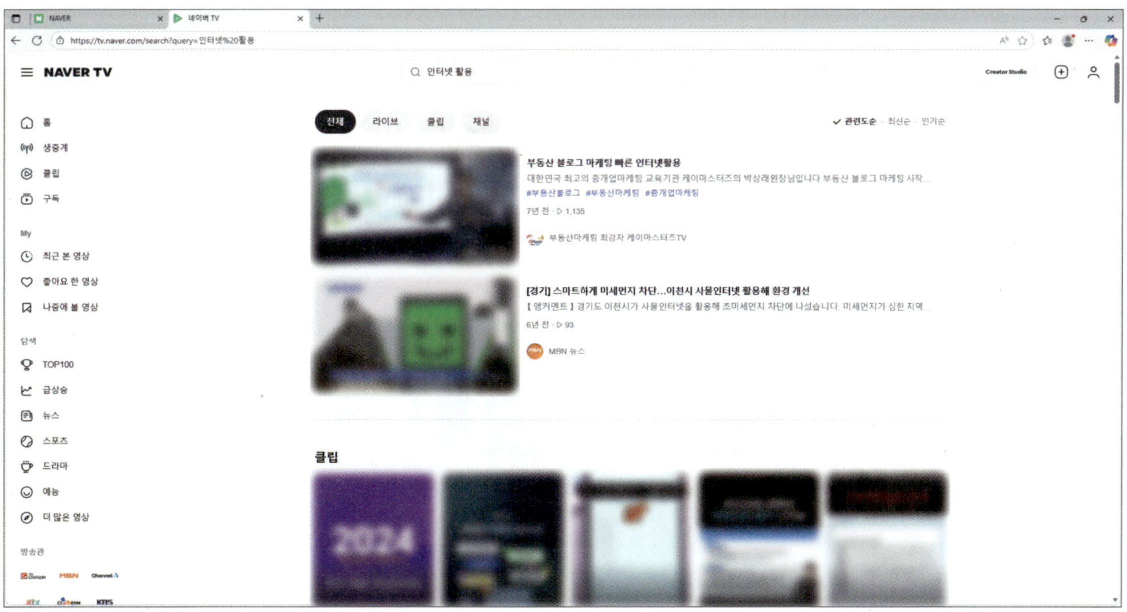

힌트

네이버TV에서 동영상을 볼 때 오른쪽 하단의 ♡를 클릭하면 '좋아요 한 영상'에 등록됩니다. 왼쪽 메뉴의 [좋아요 한 영상]을 클릭하면 '좋아요' 한 동영상 목록이 나타납니다.

03 크롬에서 유튜브에 접속하여 '초급 장기'를 검색한 후 초급 장기를 배울 수 있는 동영상의 채널을 구독해 봅니다.

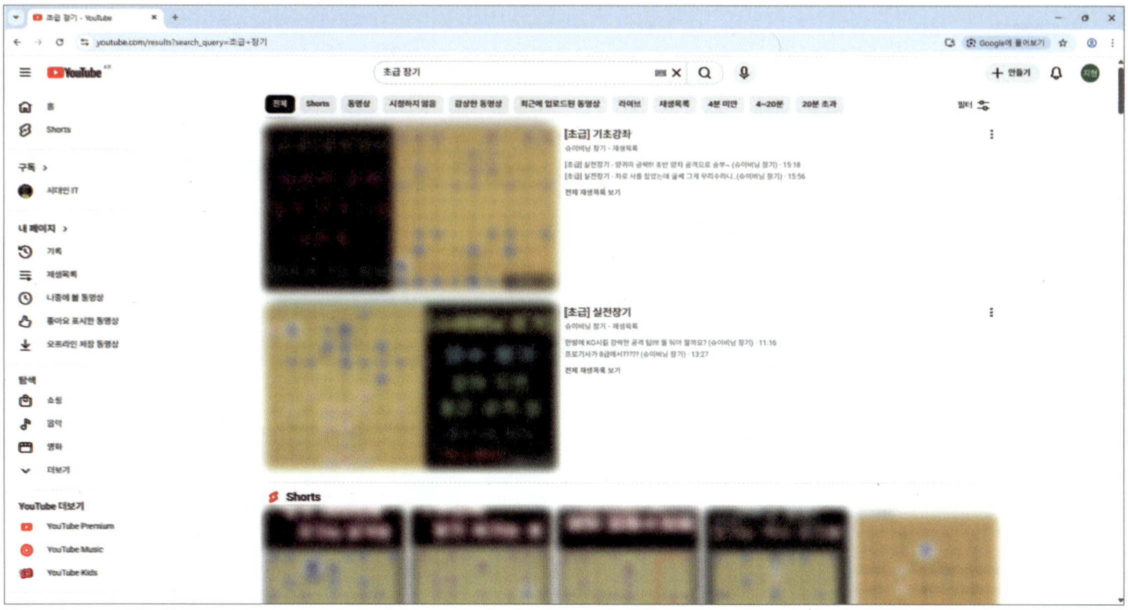

04 유튜브에서 '시대인IT' 채널의 보고 싶은 동영상을 재생하고 '좋아요' 해 봅니다.

힌트

유튜브에서 동영상을 볼 때 오른쪽 하단의 를 클릭하면 '좋아요 표시한 동영상'에 등록됩니다. 왼쪽 메뉴의 [좋아요 표시한 동영상]을 클릭하면 '좋아요' 한 동영상 목록이 나타납니다.

09 전자책 활용하기

- 전자책 서비스
- 네이버 시리즈
- 네이버 eBook 리더 설치
- 네이버 e북 읽기

미/리/보/기

인터넷 환경이 보편화되면서 도서관이나 서점을 직접 방문하지 않아도 언제 어디서나 책을 읽을 수 있게 되었습니다. 이번 장에서는 네이버 시리즈를 통해 전자책을 읽는 방법을 살펴보겠습니다.

01 전자책 서비스

전자책 서비스는 책을 디지털 형태로 제공하는 온라인 독서 시스템으로, 인터넷이 연결된 기기에서 바로 책을 읽을 수 있습니다. 공공도서관에서는 무료 대출 서비스를 운영하고 있으며, 일부 플랫폼에서는 유료 구독제로 최신 도서를 제공하기도 합니다.

▶ 네이버 시리즈

'네이버 시리즈'는 웹소설, 만화, e북을 제공하는 통합 콘텐츠 플랫폼으로, 원하는 작품을 유료로 결제하여 이용할 수도 있고 일정 기간 무료로 감상할 수 있는 도서도 제공합니다. 이벤트, 포인트, 대여권을 활용해 다양한 책을 즐길 수도 있습니다.

▶ 전자도서관

최근에는 전국 대부분의 공공도서관에서 전자책 전용 대출 시스템을 운영하고 있어 도서관 회원이라면 누구나 이용할 수 있습니다. 전용 웹 페이지를 통해 검색, 대출, 반납까지 모두 온라인으로 처리할 수 있어 접근성이 매우 높습니다. 종이책 대출과 달리 권수가 제한되지 않거나 즉시 열람할 수 있는 경우도 많습니다.

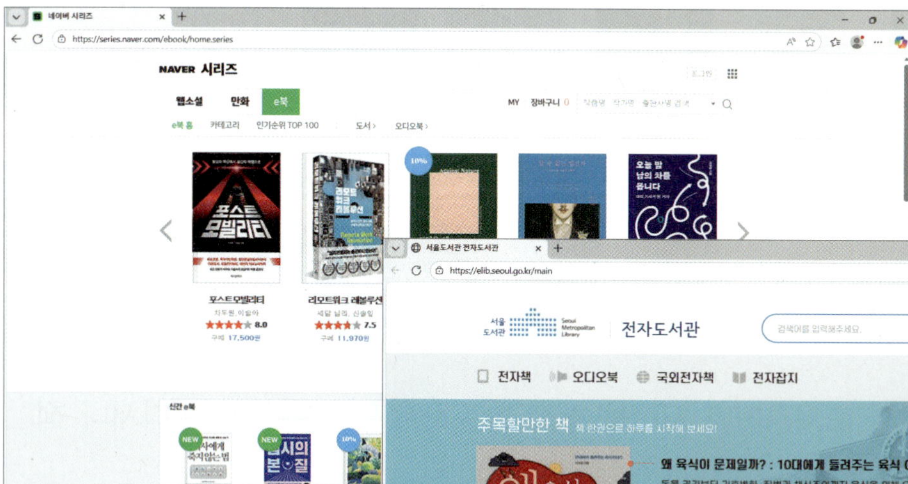

▲ 네이버 시리즈

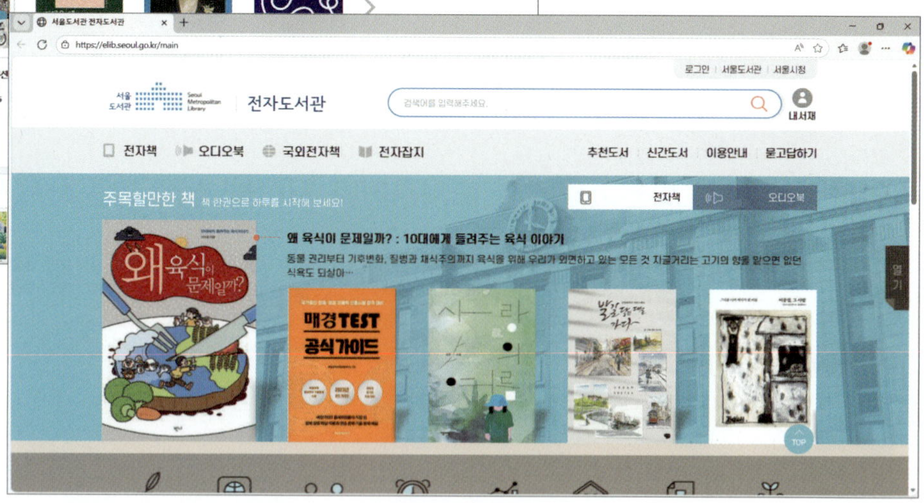

▲ 서울도서관 전자도서관

02 네이버 시리즈 e북

▶ 네이버 시리즈 약관 동의하기

01 네이버(www.naver.com)에 접속한 후 [NAVER 로그인] 버튼을 클릭하여 로그인합니다. 검색창 아래 ⋯을 클릭합니다.

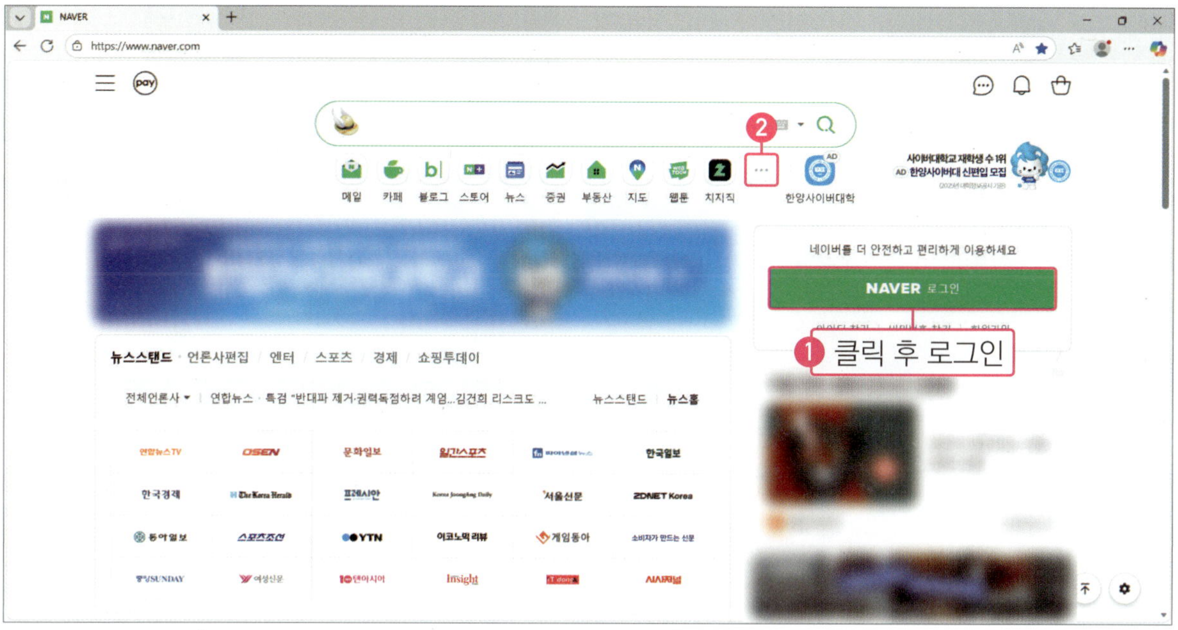

02 [시리즈]를 클릭합니다.

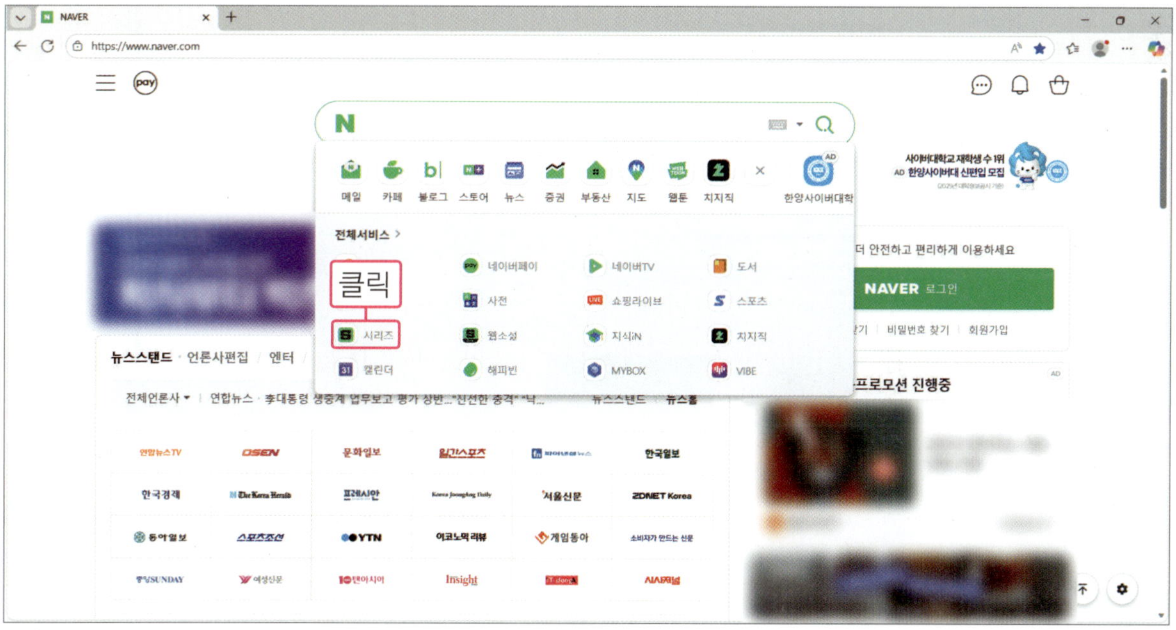

03 네이버 시리즈를 처음 이용한다면 네이버웹툰 이용약관에 동의해야 합니다. [동의하러 가기] 버튼을 클릭합니다.

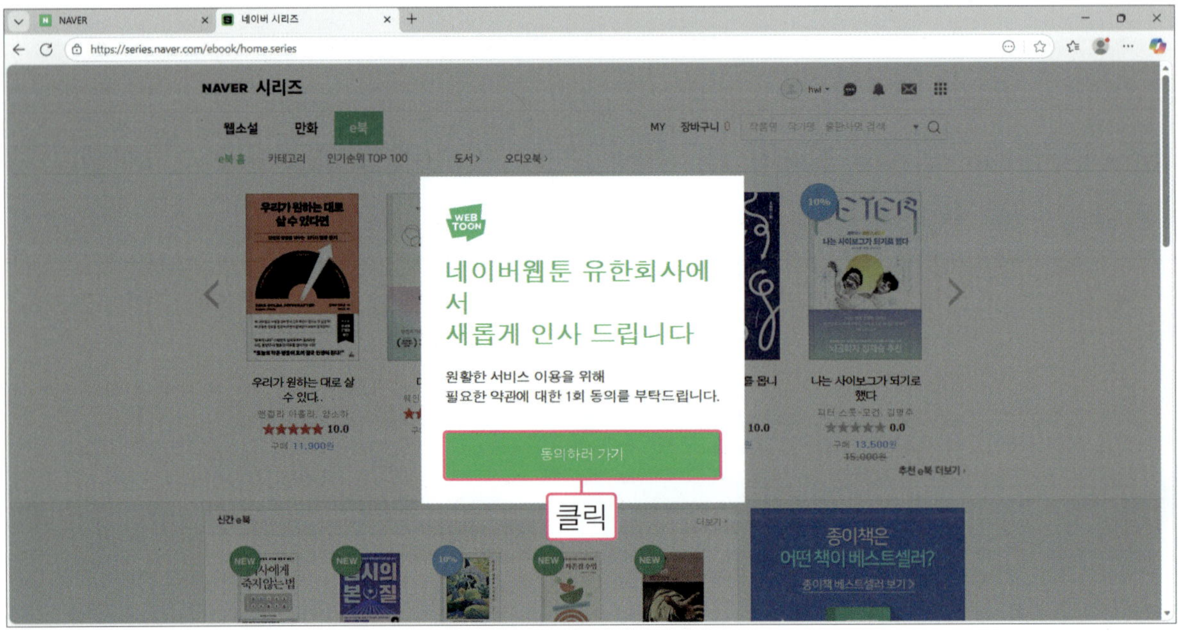

04 '이용약관, 개인정보 수집, 개인정보 제공에 모두 동의합니다.'에 체크한 후 [동의] 버튼을 클릭합니다.

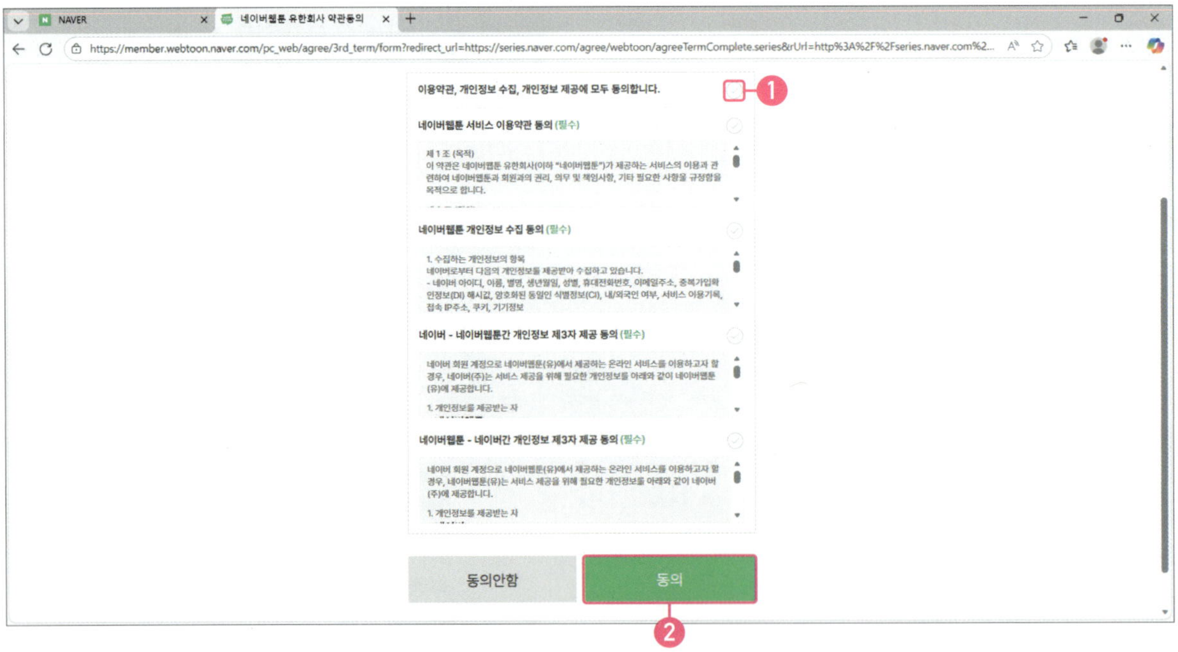

▶ 무료 e북 검색하고 구매하기

01 상단의 [e북] 탭을 클릭합니다.

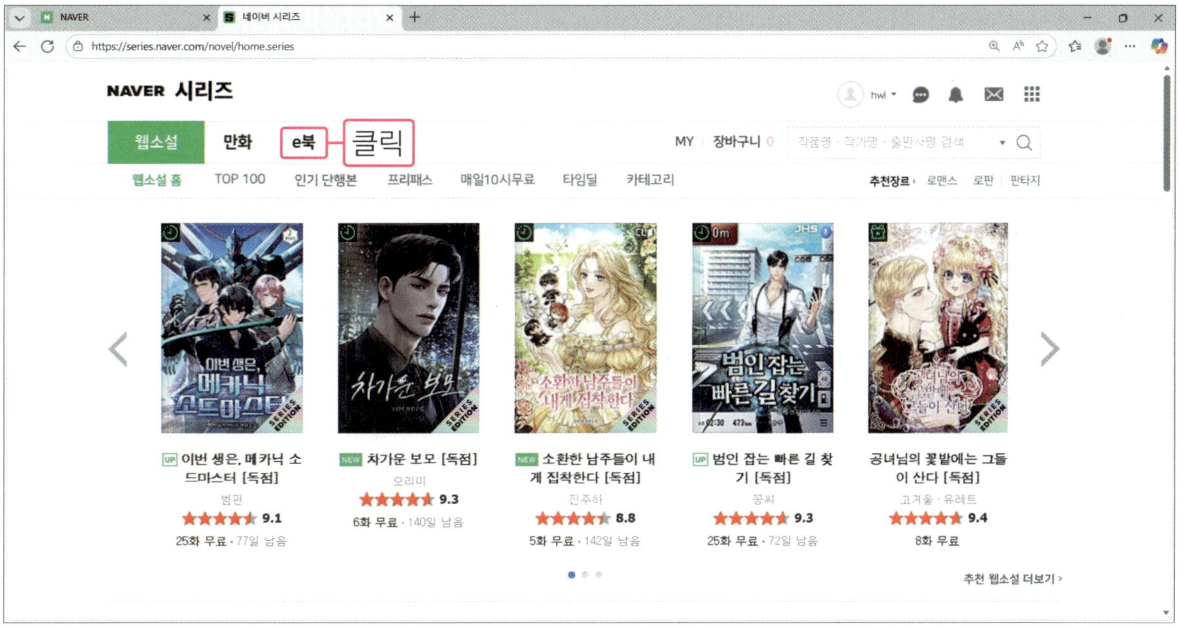

02 오른쪽 검색창에 읽고 싶은 책 제목을 입력합니다. 본문에서는 '너도 예쁜 나비가 될 거야'를 입력한 후 [Enter] 키를 누릅니다.

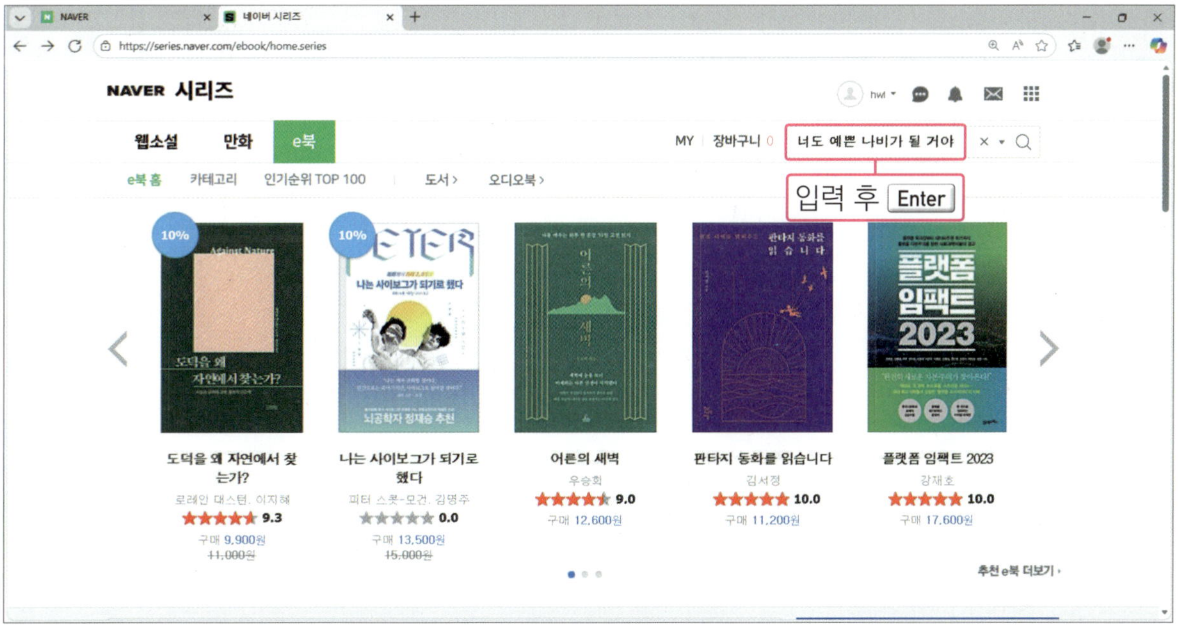

잠깐

무료 e북 도서 찾아보기

[e북]-[카테고리]-[무료 e북 도서]를 클릭하면 무료로 볼 수 있는 e북 도서 목록이 나타납니다.

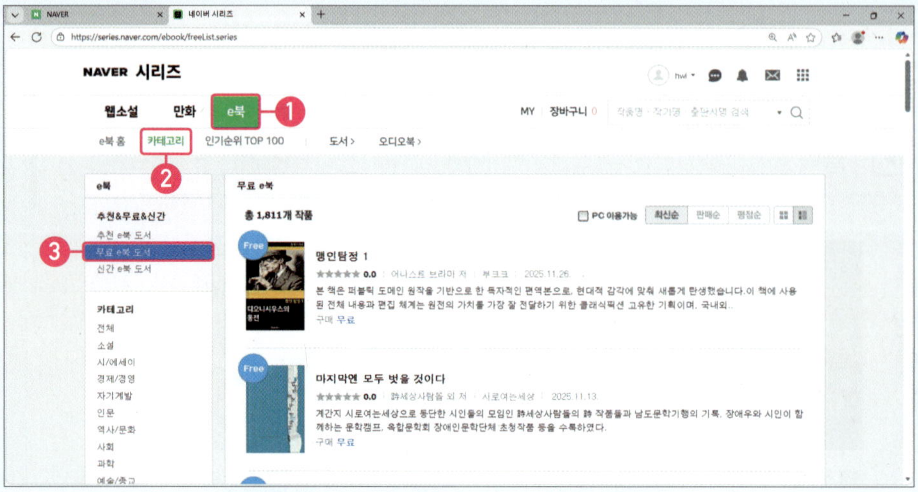

03 검색 결과가 나타나면 '너도 예쁜 나비가 될 거야' e북을 클릭합니다.

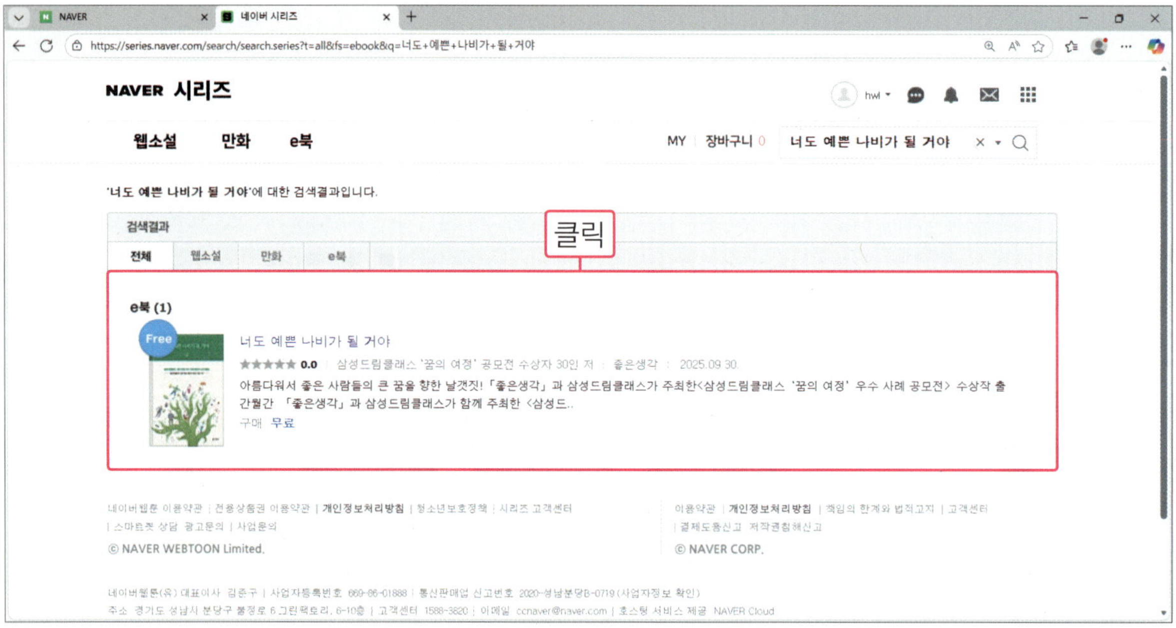

04 책에 대한 정보를 확인할 수 있습니다. [지원기기]에 PC가 포함되어 있는지 확인한 후 [무료 구매] 버튼을 클릭합니다.

05 '무료로 구매 완료되었습니다.'라는 메시지가 표시되고, [보기] 버튼을 클릭합니다.

▶ 네이버 eBook 리더 설치하기

01 eBook 리더(뷰어) 프로그램 설치 안내 창이 표시되면 [eBook 리더 다운로드] 버튼을 클릭합니다. 다운로드가 완료되면 팝업 창의 [파일 열기]를 클릭합니다.

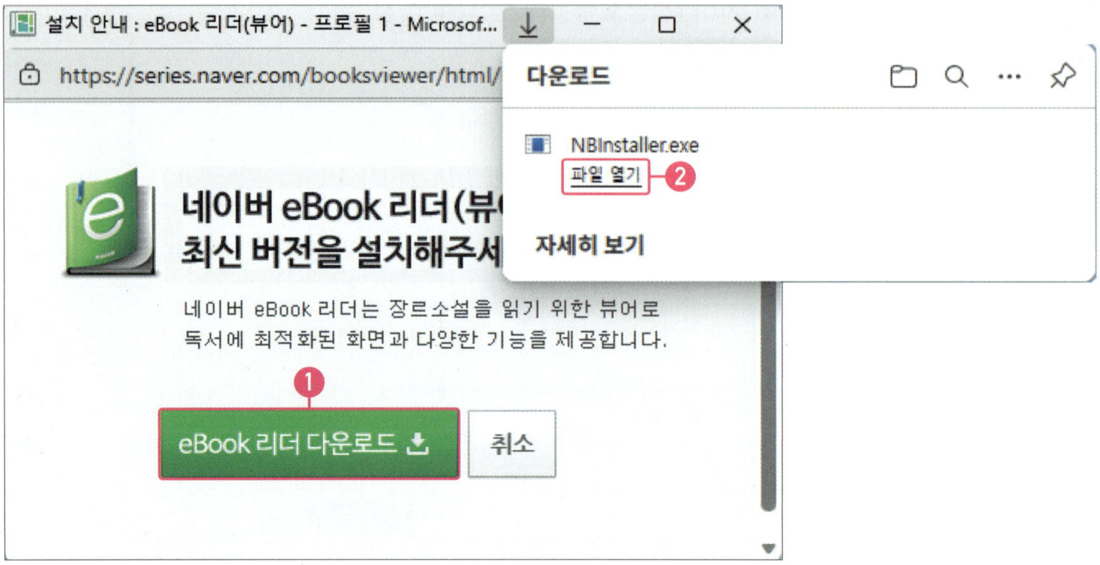

02 디바이스 변경에 대한 허용 유무를 묻는 메시지가 나타나면 [예] 버튼을 클릭합니다.

03 '네이버 eBook 리더 설치' 창에서 [다음] 버튼을 클릭합니다.

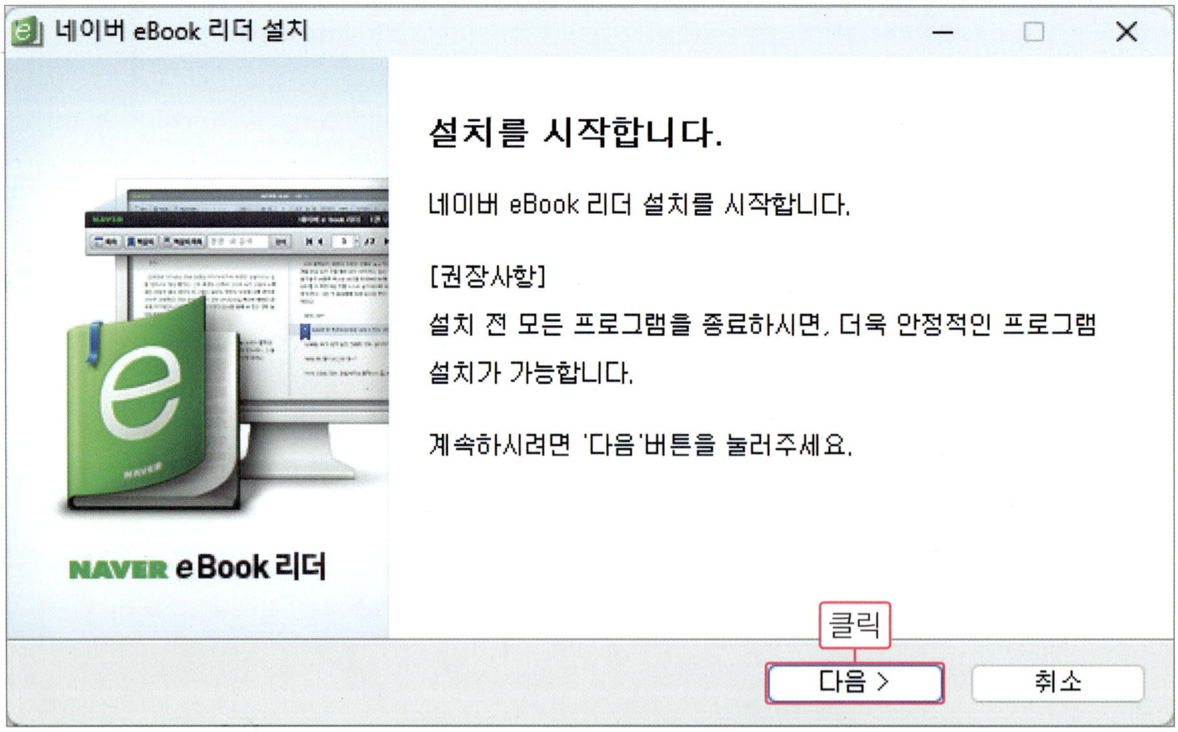

04 [사용권 계약]에서 [동의함] 버튼을 클릭합니다. 네이버 eBook 리더와 보안 프로그램이 설치됩니다.

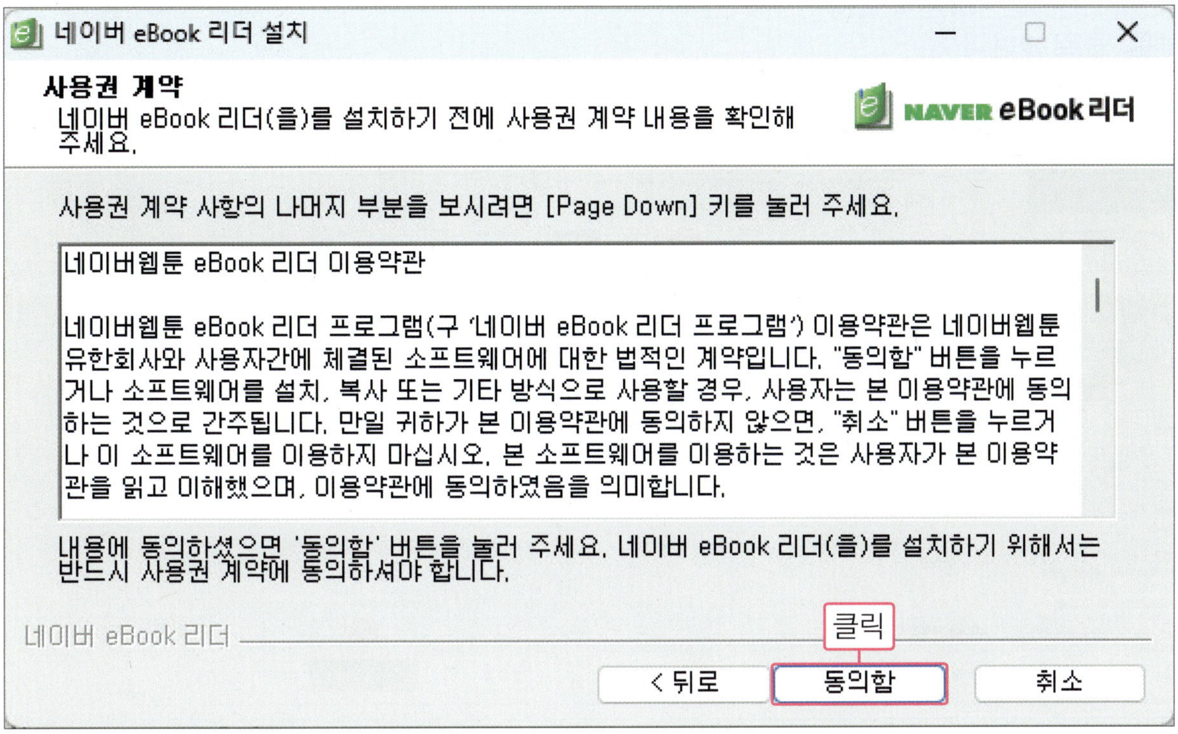

잠깐

보안 프로그램 설치 시 주의할 점

보안 프로그램이 설치되는 중에는 일부 프로그램을 사용할 수 없습니다. 안정적인 설치를 위해 모든 프로그램을 종료한 후에 진행하는 것이 좋습니다.

05 설치가 완료되면 [마침] 버튼을 클릭합니다.

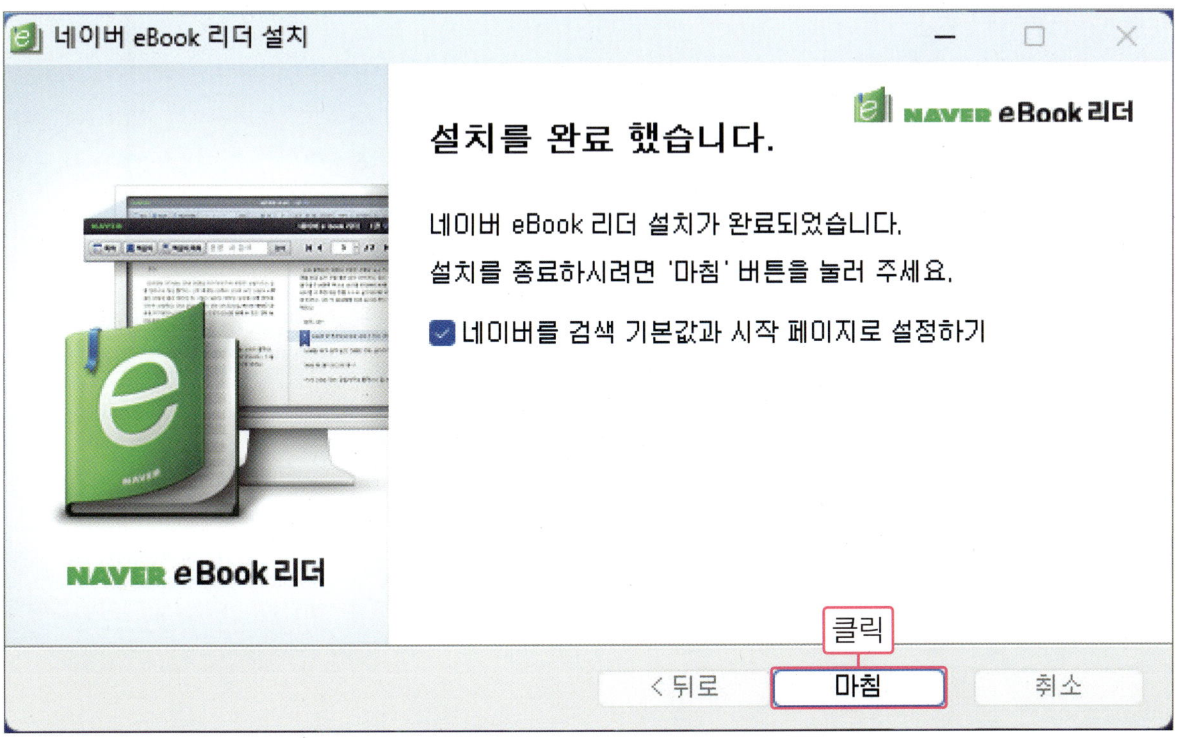

▶ 네이버 시리즈 e북 읽기

01 '네이버 시리즈'로 돌아온 후 [보기] 버튼을 클릭합니다. 메시지 창이 표시되면 [열기] 버튼을 클릭합니다.

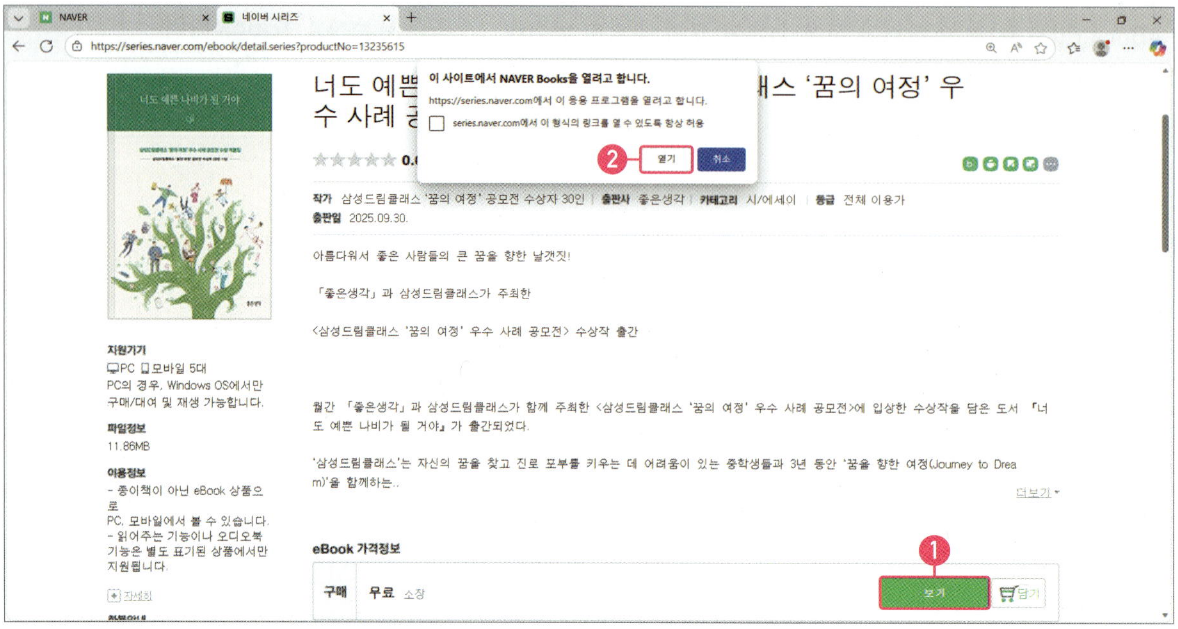

02 네이버 eBook 리더가 실행되고 e북을 읽을 수 있습니다.

응용력 키우기

01 네이버 e북 중 '어린 왕자'를 검색하고 무료로 구매하여 읽어 봅니다.

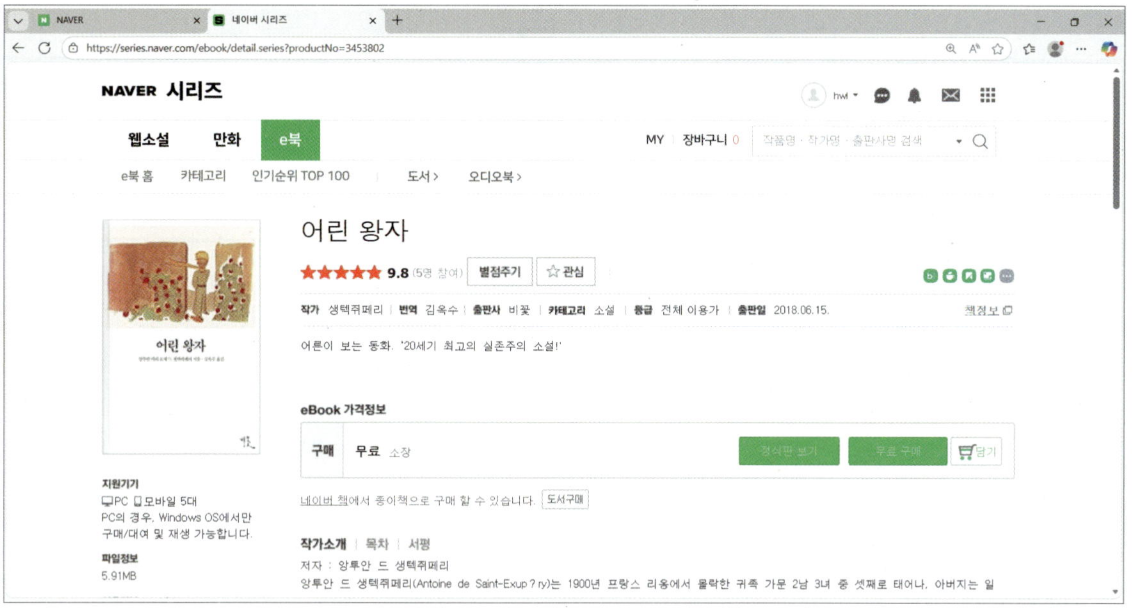

02 네이버 e북 중 '바람이 머무는 동안에'를 검색하고 무료로 구매하여 읽어 봅니다.

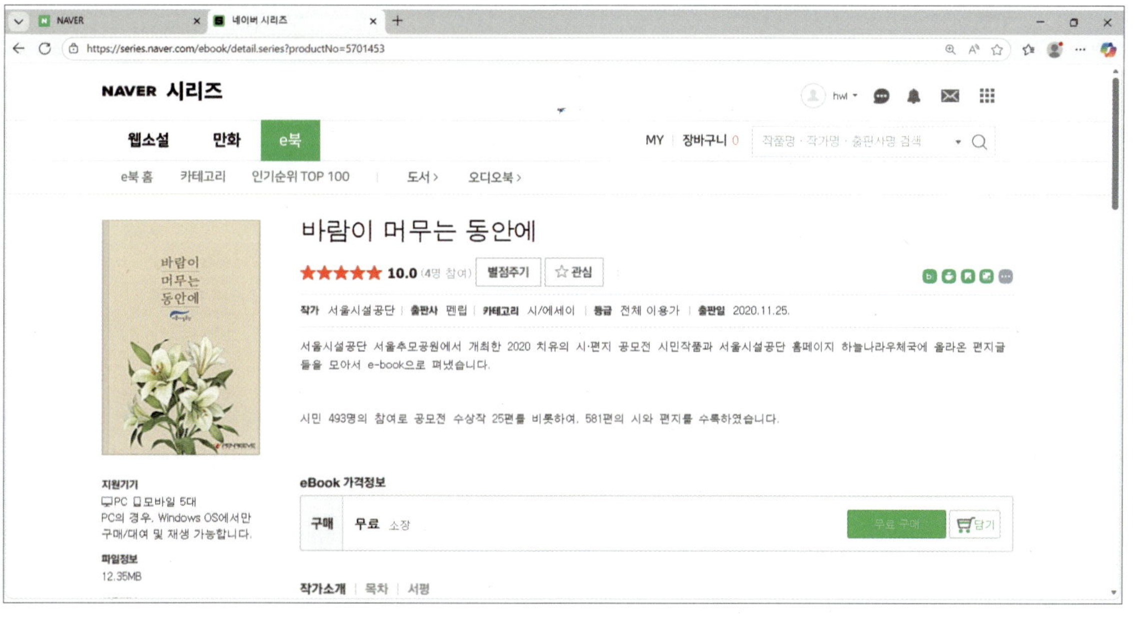

10 인터넷 쇼핑하기

- 네이버 스토어
- 상품 검색
- 상품 최저가
- 네이버페이

미/리/보/기

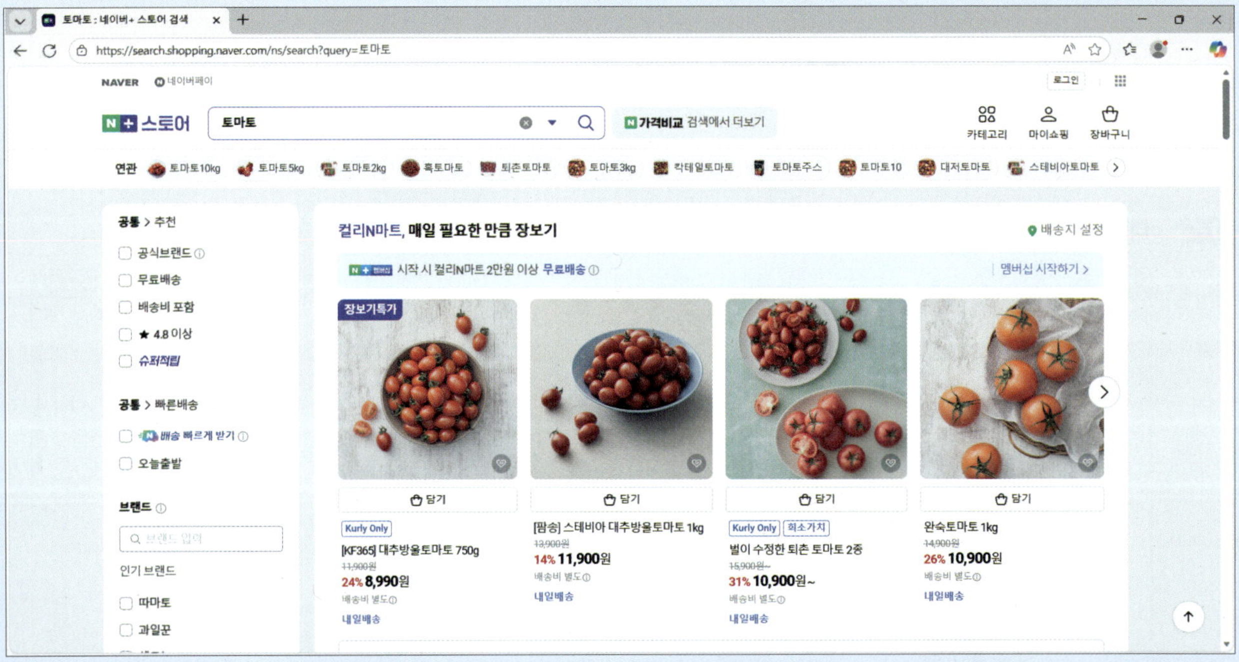

인터넷 쇼핑몰을 이용하면 매장에 직접 방문하지 않고도 원하는 물건을 빠르게 찾을 수 있으며, 여러 판매처의 가격을 비교해 합리적으로 제품을 구매할 수 있습니다. 이번 장에서는 네이버 스토어에서 상품 정보를 확인하고 최저가로 구매하는 방법을 살펴보겠습니다.

01 인터넷 쇼핑

▶ 인터넷 쇼핑

인터넷 쇼핑은 소비자가 마트나 상점에 직접 가지 않고 컴퓨터나 모바일 기기를 이용해 온라인 쇼핑몰에서 원하는 물건을 구매하는 소비 활동입니다. 시간과 장소의 제약 없이 구매할 수 있고 가격 비교를 통해 저렴한 상품을 선택할 수 있으며 배송까지 한 번에 처리된다는 편리함이 있습니다. 그러나 화면으로만 상품을 확인해야 하므로 실물 파악이 어렵고 상품이 기대에 미치지 못할 경우 반품 및 교환 절차를 거쳐야 하는 번거로움도 있습니다. 또 충동구매로 과소비하거나 허위, 과장 광고에 속아 품질이 떨어지는 상품을 구매할 위험도 존재합니다.

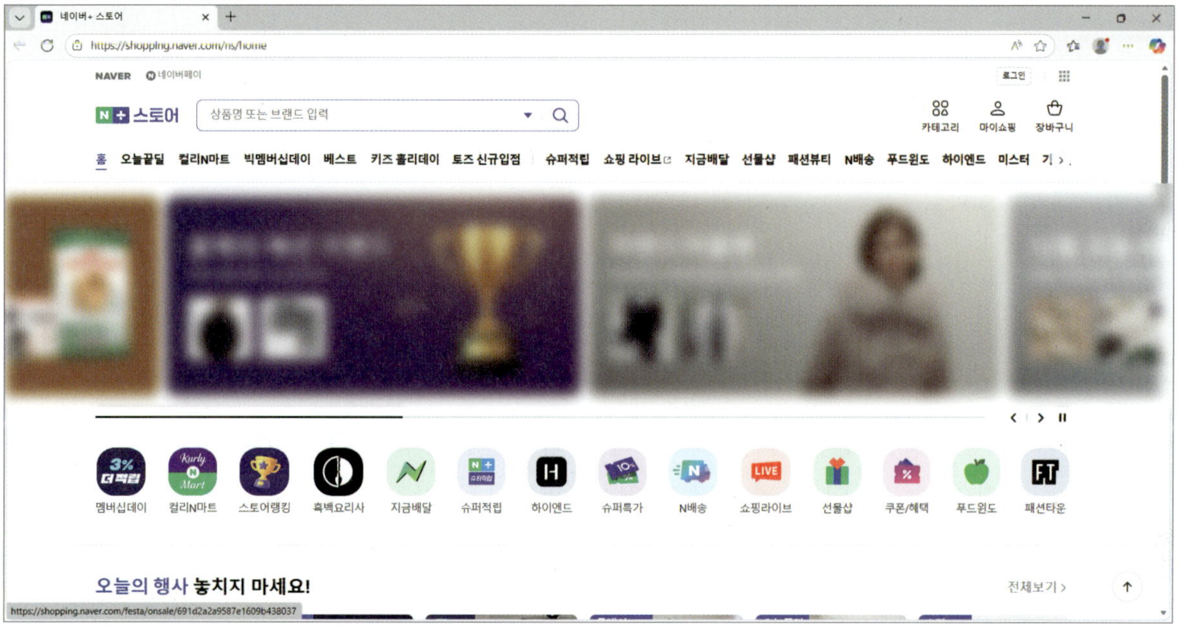

따라서 인터넷 쇼핑을 할 때는 상품평, 판매자 정보, 거래 방식 등을 꼼꼼히 확인한 후 구매하는 것이 중요합니다. 특히 동일 상품을 지나치게 낮은 가격으로 판매하거나 카드 결제는 불가능하고 계좌이체만 요구하는 판매처는 주의해야 합니다. 신뢰할 수 있는 쇼핑몰인지 확인하고 안전하게 구매하는 습관을 들이는 것이 좋습니다.

▶ 가격 비교

가격 비교 서비스는 다양한 판매처의 상품 가격을 한눈에 비교할 수 있도록 제공되고 판매자, 배송비, 혜택 등을 함께 확인할 수 있습니다. 할인이나 쿠폰 적용 여부까지 함께 비교하면 더욱 합리적인 소비가 가능합니다.

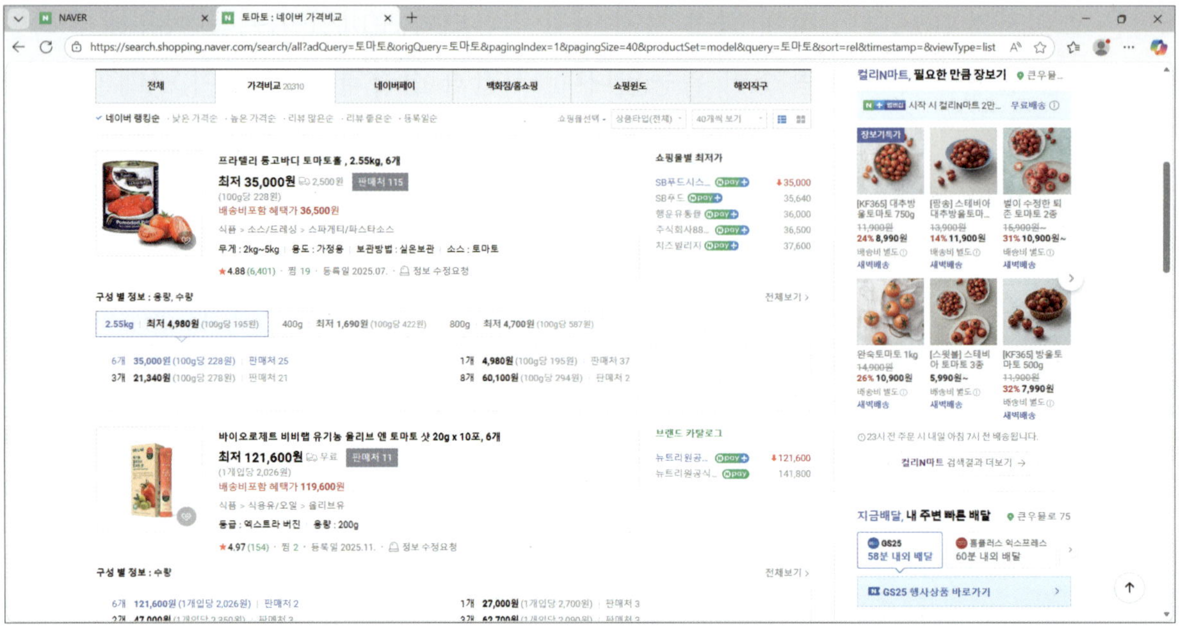

▶ 인터넷 장보기

최근에는 생필품이나 신선식품까지 온라인으로 구매하는 사람이 크게 늘었습니다. 장보기 서비스는 즉시 배송, 새벽 배송 등 더욱 빠르고 편리한 방식으로 발전하고 있어 많은 사람이 인터넷으로 필요한 물품을 구매하고 있습니다.

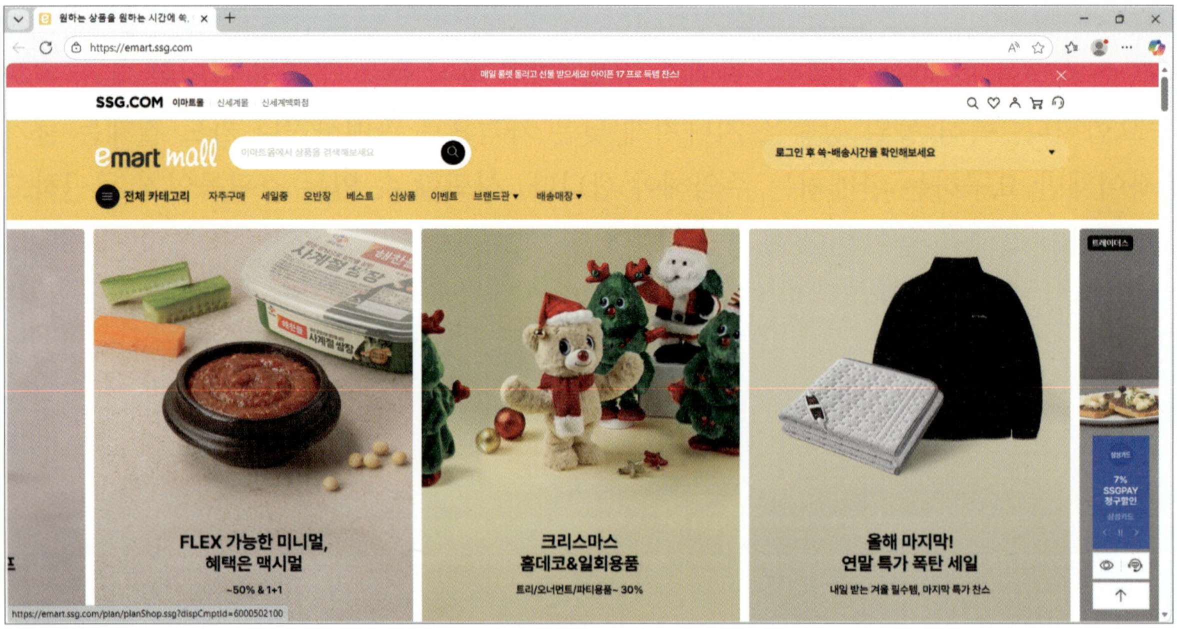

02 최저가 구매하기

▶ 상품 검색하기

01 네이버(www.naver.com)에 접속한 후 [NAVER 로그인] 버튼을 클릭하여 로그인합니다. 검색창 아래 [스토어]를 클릭합니다.

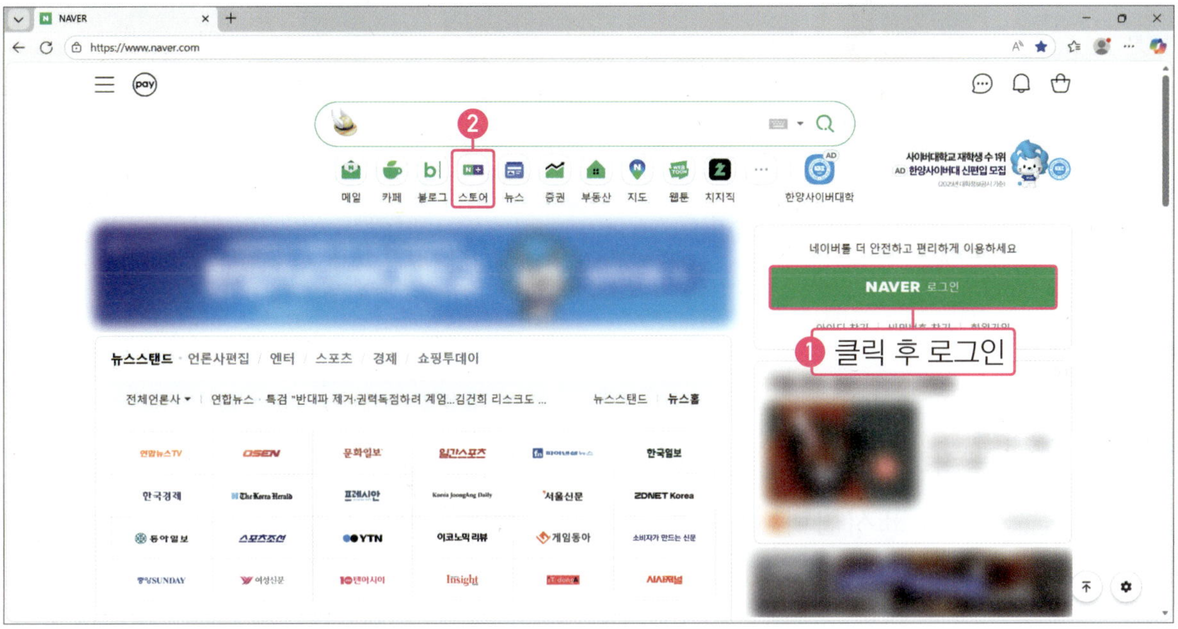

02 네이버 스토어 검색창에서 '토마토'라고 입력한 후 Enter 키를 누릅니다.

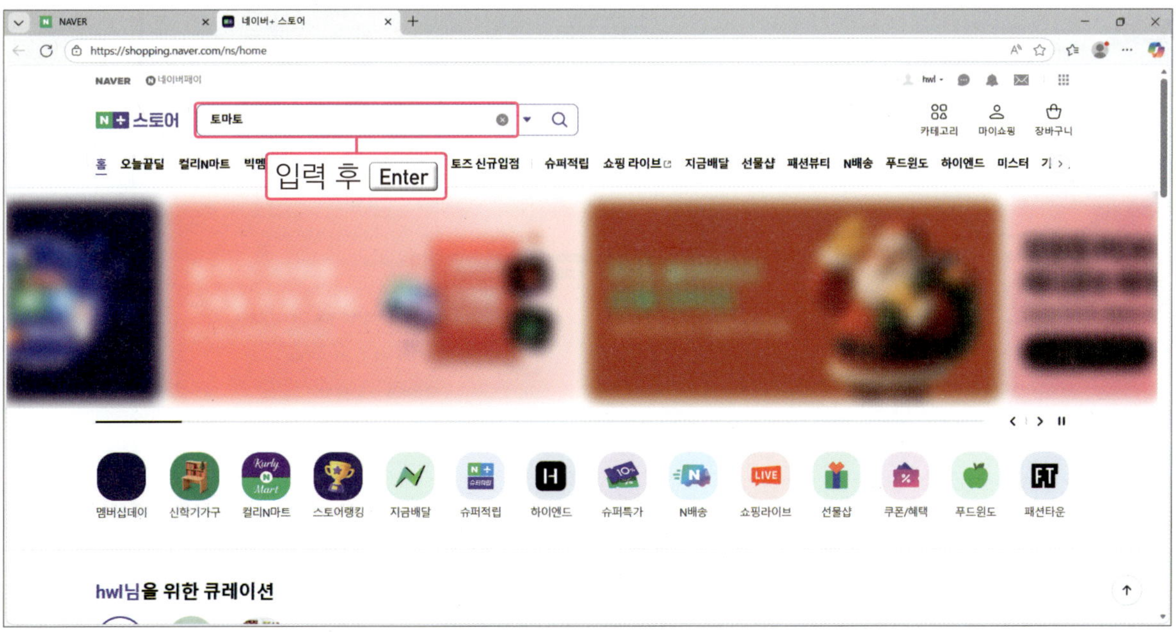

03 토마토와 관련된 상품이 검색됩니다. 가격을 비교하기 위해 [가격비교 검색에서 더보기]를 클릭합니다.

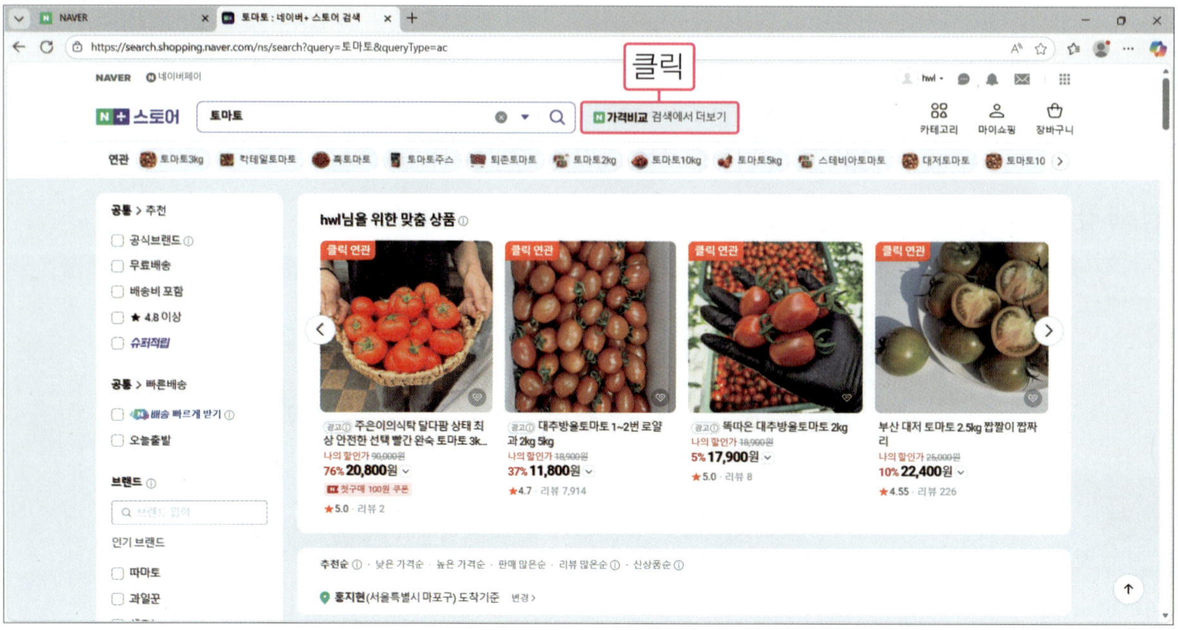

04 [가격비교] 탭을 클릭하면 왼쪽에는 검색어와 관련된 각 상품이 검색되고, 오른쪽에는 쇼핑몰별 상품 가격이 표시됩니다. 마음에 드는 상품을 선택해 봅니다.

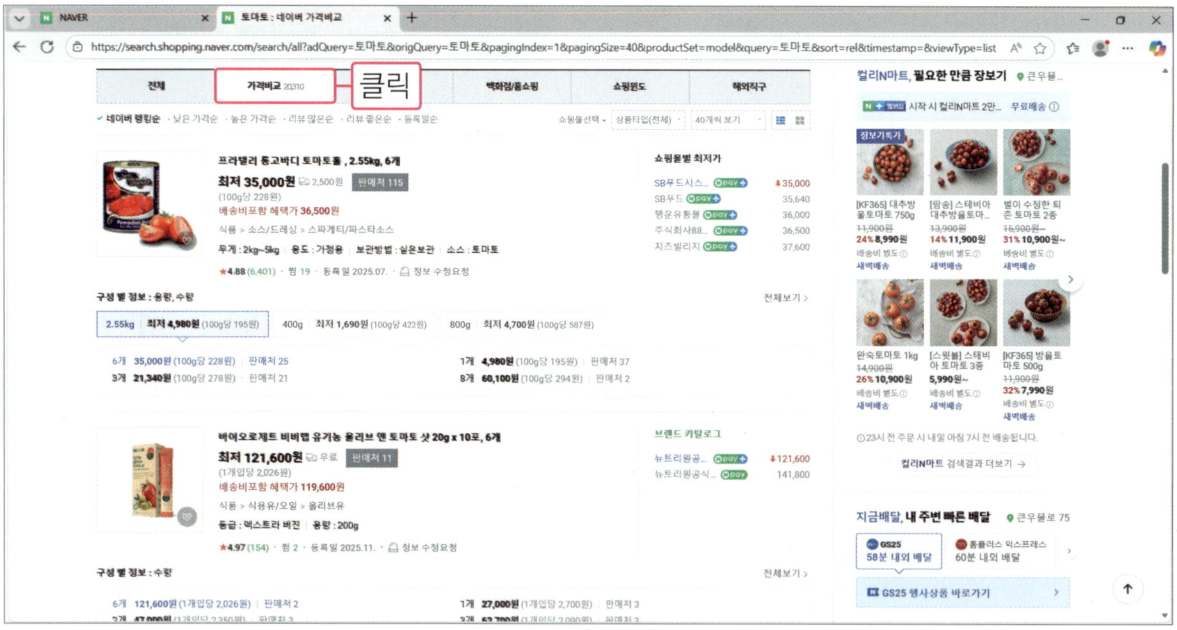

▶ 최저가 구매하기

01 쇼핑몰별 상품 가격이 나타납니다. 최저가로 구매하기 위해 [최저가 사러가기] 버튼을 클릭합니다.

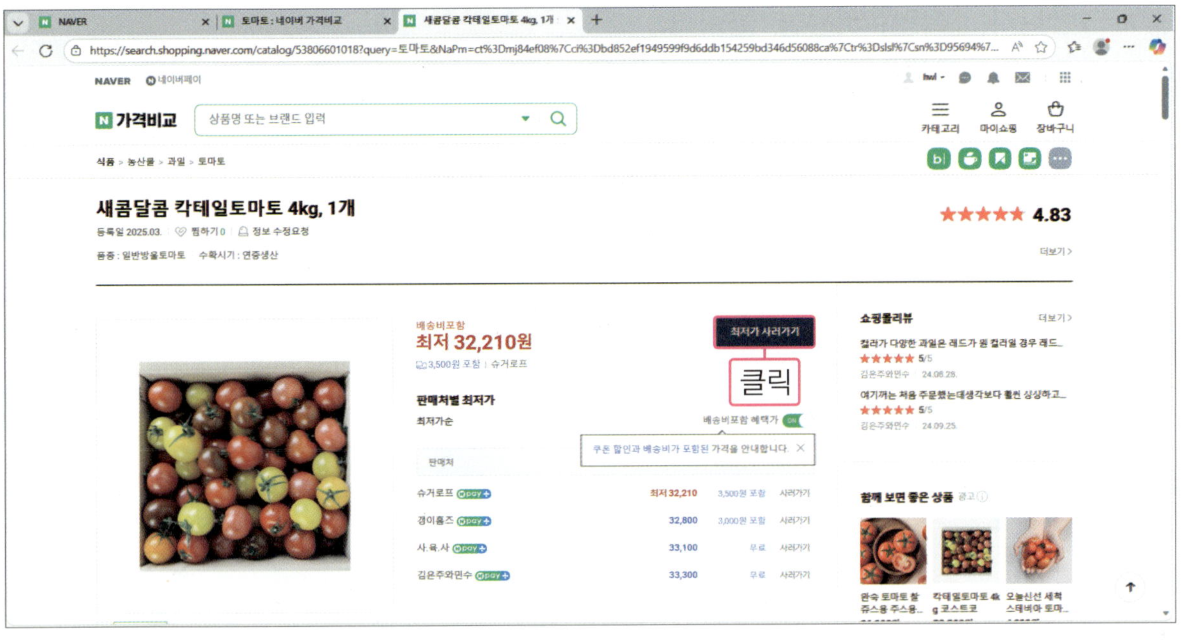

02 최저가 쇼핑몰로 이동합니다. 구매 수량을 설정하고 네이버페이로 구매하기 위해 [구매하기] 버튼을 클릭합니다.

▶ 네이버페이로 결제하기

01 본인인증 창이 나타나면 [본인 휴대전화]에 체크한 후 '개인정보 수집 및 이용 안내'에 체크합니다. [확인] 버튼을 클릭합니다.

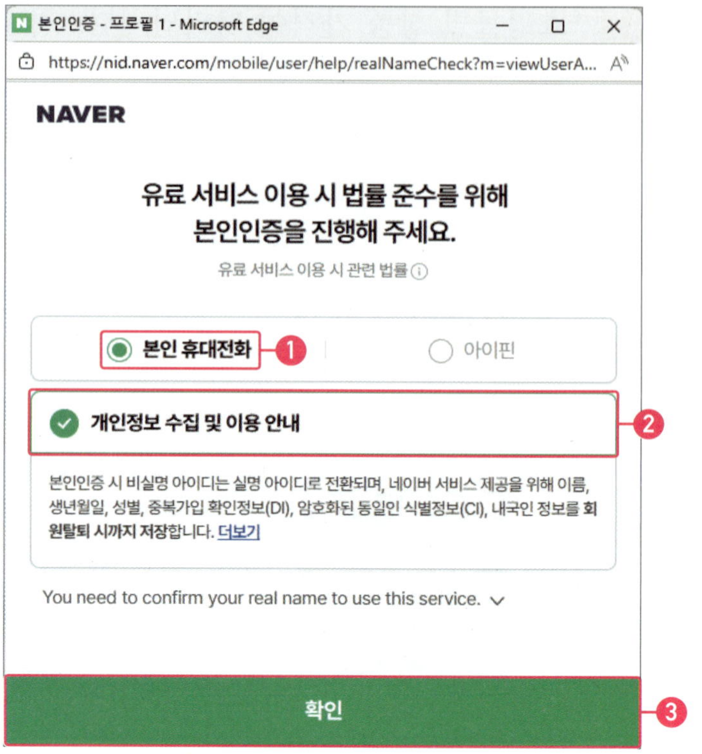

02 '약관 전체동의'에 체크하고 사용자의 이름과 생년월일 8자리, 성별을 입력합니다. 통신사, 전화번호를 입력한 후 [확인] 버튼을 클릭합니다. 입력한 전화번호로 온 인증번호를 [인증번호 6자리]에 입력하고 [다음] 버튼을 클릭합니다.

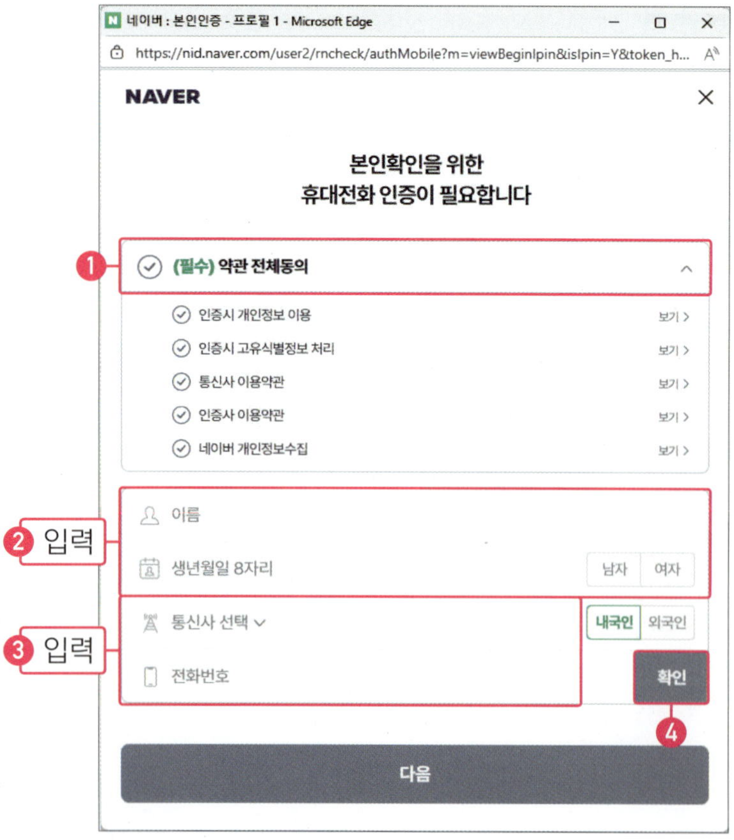

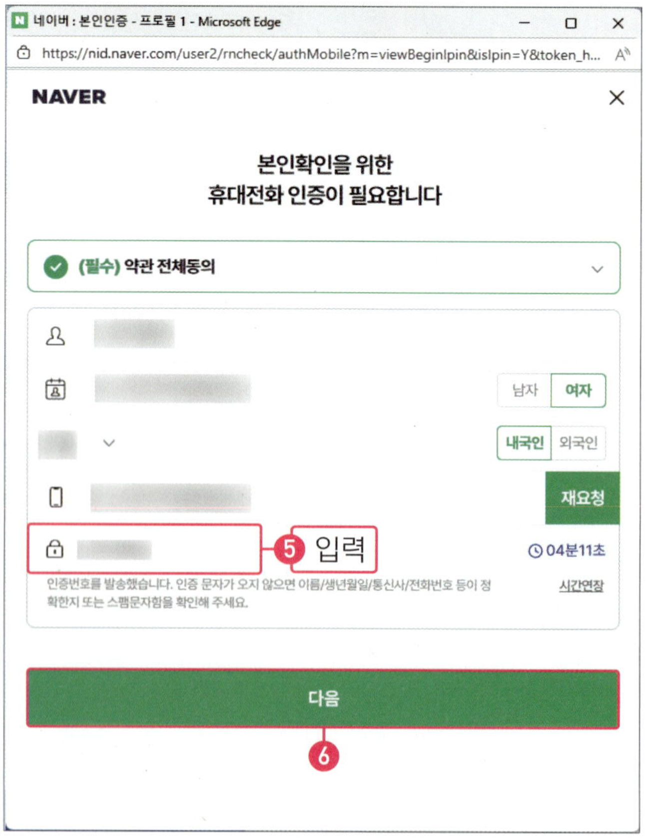

03 실명 정보가 등록되었다는 안내 창이 나타납니다. [확인] 버튼을 클릭하고 창을 닫습니다.

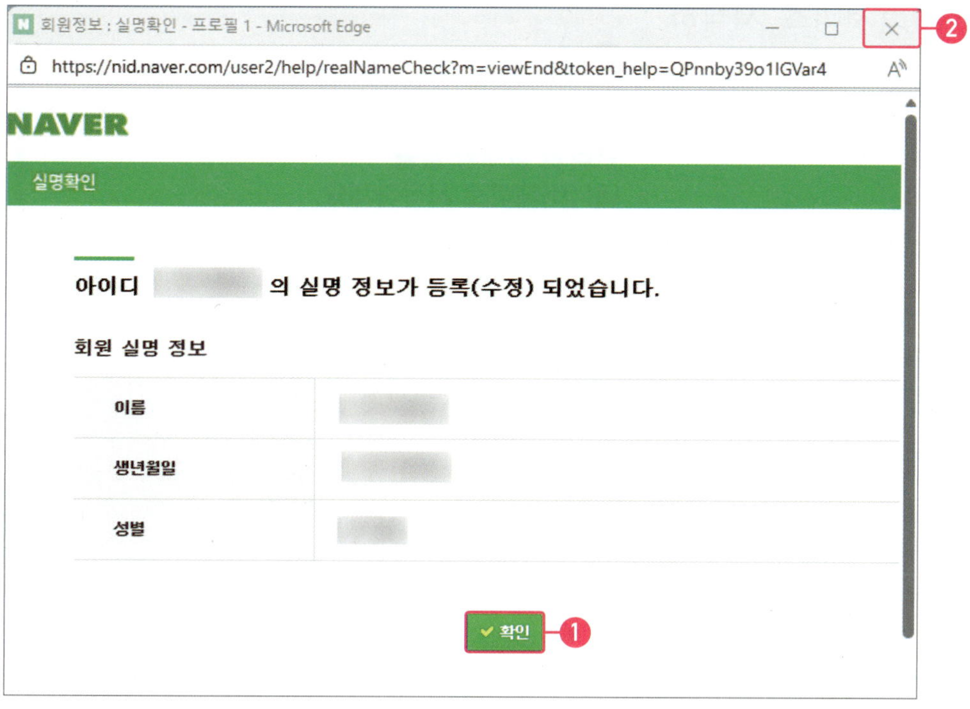

04 쇼핑몰로 돌아온 후 [구매하기] 버튼을 클릭합니다.

05 네이버페이 시작 안내 창에 '약관 모두 동의하기'를 체크한 후 [서비스 시작하기] 버튼을 클릭합니다.

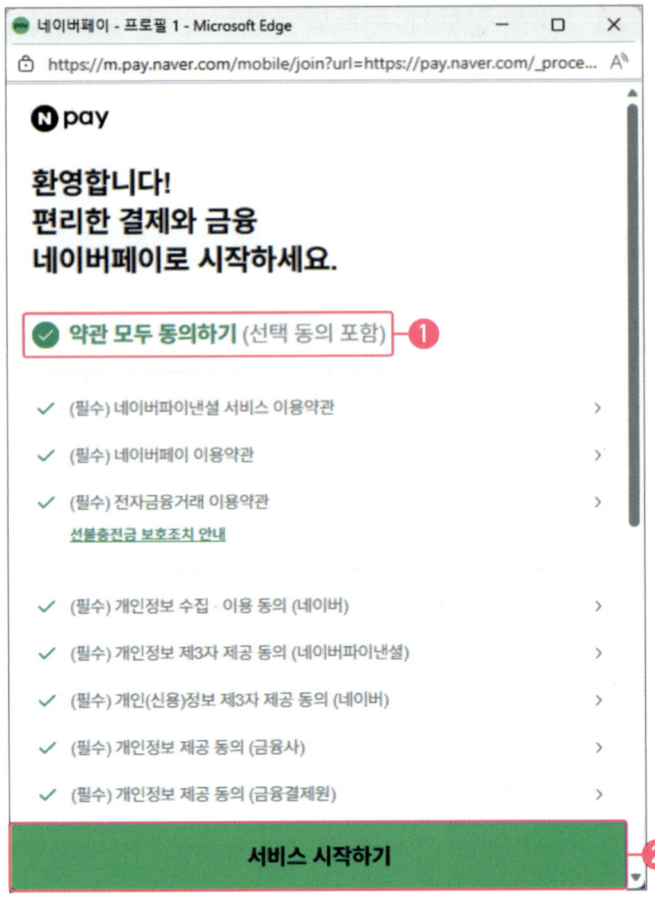

06 배송지를 등록합니다. [등록하기] 버튼을 클릭합니다.

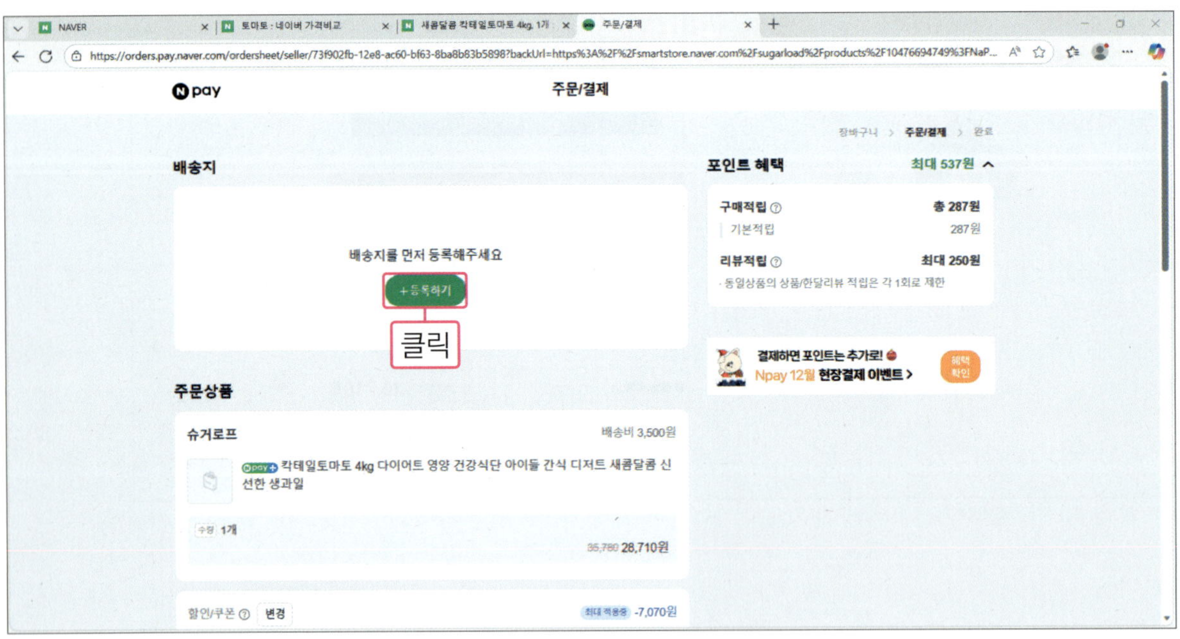

07 주소검색 창이 나타나면 주소를 입력한 후 [검색] 버튼을 클릭합니다. 검색된 주소를 확인한 후 [선택] 버튼을 클릭합니다.

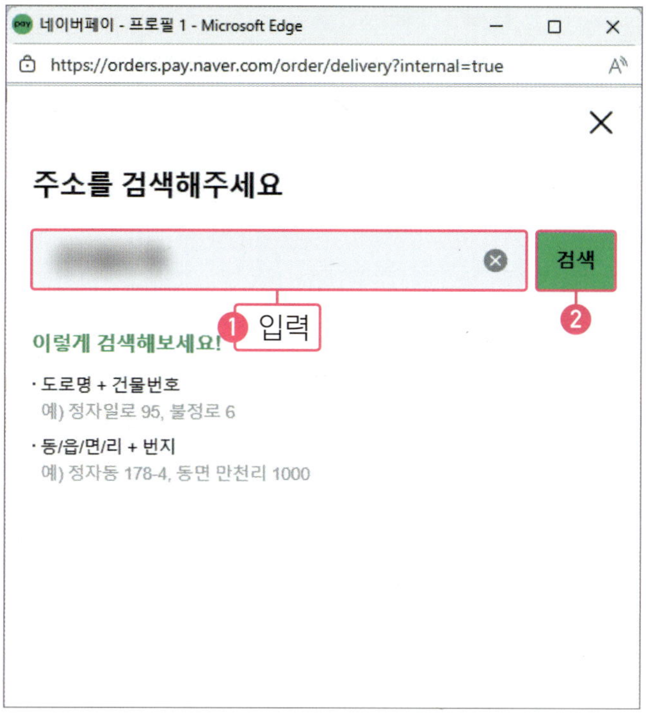

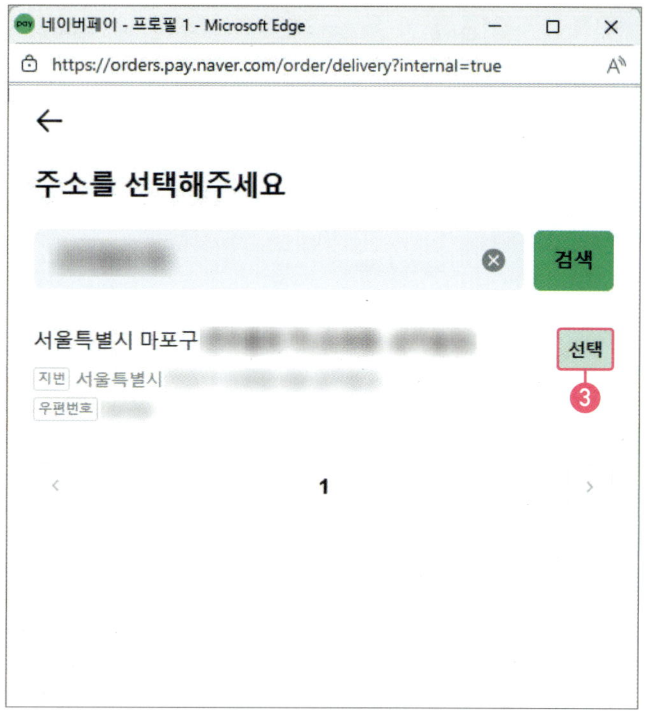

08 도로명 주소에 맞는 상세주소를 입력합니다. 연락처를 입력한 후 [저장하기] 버튼을 클릭합니다.

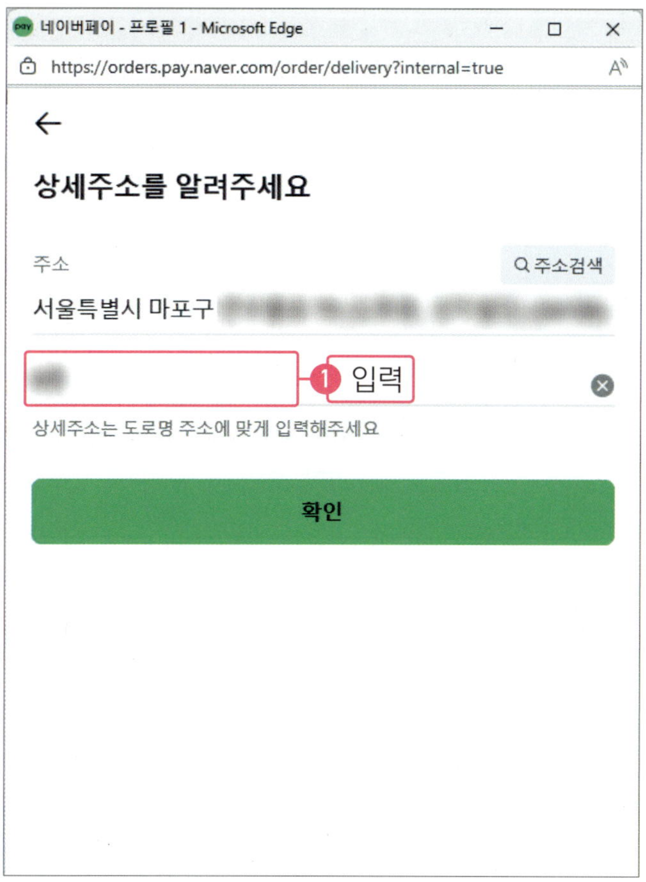

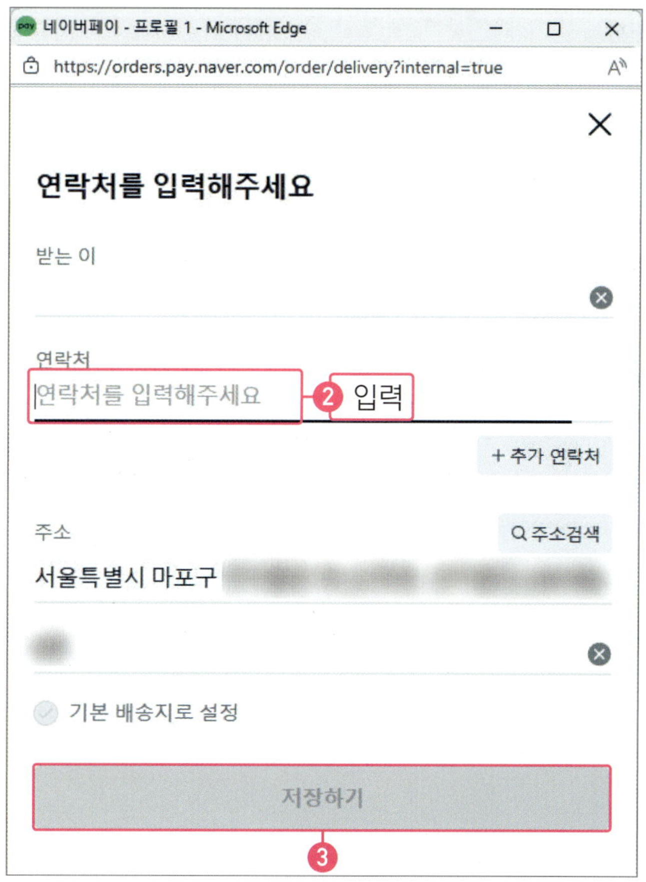

09 입력한 정보를 확인합니다.

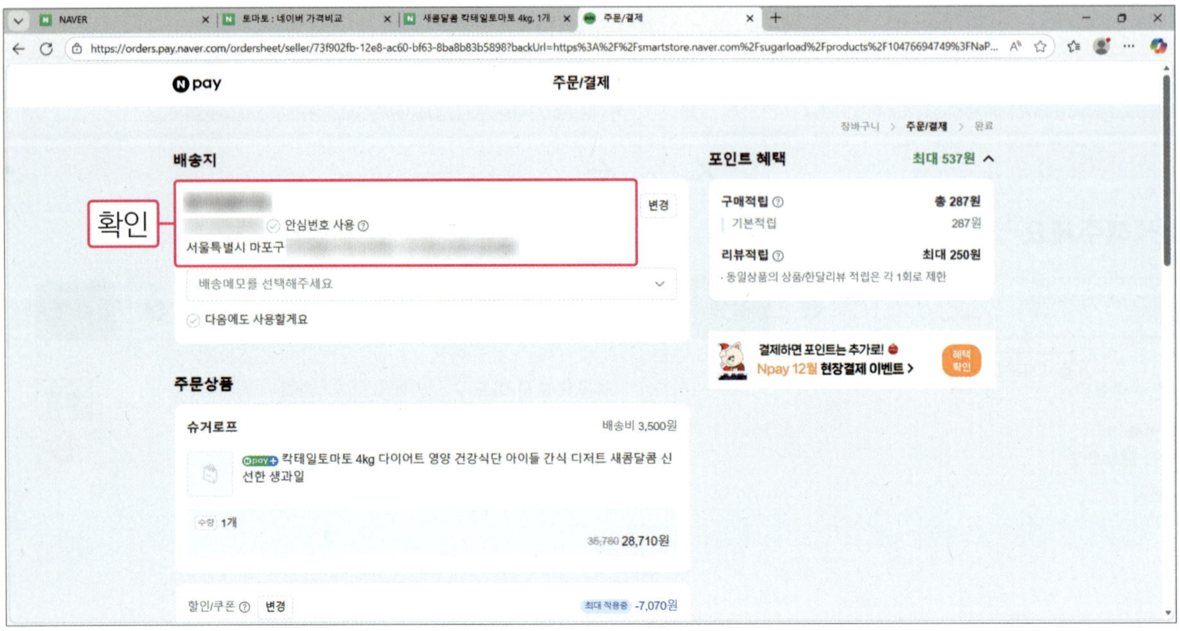

10 결제 수단을 선택합니다. 본문에서는 [일반결제]를 선택한 후 [무통장입금]을 클릭하고 이어서 입금할 은행을 선택합니다.

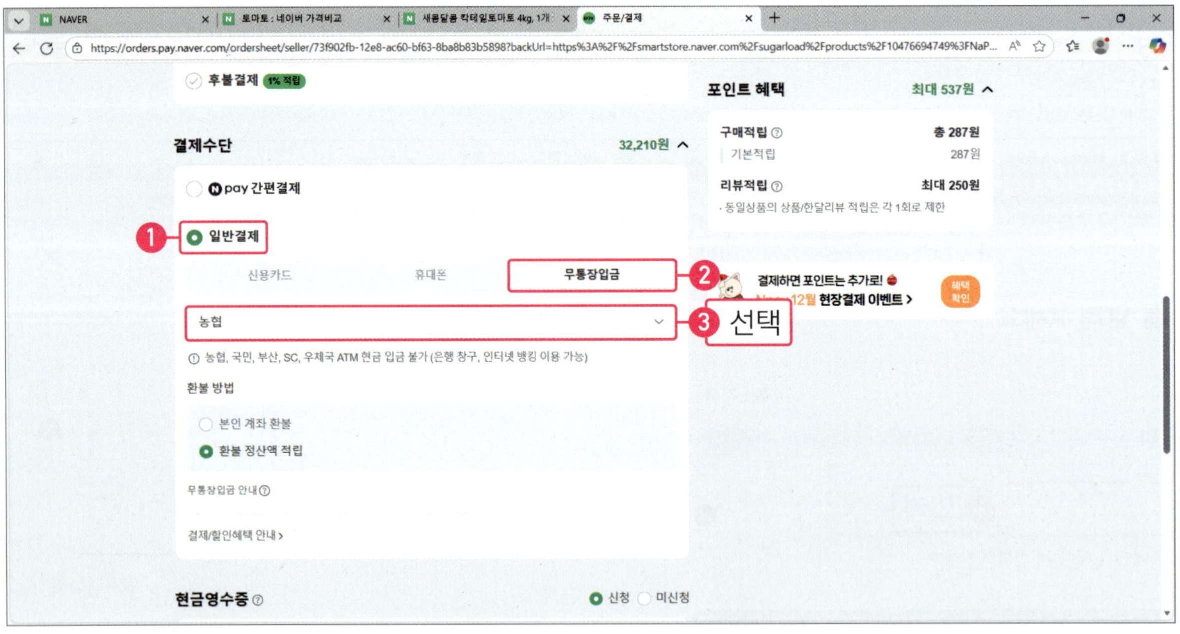

11 선택한 결제 수단을 다시 한번 확인한 후 [주문하기] 버튼을 클릭합니다.

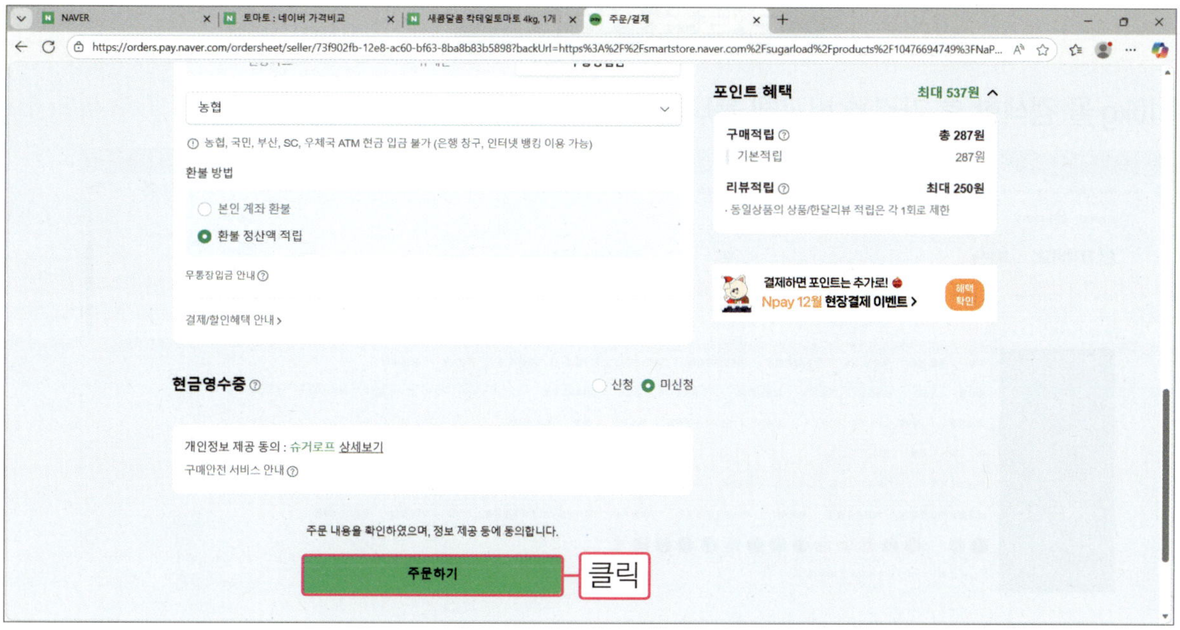

12 주문이 확인되었습니다. 금액과 이체할 계좌 번호를 확인한 후 정해진 기간 내에 입금하면 주문이 완료됩니다.

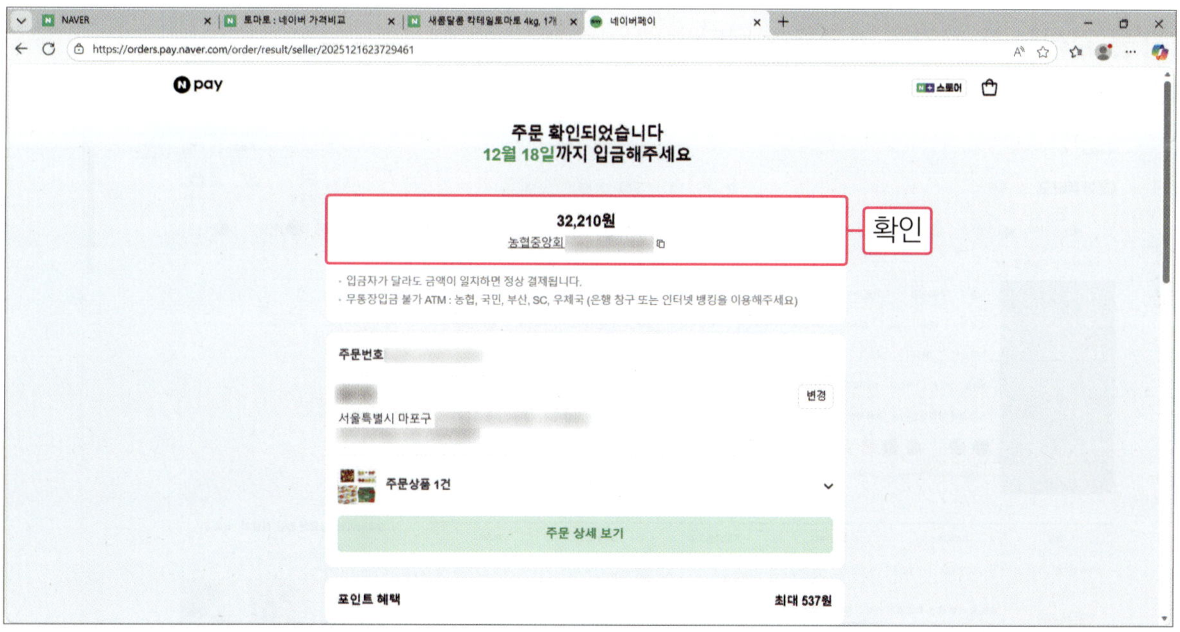

응용력 키우기

01 '쌀 10kg'을 검색한 후 가격을 비교해 봅니다.

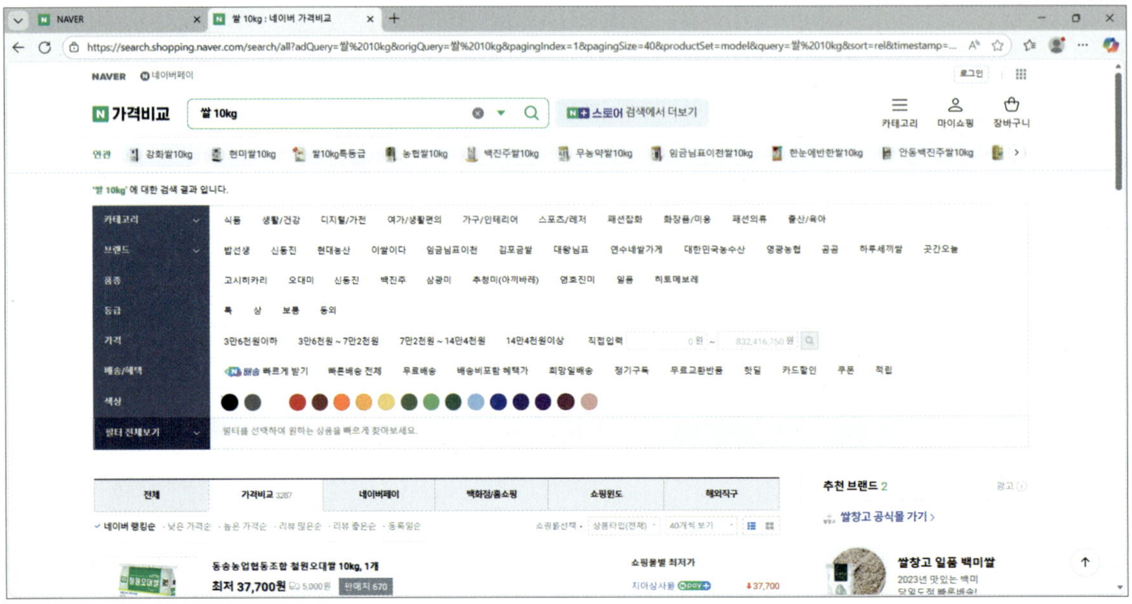

02 '감자'를 검색한 후 가격을 비교해 봅니다.

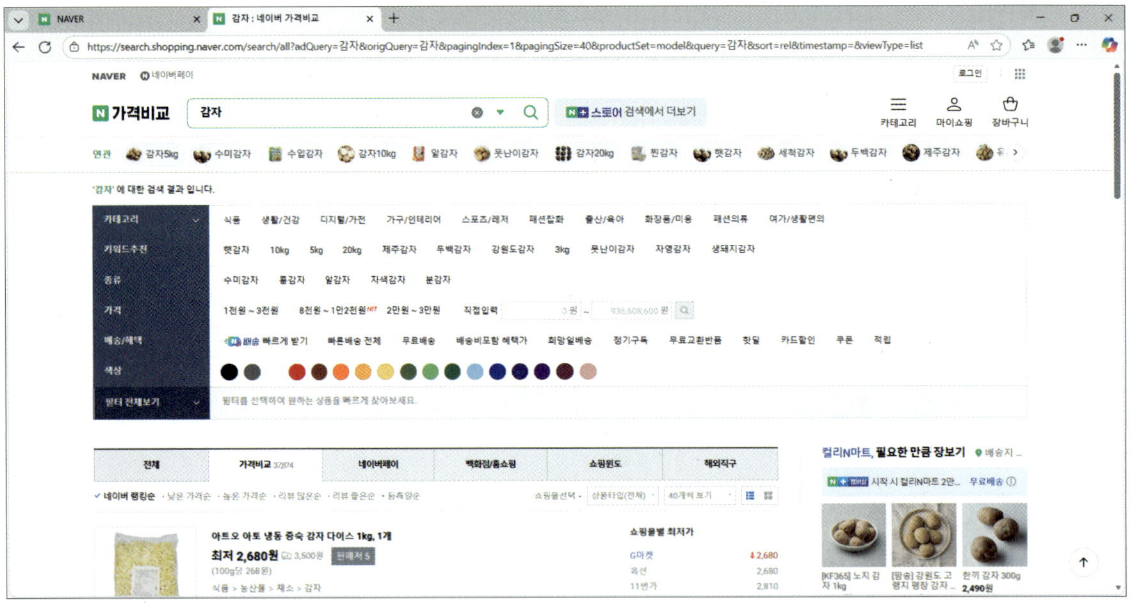

03 '사과'를 검색한 후 '무료배송'만 가능한 상품을 검색해 봅니다.

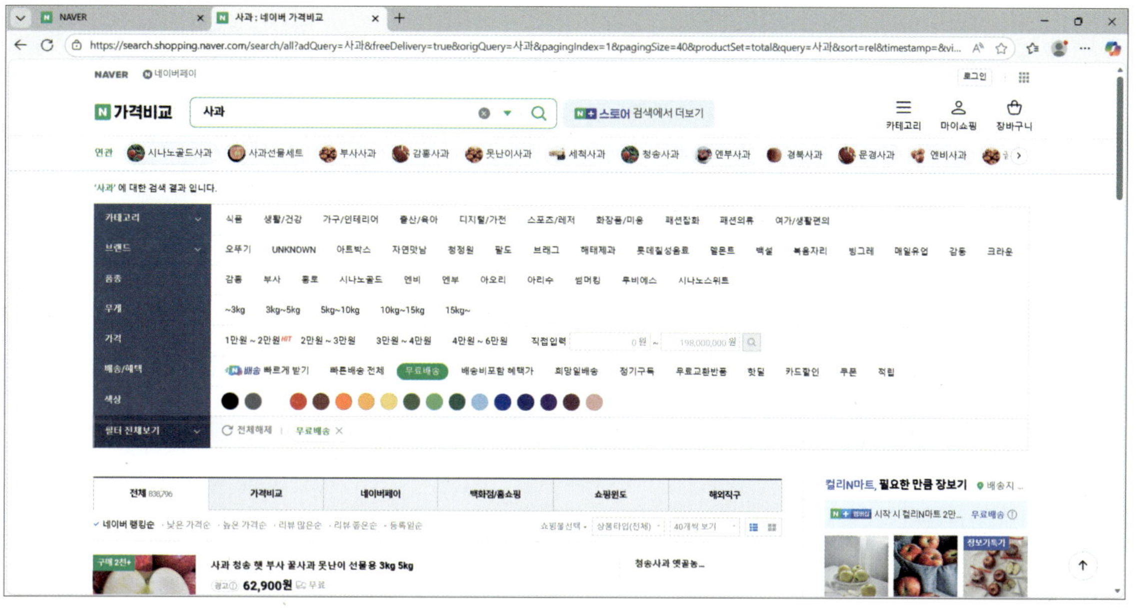

힌트

검색 결과 아래쪽의 [배송/혜택] 항목에서 '무료배송'을 선택합니다.

04 '사과'를 검색한 후 최저가로 구매해 봅니다.

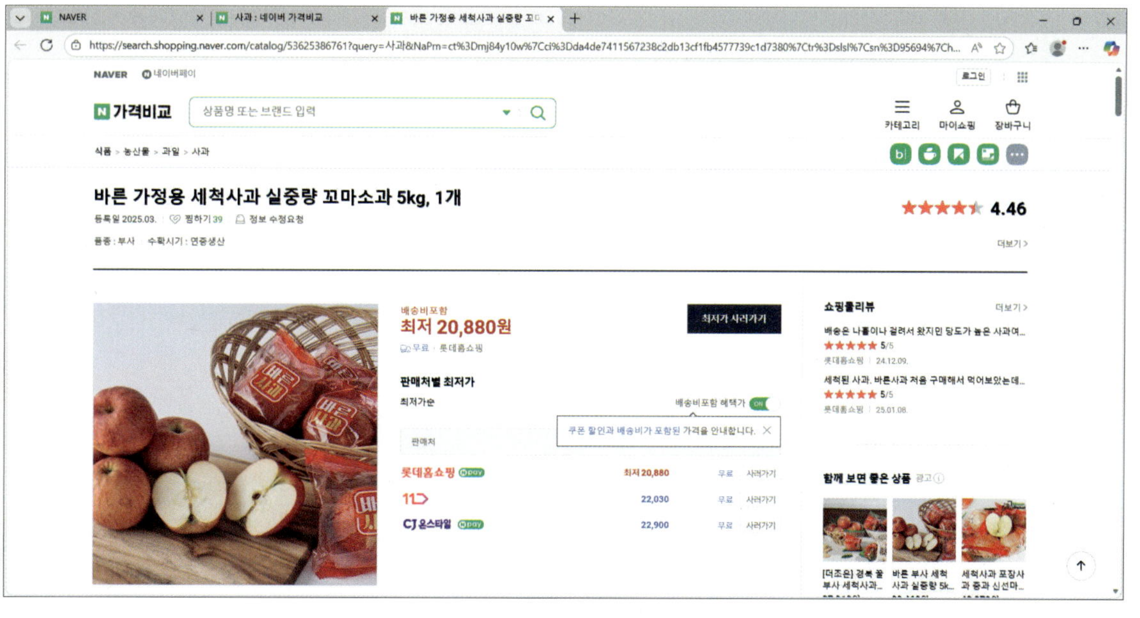

할 수 있다!

인터넷 활용(Microsoft Edge)

초 판 발 행	2026년 01월 06일
발 행 인	박영일
책 임 편 집	이해욱
저 자	IT교재연구팀
편 집 진 행	홍지현
표 지 디 자 인	김도연
편 집 디 자 인	김세연
발 행 처	시대인
공 급 처	(주)시대고시기획
출 판 등 록	제 10-1521호
주 소	서울시 마포구 큰우물로 75 [도화동 538 성지 B/D] 9F
전 화	1600-3600
홈 페 이 지	www.sdedu.co.kr

I S B N	979-11-434-0707-8(13000)
정 가	12,000원

시대인은 종합교육그룹 (주)시대고시기획 · 시대교육의 단행본 브랜드입니다.